# Innoveren

Theo Groen
Jan Wouter Vasbinder
Erik van de Linde

# Innoveren

*Begrippen, praktijk, perspectieven*

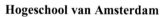

**Hogeschool van Amsterdam**

Bibliotheek
Fraijlemaborg 133
1102 CV  Amsterdam
020-5236046
http://www.bib.hva.nl

Spectrum

LWB/dtheao

Uitgeverij het Spectrum
Postbus 2073
3500 GB Utrecht

Eerste druk 2006
Omslagontwerp: Scherphuis|Snijder BNO. Met dank aan KingCom, Utrecht
Foto auteurs: Elvin Boer
Zetwerk: Elgraphic+DTQP b.v., Schiedam
Druk: Wilco B.V., Amersfoort

Ondanks al de aan de samenstelling van de tekst bestede zorg, kan noch de redactie noch de uitgever aansprakelijkheid aanvaarden voor eventuele schade die zou kunnen voortvloeien uit enige fout die in deze uitgave zou kunnen voorkomen

ISBN 90 274 2335 0
NUR 801
www.spectrum.nl

# Inhoudsopgave

Inleiding   7

Deel I Op de werkvloer van het innovatiesysteem   9

Deel II Encyclopedisch deel   31

Deel III Actuele thema's in innovatiesystemen   103
1. Vaccinaties tegen geldverspilling   105
2. 'Das gelingt nicht leicht und nicht sofort'   116
3. Sluipmoordenaressen uit de kelder   128
4. De onzichtbaar groeiende kloof   141
5. Als kennis in overvloed beschikbaar is...   150
6. Slim kopiëren is niet dom   165
7. Met vreemden op pad   179
8. Reizigers tussen de arena's   192
9. Voorsprong door ijskoud oceaanwater   206
10. Innoveren zit in iederéén   221
11. Witte olifanten moeten budget inleveren   233

Literatuur   248

Register   250

# Inleiding

Meer dan ooit beseffen wij in Nederland dat innoveren van groot belang is voor onze nationale welvaart en voor ons welzijn. Kennis, of dat nu is in de vorm van goed opgeleide mensen, octrooien of wetenschappelijke publicaties, is een bron en drijvende kracht voor innovaties. Het innovatief vermogen van bedrijven bepaalt hun concurrentiekracht. En innoveren heeft ook alles te maken met werkgelegenheid en met nieuwe kansen om maatschappelijke vraagstukken in Nederland op te lossen.

Innoveren raakt direct meer dan honderdduizend mensen die dagelijks bezig zijn met kennis en onderzoek. Velen die nu nog studeren, zullen gaan werken in functies waarin alles om kennis draait en waarin zij te maken krijgen met innovatieprocessen. In alle sectoren van de Nederlandse economie zijn organisaties voortdurend bezig met het vernieuwen van hun producten, diensten en processen – zoals in de gezondheidszorg, de voedingsindustrie, de ICT-sector en de financiële dienstverlening. Innoveren raakt ook de gehele onderwijssector en iedereen die professioneel met wetenschap, onderzoek en innoveren bezig is. Het onderwerp is van groot belang voor vele beleidsmakers en beslissers bij landelijke, provinciale en lokale overheden. Tenslotte gaat het om talrijke organisaties die helpen kennis toepasbaar te maken, die bemiddelen bij het uitwisselen van kennis tussen bedrijven en kennisinstellingen en die het innovatieproces stimuleren en ondersteunen.

Dit boek wil inzicht geven in de werking van het innovatie-systeem: het samenspel van bedrijven, universiteiten en over-heid dat moet zorgen voor voortdurende innovaties.

Deel I biedt een overzicht van het inwendige van het innova-tiesysteem: de partijen, de belangen, de harde afrekenmecha-nismen en de cycli die de dynamiek bepalen – en daarmee de prestaties.

Deel II is een encyclopedisch deel dat organisaties beschrijft, vaktermen verklaart en de verborgen verschillen in de beteke-nis van woorden zichtbaar maakt.

Deel III ten slotte beschrijft actuele thema's in het innovatie-systeem. Aan de hand van vele Nederlandse en buitenlandse voorbeelden worden nieuwe perspectieven en concrete moge-lijkheden beschreven om de werking van het innovatiesys-teem te verbeteren, maar ook wordt duidelijk gemaakt dat ver-keerde interventies juist averechts kunnen werken.

Wij hopen dat deze uitgave, de eerste met deze opzet in Neder-land, zal leiden tot een breed en onderbouwd inzicht in waar het bij innoveren werkelijk om gaat. Daarmee kan dit boek helpen om van Nederland weer een dynamisch, ondernemend en innovatief land te maken.

Theo Groen
Jan Wouter Vasbinder
Erik van de Linde

# Deel I

# Op de werkvloer van het innovatiesysteem

## De zichtbare hand

Op vrijdagavond 8 november 1895 is Wilhelm Röntgen in zijn laboratorium in Würzburg aan het werk met een Crookesbuis, een soort vacuümbuis. Alle lampen in het vertrek zijn uit; toevallig ligt op een tafel, enkele meters verder, een plaatje bedekt met bariumplatinocyanide, een fluorescerende stof. Röntgen zet een spanningsverschil van enkele duizenden volts op de Crookesbuis. Dat doet hij wel vaker, maar vanavond zit de buis toevallig nog in een stevige kartonnen koker verpakt. Dan ziet Röntgen, in het duister van het vertrek, vanuit zijn ooghoek dat het bariumplatinocyanide zacht opgloeit. Hij beseft meteen dat hij een onbekend soort straling op het spoor is, die kennelijk dwars door glas en karton gaat. De weken daarop werkt hij koortsachtig aan verdere experimenten. Als hij een stukje lood tussen de buis en het plaatje beweegt, merkt hij op dat de onbekende straling wordt tegengehouden. Maar hij ziet nog iets: met het plaatje bewegen ook de schaduwen van de botten in zijn duim en wijsvinger mee! Op 22 december maakt hij de eerste Röntgen-foto ter wereld: de hand van zijn vrouw Anna Bertha, waarbij behalve botten ook haar trouwring goed zichtbaar is. Nog vóór de jaarwisseling publiceert Röntgen zijn ontdekking in het vakblad *Sitzungsberichte der Wurzberger Physik-medic.*

Het nieuws van de uitvinding gaat, met de foto van Anna Bertha's hand, razendsnel de wereld rond. Bij een lezing op 23 januari 1896 vraagt Röntgen aan dr. Albert von Kolliker, een gezaghebbend anatoom, om zijn hand voor het apparaat te houden. Een zaal vol artsen ziet in levenden lijve de kracht van Röntgens uitvinding en is ter plekke volledig overtuigd. Een denderend applaus volgt.

Toen Röntgen in 1901 de eerste Nobelprijs voor Fysica kreeg, had 'zijn' straling inmiddels toepassing gevonden in de geneeskunde. De eerste röntgenapparaten kwamen snel op de markt. Naar de huidige maatstaven waren zij primitief, maar in die tijd was het voor artsen een sprong vooruit bij hun diagnoses. Zij moesten vaak eerst een kijkoperatie uitvoeren, voordat zij aan de echte operatie konden beginnen. Dankzij röntgenapparatuur konden zij nu snel en trefzeker een indruk krijgen van het inwendige van hun patiënten. Röntgen zelf wilde zich niet verrijken met zijn ontdekking: het geld van de Nobelprijs schonk hij aan de Universiteit van Würzburg.

## Succes, belangen en beloning bij innovatie

In de tegenwoordige kenniseconomie zou het verhaal van Röntgen een lichtend voorbeeld zijn van een succesvolle, door zuiver wetenschappelijke kennis gedreven innovatie. Dit is wat iedereen wil: directe verbindingen tussen fundamentele kennis en nuttige toepassingen, overtuigende demonstraties, snelle publicaties, Nobelprijs, doeltreffende kennisverspreiding, commerciële opbrengsten en maatschappelijke relevantie.

Onbewust speelt dit ideaalbeeld nog een rol in het huidige denken over innovatie. Het tegenwoordige innovatiesysteem is echter veel ingewikkelder dan de eenvoudige relaties tussen wetenschap en maatschappij aan het eind van de negentiende eeuw. Nu is er een complex samenspel van universiteiten, bedrijven, overheden en vele adviserende en bemiddelende instanties die gezamenlijk willen innoveren en daarin veel geld, middelen en menskracht investeren. De 'Röntgen-route' is niet de enige weg naar innovatie; het is zelfs een zeldzame route geworden. Maar het voorbeeld maakt de essentiële kenmerken van het innovatiesysteem duidelijk – kenmerken die nu nog volop betekenis hebben. Centraal staat dat kennis en innovaties voor elk van de partijen een verschillende betekenis hebben: dat bepaalt de beloning die staat op innoveren. Ook die beloningen zijn sterk verschillend.

Binnen de wetenschappelijke wereld gaat het om nieuwe kennis. Die kan ontstaan vanuit een baanbrekende ontdekking van een nieuw fenomeen (zoals röntgenstraling) of worden ontwikkeld vanuit een wetenschappelijke theorie. Naar goed wetenschappelijk gebruik wordt deze kennis door experimenten verder uitgediept en gepubliceerd in de vakliteratuur, zodat collega-onderzoekers de experimenten kunnen controleren en daarop kunnen voortbouwen met nieuw onderzoek. Een geslaagde wetenschappelijke ontdekking leidt voor de onderzoeker tot veelgeciteerde publicaties en wetenschappelijke prestige, en verlegt de grenzen van de wetenschap. Een Nobelprijs geldt nog steeds als de ultieme erkenning. Dat kennis leidt tot innovaties, is meegenomen – maar niet het primaire doel.

Voor het bedrijfsleven is röntgenstraling een bron gebleken voor geheel nieuwe producten en diensten. Er was opeens een braakliggende markt voor röntgenapparatuur in landen met een goed ontwikkelde gezondheidszorg. Spoedig werden de eerste commerciële versies gebouwd. Het was het begin van de ontwikkeling en introductie van vele nieuwe producten en diensten die op de markt werden verkocht. De straling zelf, als natuurkundig fenomeen, veranderde natuurlijk niet, maar de mogelijkheden en het bedieningsgemak van de apparatuur werden steeds beter. Zo werd in 1975 octrooi gevraagd op een apparaat dat een volgende doorbraak bracht: de CT-scanner (computed tomography). Dit apparaat vormt driedimensionale beelden dankzij software die honderden afzonderlijke röntgenopnamen integreert. De CT-scanner voegde letterlijk een nieuwe dimensie toe aan de diagnostiek.

Naast wetenschappelijke kennis gebruiken bedrijven altijd veel andere (eigen en ingekochte) kennis bij de realisatie van nieuwe producten en diensten en bij het verder ontwikkelen en verbeteren daarvan. Voor bedrijven heeft kennis alleen betekenis als deze tot innovatie leidt. Een innovatie is pas geslaagd als er succesvolle producten en diensten op de markt komen, of als bedrijfsprocessen verbeteren, zodat bedrijven meer winst kunnen maken.

Voor artsen is het van primair belang dat zij de beschikking hebben over een nieuw soort hulpmiddel dat (samen met hun professionele kennis en ervaring) bruikbaar is bij diagnostiek en medische besluitvorming. Zoals ook bij andere baanbrekende technologieën heeft deze technologie geleid tot aanpassing van medische opleidingen, tot de vorming van een nieuw specialisme en tot voortdurende interactie tussen medici en fabrikanten, gericht op verdere verbetering van de apparatuur. De eigenschappen van röntgenstraling zijn voor artsen volstrekt irrelevant. De innovatie wordt voor hen pas manifest in de vorm van nieuwe apparatuur waarin de kennis over röntgenstraling als het ware is 'verpakt'. Zulke apparatuur heeft alleen betekenis als deze artsen en patiënten relevant voordeel biedt: minder kijkoperaties, een nauwkeurigere en snellere diagnose en kostenbesparingen.

In de tijd van Röntgen was de overheid veel minder betrokken bij innovatie. Het woord kenniseconomie was nog niet uitgevonden. Ongetwijfeld had de Nederlandse overheid (indien Röntgen in deze tijd had geleefd en in Apeldoorn was blijven wonen, in plaats van naar Würzburg te verhuizen) zijn ontdekking als een nieuw speerpunt gekwalificeerd. Zij had waarschijnlijk besloten om subsidie te verlenen voor een programma waarin universiteiten en bedrijven gezamenlijk zouden deelnemen om deze kennis te benutten voor medische toepassingen. Voor de overheid is 'innovatie' een begrip op macroniveau: een proces dat zich binnen bedrijven afspeelt en vooral wordt gestimuleerd door wetenschappelijke kennis, leidend tot een innovatief bedrijfsleven dat kan concurreren met het buitenland. Dat vertaalt zich in een gezonde nationale economie, goed opgeleide mensen, hoogwaardige werkgelegenheid, rendabele bedrijven, meer belastingopbrengsten en kiezers die tevreden zijn over de regering. Dat is de beloning die de overheid zoekt als zij mee-investeert in onderzoek.

## De essenties van de arena's

De geheel verschillende betekenissen die kennis en innovaties hebben voor bedrijven, universiteiten en overheden zijn een symptoom van een dieperliggend verschijnsel: deze partijen leven elk in hun eigen arena. In die arena's moeten organisaties zien te overleven in de concurrentiestrijd. Zij worden uiteindelijk afgerekend op hun prestatie; dat betekent dat er een gezamenlijke eenheid moet bestaan waarin succes en falen kunnen worden uitgerekend en vergeleken. Die eenheid is de *currency*, en elke arena heeft een verschillende *currency*:

- Voor bedrijven is de markt de arena. Winst is de *currency* waarin succes wordt gemeten Bedrijven ontwikkelen hun strategieën in een gesloten lus. Het management past voortdurend zijn strategie aan om op korte en lange termijn winst te blijven maken. De markt heeft een sterk corrigerende werking, want alleen daar wordt het geld verdiend. Geld wordt verdiend door méér producten te verkopen of met hogere marges te werken. Het kan ook worden verdiend door een efficiënter productieproces of door het vermijden van boetes voor schadelijke emissies. Winst is voor bedrijven noodzakelijk om te overleven; een bedrijf dat blijvend verlies maakt of te weinig winstgevend is, verdwijnt vroeg of laat.

  'Kennis' heeft hier slechts betekenis als deze leidt tot innovaties die geld opleveren. Bedrijven stoppen geen geld in innoveren als zij het risico te groot vinden dat de opbrengst onvoldoende is. Nederlandse bedrijven werken in een internationale arena: hun markten, toeleveranciers en financiers kunnen zich overal bevinden; arbeid en onderzoek worden verricht waar dat het best kan gebeuren, overal ter wereld.

- Voor universiteiten is de arena de wetenschappelijke wereld en de *currency* is de wetenschappelijke erkenning door andere onderzoekers. Instituten danken hun faam aan de prestaties van hun gerenommeerde onderzoekers. Die erkenning kunnen zij alleen verkrijgen van hun vakgenoten en blijkt uit publicaties in A-tijdschriften, aantallen promoties, veelvuldig geciteerd worden en uitnodigingen voor lezingen.

'Kennis' heeft hier de betekenis van een bijdrage aan de wetenschappelijke *body of knowledge*. Hoe groter die bijdrage is, hoe groter de erkenning is. Het ontwikkelen van toepassingen geldt binnen de wetenschappelijke wereld niet algemeen als een bijdrage aan de *body of knowledge*. Daarom zijn wetenschappers doorgaans weinig gemotiveerd om veel tijd en energie te investeren in het toepasbaar maken van de resultaten van hun onderzoek – men kan een Nobelprijs winnen met onderzoek waaruit geen enkele innovatie is voortgekomen. Ook de wetenschappelijke wereld is internationaal: wetenschappelijk aanzien in Nederland heeft geen betekenis als buitenlandse collega's die erkenning niet delen.

● Overheden handelen in de arena van de politiek; de *currency* waarin wordt afgerekend, is politieke macht. Voor de overheid is politieke macht een *conditio sine qua non* om te overleven. Dit type macht rust vooral bij individuen. Binnen een departement is dat de minister, die als enige naar buiten toe verantwoording moet afleggen voor het gebruik van die macht. Hoe meer macht een overheidsinstelling heeft, hoe meer belastinggeld zij kan besteden aan haar beleid en de uitvoering van dat beleid.

'Kennis' heeft hier betekenis als deze (in)direct is uit te drukken in politieke macht, bijvoorbeeld omdat met kennis een maatschappelijk probleem kan worden aangepakt of omdat kennis, via innovatie, leidt tot meer welvaart. De politieke arena is beperkt tot de grenzen van ons land. Daarbinnen heeft de Nederlandse politiek macht, daarbuiten is zij een van de partijen in een internationale arena waarin een machtsstrijd woedt tussen de grote mogendheden.

## Het innovatiesysteem in vogelvlucht

Het innovatiesysteem is het samenspel van universiteiten, bedrijven, overheden en de adviserende en bemiddelende instanties die gezamenlijk innovaties produceren en daartoe geld, middelen en menskracht investeren. Het systeem omspant delen van de arena's van overheid, wetenschap en be-

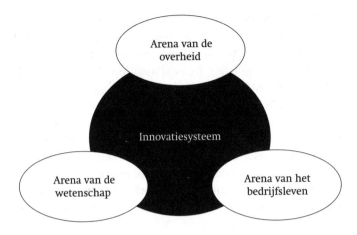

**Figuur 1 - de drie arena's en het innovatiesysteem**

drijfsleven. In het innovatiesysteem bestaan vele manieren om tot innovaties te komen. Bedrijven innoveren op eigen kracht, door hun producten steeds verder te ontwikkelen en te verbeteren, al of niet in een eigen R&D-afdeling. Bedrijven kunnen samenwerken, binnen of tussen sectoren, om tot innovaties te komen. Bedrijven laten in de vorm van contractresearch onderzoek uitvoeren bij universiteiten, TNO of andere onderzoeksinstituten en benutten de verworven kennis om te innoveren. Bedrijven kunnen gezamenlijk precompetitief onderzoek uitzetten bij een universiteit. De resultaten van dat onderzoek zijn dan voor alle deelnemers beschikbaar en bedrijven moeten daarna aan de slag om daar specifieke concurrentievoordelen uit te halen. Er kunnen ten slotte ook grote consortia ontstaan van grote en kleine bedrijven die met meerdere universiteiten grote en langdurige researchprogramma's uitvoeren.

De overheid ondersteunt innoveren met faciliteiten en geld: vanaf de kennisvouchers waarmee het midden- en kleinbedrijf kennis kan inkopen en ondersteuning van startende bedrijven tot en met subsidies voor programma's die de concurrentiekracht van economische sectoren versterken of gericht zijn op aanpakken van maatschappelijk-economische problemen.

In het Nederlandse innovatiesysteem zijn veertien universiteiten en zes ministeries structureel bezig met kennisontwikkeling en innovatie: OC&W, EZ, LNV, VROM, V&W en Defensie. Er zijn achttien KNAW-instituten en vijf Grote Technologische Instituten (GTI's). Voorts zijn er TNO met vijf kerngebieden, NWO met negen instituten en vier Technologische Topinstituten (TTI's).

Organisaties zoals de KNAW, het Centraal Planbureau, het Centraal Bureau voor de Statistiek, de Adviesraad voor Wetenschaps- en Technologiebeleid en vijf sectorraden adviseren de overheid over kennis en innovatie. Actief zijn voorts het Innovatieplatform voor nationaal innovatiebeleid en organisaties als SenterNovem en Syntens, gericht op innovaties bij bedrijven en de eerste ook op de uitvoering van innovatiebeleid. Er zijn circa dertig organisaties (overheid en universitair) die zich bezighouden met adviezen over en evaluaties en metingen van het innovatiesysteem. Daarnaast zijn circa honderd gespecialiseerde grote en kleine commerciële adviesorganisaties actief. Ten slotte werken honderden kleinere (project)organisaties aan het stimuleren en ondersteunen van innovatieactiviteiten; zij zijn lokaal of regionaal georiënteerd of gespecialiseerd naar sectoren.

In Nederland werken circa 90.000 mensen in onderzoek- en innovatiefuncties; 30.000 daarvan doen universitair onderzoek, 15.000 doen onderzoek in andere organisaties. De overige 45.000 mensen werken als technisch en ondersteunend personeel. Het aantal studenten wetenschappelijk onderwijs is bijna 200.000, in het hbo is dat 300.000. Het jaarbudget van de gezamenlijke universiteiten is circa 14 miljard euro. Het bedrijfsleven besteedt jaarlijks circa 4,5 miljard euro aan R&D, waarvan tachtig procent door industriële bedrijven. Zo'n 2,2 miljard euro wordt besteed door Nederlands 'grote zeven' van bedrijven: Philips, Akzo, Shell, DSM, ASML, Océ en Akzo Nobel. De GTI's hebben een totaal onderzoeksbudget van 1,1 miljard euro; TNO heeft een omzet van circa 550 miljoen euro. Naar schatting zijn bijna 200.000 MKB-bedrijven op enige wijze bezig met innoveren. De overheid besteedt 250 miljoen euro aan directe subsidiëring van innoveren en 350 miljoen euro via de Wet bevordering speur- en ontwikkelingswerk. Een afzonderlijk budget van 800 miljoen euro is beschikbaar voor het BSIK-programma, dat de vorming van grote precompetitieve consortia tussen kennisinstellingen en bedrijven beoogt.

De beschrijving van het innovatiesysteem met de drie arena's is een gestileerd beeld. Twee andere soorten partijen hebben invloed op het innovatiesysteem en op het succes van innovaties:

- Invloedrijke omstanders zijn belangenorganisaties van consumenten en bedrijven en non-governmental organizations (NGO's). Zij treden tijdelijk of permanent op als vertegenwoordigers van consumenten of groepen bedrijven. Daarmee kunnen ze een sterke invloed uitoefenen op innovatieprocessen. Hun rol kan zijn dat ze protesteren tegen in hun opinie ongewenste ontwikkelingen, zoals genetische modificatie. Een andere rol is dat ze aandringen op de noodzaak van innovaties, zoals technologieën voor duurzame productieprocessen.
- Bemiddelende insiders zijn de intermediaire partijen, die als smeerolie tussen de arena's fungeren. Zij leggen contacten en nemen initiatieven die niet of niet gemakkelijk vanuit de arena's komen. Ze hebben vaak ook een rol als bemiddelaar en makelaar. Zo zorgen ze dat ondanks de cultuur- en belangentegenstellingen tussen de arena's er toch gezamenlijke plannen komen en programma's worden uitgevoerd.

In al deze activiteiten blijven de essentiële kenmerken van de arena's steeds gelden. Het zijn belangen en afrekenmechanismen die in feite al sinds de vroege Renaissance gelden. Toen ontstonden in Italië de eerste commerciële banken die krediet verschaften en kregen begrippen zoals kapitaal, winst en rendement hun moderne betekenis. In die tijd ook hadden de universiteiten al hun huidige organisatievorm, rangen, rituelen en taken. En de overheid? Machiavelli had toen al de principes van het functioneren van de overheid en het gedrag van haar ambtdragers scherp geanalyseerd als louter een machtsspel.

De partijen, geldstromen en technologieën zijn sterk veranderd, maar de drie arena's functioneren al eeuwen op dezelfde manier. De succesvolle spelers hebben geleerd hoe zij zich moeten gedragen om succesvol te blijven en dat gedrag wordt door de minder succesvolle partijen gevolgd. Het is niet waarschijnlijk dat de arena's in de toekomst fundamenteel van aard zullen veranderen: de arena's en hun kenmerken zijn een vast gegeven.

## De drie innovatiecycli

Waarom innoveren bedrijven? Het antwoord is eenvoudig: wie niet innoveert, of dat langzamer doet dan de concurrent, zal marktaandeel verliezen. Want andere bedrijven zullen wel innoveren en met betere, snellerwerkende, zuiniger of goedkoper gefabriceerde producten op de markt komen – en zij krijgen daardoor meer marktaandeel of hogere marges. Hier wordt de dwingende kracht van de *currency* winst direct voelbaar: minder omzet leidt tot minder winst. Minder winst betekent minder mogelijkheden om te innoveren. Een bedrijf kan dat korter of langer volhouden, maar uiteindelijk is het afrekenmechanisme in deze arena onverbiddelijk. Er is dus een voortdurende druk om te innoveren.

Een bedrijf moet daarom zijn portfolio van innovatie-ideeën steeds aanvullen. Deze ideeën moeten worden ontwikkeld tot nieuwe producten, die uiteindelijk op de markt worden gecommercialiseerd. Het productassortiment wordt door innoveren steeds ververst. De verversingssnelheid van nieuwe producten en diensten varieert van enkele weken (financiële dienstverlening) en een tot twee jaar (elektronica, auto's) tot soms tien jaar of meer (geneesmiddelen, kerncentrales). Het beslissende moment ligt aan het eind van elk innovatietraject: het punt waarop de innovatie tot waarde komt, omdat er geld mee wordt verdiend op een markt. Vanaf dit punt moeten alle investeringen in kennis, R&D, prototypes, productontwikkeling en commercialisatie worden terugverdiend.

Bedrijven kunnen putten uit meerdere bronnen voor hun innovaties. Achtereenvolgens komen aan de orde:
- de snelle interne cyclus;
- de kennisgedreven cyclus;
- de revolutionaire cyclus.

### Innovatiecycli: de snelle interne innovatiecyclus

De eerste en meest nabije bron is om te werken vanuit de mogelijkheden die binnen het producerende bedrijf bestaan. Het simpelst is om het product of de dienst in wezen hetzelfde te laten, maar door middel van verbeteringen en combinaties

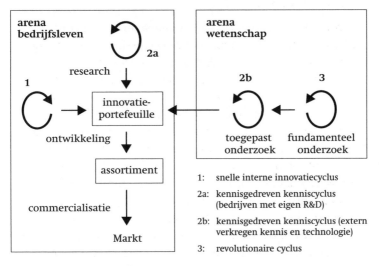

1: snelle interne innovatiecyclus

2a: kennisgedreven kenniscyclus (bedrijven met eigen R&D)

2b: kennisgedreven kenniscyclus (extern verkregen kennis en technologie)

3: revolutionaire cyclus

**Figuur 2 - de innovatiecycli**

nieuwe varianten te maken, met meer functionaliteit, betere smaak, grotere betrouwbaarheid of groter bedieningsgemak. Dit product wordt als 'nieuw' of 'verbeterd' op de markt gebracht, een nieuw model televisie met ingebouwde DVD-speler bijvoorbeeld. Zo kan een bedrijf het assortiment voortdurend vernieuwen – en zolang de markt de nieuwe producten blijft afnemen en alle concurrenten het spel op dezelfde manier meespelen, gaat dat goed. Hetzelfde geldt voor het innoveren van het productieproces: dat blijft in wezen hetzelfde, maar wordt verder geoptimaliseerd of efficiënter gemaakt door planningssoftware of variatie in de procesomstandigheden.

Dit is de snelle interne innovatiecyclus, gevoed uit de eigen mogelijkheden van het bedrijf, aangevuld met nieuwe ideeën van toeleveranciers of door afkijken van de concurrentie. Deze cyclus maakt geen gebruik van nieuwe technologie of wetenschappelijke kennis. De cyclus heeft een *clock speed* van enkele weken (financiële dienstverlening), één seizoen (mode, voedingsmiddelen) tot een à twee jaar voor producten zoals elektronica en auto's. Hoe hoger de *clock speed* waarmee producten veranderen, hoe harder de snelle cyclus moet draaien. En hoe sneller investeringen in innoveren moeten worden terugverdiend. Deze manier van innoveren heeft echter een limiet: de onderliggende kennis en technologie van het product of het productieproces blijven hetzelfde.

## Innovatiecycli: de kennisgedreven innovatiecyclus

Wanneer de snelle innovatiecyclus uitgeput raakt, vormen nieuwe technologie of wetenschappelijke kennis de bron voor verdergaande innovatie. Onder 'technologie' wordt hier verstaan: wetenschappelijke kennis die op een systematische manier al bewust is gericht op praktische doeleinden. Onder 'kennis' wordt verstaan: de wetenschappelijke kennis die vanuit wetenschappelijke nieuwsgierigheid is verkregen (maar uiteraard de mogelijkheid in zich draagt om in technologie(ën) te worden omgezet). De ontdekking van Röntgen leidde tot nieuwe wetenschappelijke kennis, maar er was verder systematisch onderzoek nodig om tot de technologie te komen voor goed functionerende en betrouwbare röntgenapparatuur. Een technologie kan verder worden verbeterd, gericht op nieuwe toepassingsmogelijkheden, zonder dat de onderliggende wetenschappelijke kennis wordt vergroot. In de bètawetenschappen is nauwelijks verschil te maken tussen technologie en onderliggende wetenschap. In de praktijk is er een nauwe interactie tussen 'fundamenteel', nieuwsgierigheidgedreven onderzoek en 'toegepast' onderzoek dat is gericht op praktische doelen. Fundamenteel onderzoek kan inspirerend werken op technologisch onderzoek, maar veel vaker inspireren de vragen die in technologisch onderzoek rijzen juist het fundamentele onderzoek. Als het gaat om innoveren, zeggen de termen 'fundamenteel' en 'toegepast' dan ook weinig.

Met nieuwe kennis en technologie kunnen wezenlijk nieuwe typen producten ontstaan, die later in vele interne cycli verder kunnen worden gevarieerd en verbeterd. De omschakeling van de zwart-wit televisie naar de kleurentelevisie is een voorbeeld. Het principe van een vacuümbuis waarin een beeld met behulp van een elektronenbundel wordt opgebouwd bleef hetzelfde, maar beelden in kleur vroegen geheel nieuwe kennis en technologieën.

Als de technologische cyclus niet langer nieuwe impulsen oplevert, dan kan 'verse' kennis uit de wetenschappelijke arena een nieuwe impuls geven.

De betekenis van de wetenschappelijke arena voor innoveren is dat het een wereldwijd systeem is van duizenden kennisdomeinen en een zeer groot aantal faciliteiten. Bovenal is het een omvangrijk reservoir van hoogopgeleide mensen die zijn getraind in wetenschappelijk denken. De wetenschappelijke arena kan bedrijven kennis bieden waarmee zij nieuwe technologieën kunnen ontwikkelen die de basis vormen voor kwalitatieve, onderscheidende innovaties.

Nederland levert twee tot drie procent van de totale wereldwijde productie aan wetenschappelijke kennis. Wie zulke kennis nodig heeft, doet er dus verstandig aan zich breder te oriënteren dan alleen in Nederland. Een complicerende factor is dat de arena van de overheid nationaal is. Als de overheid gezamenlijke kennisontwikkeling tussen universiteiten en bedrijven subsidieert, ziet zij graag dat het geld terugkomt bij de eigen universiteiten, zodat kostbaar belastinggeld niet over de grens verdwijnt. Maar voor bedrijven is dat niet aantrekkelijk, want zij willen waar voor hun geld en zoeken naar de best beschikbare kennis, ook al is dat een buitenlandse universiteit.

De kennisgedreven innovatiecyclus kan, zoals het voorbeeld van Röntgen leert, vanuit de wetenschappelijke arena starten. Maar tegenwoordig wordt deze cyclus veel meer vanuit de arena van de markt gestuurd. Bedrijven (individueel of groepsgewijs) formuleren vanuit hun behoefte aan innovaties onderzoeksvragen die zij aan universiteiten uitbesteden. Dit leidt tot programmeren van onderzoek.

De kennisgedreven innovatiecyclus heeft een *clock speed* die varieert van één tot vier jaar (soms oplopend tot zo'n tien jaar, zoals geneesmiddelen, die een langdurige test- en registratiefase moeten doorlopen) – veel langzamer dus dan de snelle interne cyclus van bedrijven. De totale tijd van het onderzoek plus het verpakken van de verkregen kennis in de producten kan variëren van twee of drie jaar tot meer dan een decennium. De terugverdientijd van investeringen in dit type onderzoek is daarom lang.

Het mechanisme van geprogrammeerd onderzoek heeft een intrinsieke beperking. In dit proces van repeterende kennisontwikkeling ontstaan namelijk tussen bedrijven, universiteiten en andere onderzoeksinstellingen min of meer vaste relaties, die vaak disciplinegebonden zijn. Zo zal de R&D-afdeling van een bedrijf dat beeldbuizen produceert, nauwe contacten hebben met wetenschappelijke onderzoekers die net als zij afgestudeerd zijn als fysicus of elektronicus. Zij spreken hetzelfde jargon en kennen elkaars vak. Zo kunnen zij zonder problemen gezamenlijke programma's formuleren. Programmeren van onderzoek leidt tot evolutionair innoveren: gedreven door kennis, maar binnen de grenzen van de kennisgebieden waar onderzoekers én bedrijven vertrouwd mee zijn.

## Innovatiecycli: de revolutionaire innovatiecyclus

Er is nog een derde bron van innovaties – de meest krachtige die bestaat, maar ook de moeilijkste om uit te putten. Dat is revolutionair innoveren: sprongsgewijs innoveren gedreven door kennis die van buiten de vertrouwde kring komt. Die impuls kan ontstaan omdat kennis uit een heel ander kennisgebied opeens toepasbaar blijkt. Revolutionaire innovaties kunnen ook ontstaan als een onverwachte combinatie van wetenschappelijke kennisgebieden een impuls geeft en innovatieve mogelijkheden oplevert die elk afzonderlijk kennisgebied nooit kan bieden. Vroeg of laat heeft dat effecten op de arena van het bedrijfsleven omdat er opeens heel andere categorieën producten, diensten of productieprocessen mogelijk worden, die niet uit evolutionair innoveren kunnen ontstaan. Zulke ideeën voor producten ontstaan evenmin vanuit de markt, want klanten formuleren gewenste verbeteringen bijna altijd vanuit een bestaand product.

De cyclustijd van revolutionair innoveren is bijzonder: de ontdekking zelf kan snel plaatsvinden, maar er moet een grote afstand worden overbrugd tussen het kennisgebied waar de ontdekking plaatsvindt en de toepassingsgebieden waar die kennis kan worden benut. Dat kan enkele maanden duren, maar ook langer dan een eeuw. Als het lukt, zijn er grenzen verlegd en worden nieuwe ontwikkelingen zichtbaar. Vervolgens ontstaat een golf van vraaggestuurd onderzoek. De *clock speed* van revolutionair innoveren wordt vooral bepaald door de tijd die nodig is om het verband te leggen tussen (al beschikbare) kennis en een heel nieuw veld van toepassingen. Röntgen zag dat wellicht binnen enkele seconden, maar het kan ook anders: het basisprincipe van de *liquid crystal display* (LCD) lag twee generaties lang verborgen te wachten op een herontdekking – waarna LCD's binnen vijf jaar de wereld veroverden.

## De dubbele curve van overleven en geld

Innoveren is per definitie onzeker. Het gaat om het bedenken, ontwikkelen en uitwerken van iets wat *nieuw* is. Daarom is er nooit zekerheid dat een innovatie slaagt. Het idee kan nog zo goed en bijzonder zijn, het innovatieproces kan foutloos worden uitgevoerd, de commercialisatie kan volgens de regels der kunst worden voorbereid: de kans dat het niet lukt blijft aanwezig.

Achter het bureau van iedereen die met innoveren bezig is (of beter nog: recht voor hem aan de muur) moet de innovatiecurve hangen. Deze curve heeft twee lijnen. De eerste lijn geeft het afbreukrisico aan. Dat is de onzekerheid of een innovatief idee de opeenvolgende stappen van het innovatietraject overleeft en uiteindelijk wordt omgezet in een succes op de markt. Deze curve is exponentieel afnemend.

In de grafiek worden drie fasen onderscheiden:
- de fase van het ontstaan van het idee tot en met een eerste beschrijving daarvan;
- de fase van het uitwerken van een projectvoorstel tot en met een werkend prototype;

- de fase van de commercialisatie tot een product dat succesvol is op de markt.

De kans dat een idee een fase verder komt, varieert van 1:4 tot minder dan 1:10, zodat de kans dat een idee alle fasen met goed gevolg doorkomt, kan variëren van 1:64 tot minder dan 1:1000.

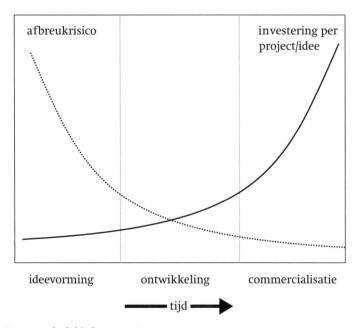

**Figuur 3 - de dubbele innovatiecurve**

De tweede lijn in de innovatiecurve geeft aan hoeveel geld nodig is om een innovatief idee tot commercieel succes te brengen. Deze curve is het spiegelbeeld van de eerste lijn. Het kost exponentieel meer geld om een stap verder te komen. De toename van de kosten bedraagt een factor 10 tot soms meer dan 1000 per stap. Een idee bedenken kan in een fractie van seconden gebeuren, of ontstaat in een innovatiesessie, of tijdens een werkoverleg. Dat kost, inclusief het formuleren van een projectvoorstel, hooguit enkele duizenden euro's. De ontwikkelingsfase vraagt meer investeringen: er moeten testopstellingen en prototypes worden gebouwd. Deze kosten kunnen variëren van enige duizenden tot honderdduizenden euro's. Ten slotte komt de commercialisatiefase, die grote investeringen kan vragen in productiefaciliteiten, een nieuw distributieapparaat en marketing. De kosten kunnen sterk variëren, van enige tienduizenden euro's om een variant van een apparaat te bouwen tot miljarden euro's als het gaat om het ontwikkelen, testen en registreren van nieuwe geneesmiddelen.

De dubbele innovatiecurve heeft twee belangrijke consequenties voor elk van de arena's:

- Men kan het succes van innoveren niet beoordelen naar het lot van een afzonderlijk idee. Of het nu gaat om het succes van nationaal innovatiebeleid, om de opbrengst van een verzameling creatieve ideeën van een bedrijf, om de waarde van de technologieën van een kennisinstelling of om het rendement van een fonds dat investeert in hightech bedrijven: het gaat om de opbrengst van de gehele portfolio van ideeën. De beheerder van deze portfolio moet worden aangesproken op de mate waarin de opbrengst van de ideeën die succes hebben, opwegen tegen de kosten die voor de gehele portfolio worden gemaakt.
- De juiste verdeling van financiële middelen is cruciaal. Omdat de investeringen per fase exponentieel toenemen, is het verstandig om de laatste fase in te gaan met alleen die ideeën waarvan de geschatte slaagkans en het verwachte rendement zo hoog mogelijk zijn – en daarvoor voldoende geld over te houden. De kunst is dus om met zo weinig mogelijk kosten aan het eind van de eerste fase te selecteren en de tweede fase zo efficiënt in te richten dat men de kansrijkheid en opbrengst van de beoogde innovaties met voldoende zekerheid kan inschatten.

## Verschillen in innovatiepraktijk

Het is zeker niet zo dat de drie innovatiecycli algemeen worden benut in de arena van het bedrijfsleven. Binnen deze arena bestaan grote verschillen in aard en omvang van de innovatie-activiteiten, in een breed spectrum vanaf multinationals tot

MKB-bedrijven. Zo'n 60 procent van de bedrijven (vrijwel uitsluitend MKB en handelsbedrijven) doet in het geheel niet aan bewust innoveren. Voor heel Nederland komt dat neer op circa 280.000 bedrijven. Van de 39 procent die wel innoveert, doet 26 procent dat zonder samenwerking met anderen. Van bedrijven die wel samenwerken bij innoveren (13 procent), doet 5,7 procent dat niet met kennisinstellingen. Van de resterende 7,5 procent werkt de helft zo nu en dan, en de andere helft intensief samen met kennisinstellingen. De laatste groep is de innovatieve top van Nederland, waaronder de eerder genoemde 'grote zeven' (Philips, Akzo, Shell, DSM, ASML, Océ en Akzo Nobel), een aantal grote bedrijven met eigen R&D en de innovatieve voorhoede van het MKB. Hierbij wordt opgemerkt dat deze getallen betrekking hebben op bedrijven met meer dan tien werknemers. Daarmee is een kleine (maar belangrijke) groep innovatieve bedrijven buiten beeld gebleven: nieuwe bedrijven die als spin-offs uit universiteiten of grote bedrijven ontstaan.

Dit is een goede plaats om nogmaals te benadrukken (het kwam al aan de orde in het voorbeeld van de röntgenstraling) dat wetenschappelijke kennis alléén niet voldoende is voor geslaagde innovatie. Bedrijven, zowel de multinationals als het innovatieve MKB, zetten daarnaast andere kennis en ervaring in, bijvoorbeeld op gebieden zoals marketing, ICT en werktuigbouwkunde. Samen met de wetenschappelijke kennis wordt dat alles verpakt in een product of dienst. Voor bedrijven is wetenschappelijke kennis weliswaar een noodzakelijke, maar onvoldoende voorwaarde voor succesvolle innovatie.

## Introductie tot de thema's van deel III

Een goed werkend nationaal innovatiesysteem levert voortdurende stimuli aan een samenleving die wil innoveren. Bedrijven, universiteiten en overheden werken samen vanuit hun eigen arena's en kunnen de beloning van samenwerking continu incasseren. Niet alleen in termen van succes voor bedrijven en werkgelegenheid, maar ook omdat de wetenschap daarvan profiteert en omdat kennis beschikbaar komt die tot maatschappelijke opbrengsten leidt, zoals een beter functionerende gezondheidszorg, minder files of een schoner milieu.

Veel meer dan structuren, het aantal onderzoekers of het percentage van het bruto nationaal product dat een land besteedt aan onderzoek, bepaalt de dynamiek van een innovatiesysteem de prestaties. Verschillen tussen landen worden niet veroorzaakt doordat de arena's anders functioneren. In alle landen, ook in Nederland, zijn bedrijven op winst gericht. In alle landen stimuleren overheden innoveren en groei. Nederlandse onderzoekers doen niet onder voor de rest van de wereld en ook zij willen onderzoek doen waarmee zij prestige verwerven. Het totale budget dat beschikbaar is voor het innovatiesysteem is overal ruim genoeg. In alle landen wordt op dezelfde manier gezocht naar sterke kennisgebieden en opkomende technologieën. Dit geheel van structuren en middelen kan, ondanks de beste bedoelingen, toch slecht functioneren: de cycli draaien traag, de aansluiting tussen de wetenschappelijke arena en de arena van het bedrijfsleven is niet goed of subsidies worden op de verkeerde manier ingezet.

De afgelopen jaren verscheen in Nederland een groot aantal analyses die gemeen hebben dat zij het Nederlandse innovatiesysteem als middelmatig beoordelen, vergeleken met andere westerse landen. De aanbevelingen variëren van de roep om meer geld voor academisch onderzoek tot aan een omvangrijke reorganisatie van het gehele Nederlandse innovatiesysteem.

Deel III bevat tien thema's, met als rode draad het verbeteren van de dynamiek van innovatiesystemen. Dat is alleen mogelijk door rekening te houden met de wezenlijke eigenschappen van een innovatiesysteem, zoals in dit deel I beschreven. Inzicht in die eigenschappen is onmisbaar om te begrijpen hoe dit systeem werkt en reageert op bedreigingen van buitenaf of veranderingen van binnenuit. De benadering vanuit de invalshoek van systeemdynamiek biedt vele aanknopingspunten tot concrete verbetering, en maakt ook duidelijk waarom ogenschijnlijk goede oplossingen falen – omdat zij op de verkeerde wijze in het systeem ingrijpen.

- Thema 1 kijkt naar het innovatiesysteem als een complex adaptief systeem. Zo'n systeem kent allerlei zichtbare en verborgen reacties en interacties, de resultante van het gedrag van de partijen in het systeem. Deze partijen leren van hun gedrag en passen zich aan, waardoor het systeem als geheel adaptief is. De dynamiek van innoveren, maar ook de weerstand tegen veranderingen hangen nauw samen met de interacties tussen de partijen in de arena's en hun leervermogen.

In de thema's 2 en 3 staan twee wezenlijke oorzaken centraal van voortdurende en ingrijpende vernieuwing, die diep doorwerken in het innovatiesysteem: de vorming van nieuwe (kennis)combinaties en de opkomst van *disruptive technologies*:

- In thema 2 komen de *Neue Kombinationen* aan de orde: nieuwe combinaties van productiemiddelen (waaronder kennis) die een krachtige bron van innovaties zijn en door ondernemers een economische betekenis krijgen in de arena van het bedrijfsleven.
- Thema 3 gaat over *disruptive technologies*: nieuwe technologieën die opduiken vanuit de wetenschappelijke arena of uit industriële R&D. Zij kunnen bedreigend zijn voor bedrijven met bestaande technologieën, maar ook grote kansen bieden.

De thema's 4 en 5 laten zien hoe een innovatiesysteem mede is gevormd door ervaringen uit het verleden, hoe oude denkwijzen en structuren nog doorwerken en welke recente veranderingen in het denken over innoveren zijn opgetreden:

- Thema 4 beschrijft de historische ontwikkeling van ideeën over het verband tussen wetenschappelijke kennis, innoveren en welvaart. De relaties daartussen veranderden de afgelopen vier eeuwen ingrijpend, maar de invloed van verouderde ideeën over deze relaties is nog steeds zichtbaar.
- Thema 5 gaat in op het concept van *open innovation*, een paradigmaverandering naar een model waarin bedrijven en andere partijen flexibeler omgaan met kennis, innoveren en commercialisatie, noodzakelijk in een wereld waarin kennis

in overvloed bestaat en technologie een steeds grotere impact op de samenleving heeft.

De volgende thema's geven vijf concrete mogelijkheden tot dynamisering van een innovatiesysteem:

- Thema 6 gaat over het 'slim kopiëren' van succesvolle concepten van het ene naar het andere innovatiesysteem. Zo kan een innovatiesysteem snel worden verbeterd.
- Thema 7 gaat over het programmeren in netwerken waarin partijen uit verschillende arena's samen programma's opzetten die zijn gericht op kennisontwikkeling. Netwerkprogrammering is van groot belang voor het oplossen van maatschappelijke vraagstukken.
- Thema 8 beschrijft de rol van intermediairs in het innovatiesysteem en hun nuttige functies, vanaf het nemen van initiatieven tot het begeleiden en versnellen van het proces van samenwerking tussen partijen uit verschillende arena's.
- Thema 9 laat de mogelijkheden voor regionale innovatieprocessen zien. De regio is door zijn schaalgrootte en mogelijkheden tot clustervorming een natuurlijke eenheid die dwingt tot duidelijke keuzes voor eigen sterkten en onderscheidend vermogen.
- Thema 10 gaat over het versnellen van de snelle interne innovatiecyclus door het systematisch innoveren van producten, diensten en processen met een methode die gebruik maakt van de kennis en ervaring op de werkvloer.

Dan is er nog het laatste thema 11; dat plaatst de voorbeelden, observaties en conclusies van de eerdere thema's in het kader van het grote belang van onderscheid en snelheid om de dynamiek van het innovatiesysteem te vergroten en van de drijvende kracht van ondernemerschap.

# Deel II

# Encyclopedisch deel

Gebruik van tekens en afkortingen

| | |
|---|---|
| • | scheidt verschillende betekenissen in lemma |
| [adj] | adjectief |
| [alg] | algemeen |
| [B] | betekenis in arena van bedrijfsleven |
| [inn] | specifieke betekenis voor innoveren |
| [lett] | letterlijke betekenis |
| [O] | betekenis in arena van de overheid |
| [oorspr] | oorspronkelijke betekenis |
| [overdr] | overdrachtelijk |
| [W] | betekenis in wetenschappelijke arena |
| ≈ | betekenis bij benadering |
| (EU) | Europese Unie |
| (VS) | Verenigde Staten |
| **vet** | verwijzing naar ander lemma |
| <u>multidisciplinair</u> | verwijzing vanuit andere lemma-ingang |

**Aanbodsturing → Vraagsturing**

**Academie** • [alg] Een universiteit of hogeschool ter beoefening van wetenschappen, letteren of kunst. • [W] Genootschap ter beoefening van wetenschap, zoals de KNAW.

**Academisch** [adj] • Betreffende universiteiten of universitaire opleiding. • Hypothetisch of theoretisch. • (pejoratief) van weinig praktische waarde, te theoretisch of abstract.

**Advanced Chemical Technologies for Sustainability (ACTS)** Subsidieprogramma voor precompetitief onderzoek in katalyse en gerelateerde aandachtsgebieden, opgezet als apart **regieorgaan**, maar nu onderdeel van het wetenschapsgebied Chemische Wetenschappen van NWO. Binnen ACTS werken partijen uit de drie arena's samen bij onderzoek naar duurzame productie van materialen en energie, zoals voor de waterstofeconomie.

**Adviesraad voor het Wetenschaps- en Technologiebeleid (AWT)** Adviesraad voor regering en parlement over het beleid voor wetenschappelijk onderzoek, technologische ontwikkeling en innovatie. Kennis, onderzoek en innovatie zijn op alle beleidsterreinen van belang. De AWT is vooral actief op de terreinen van het ministerie van OC&W (wetenschapsbeleid) en het ministerie van EZ (innovatiebeleid). De AWT adviseert (on)gevraagd en heeft een onafhankelijke positie ten opzichte van ministeries en andere partijen. De AWT richt zich op kennisontwikkeling en innovatie, het beleid daarvoor en de factoren die deze processen beïnvloeden. De raad adviseert daarnaast over de maatschappelijke en economische gevolgen van wetenschap en technologie. De AWT is gevestigd in Den Haag en heeft circa vijftien medewerkers (www.awt.nl).

**AIO → Tijdelijk onderzoeker**

**Alfa** • [oorspr] Benaming voor de letterkundige wetenschappen. • [alg] Verzamelnaam voor een groep **kennisdomeinen** die naast taal- en letterkunde ook filosofie, geschiedenis, cultuurwetenschappen (muziek, film, kunst) en theologie omvat. Zie ook **bèta** en **gamma**.

**Alliantie** • [alg] Vorm van **samenwerking** waarbij verschillende partijen (tijdelijk of permanent) een formele overeenkomst aangaan om een gezamenlijk doel te bereiken, waarbij alle partijen onafhankelijk blijven en hun eigen activiteiten blijven uitvoeren. • [inn] ≈ **consortium**.

**Arena** De omgeving van een van drie belangrijke soorten partijen die een hoofdrol spelen bij innoveren: bedrijven, universiteiten en overheid. Het voortbestaan van die partijen hangt af van hun prestaties in hun eigen arena. In elke arena bestaat een verschillende maat, de *currency*, waarin prestaties worden gemeten en waarin de partijen uiteindelijk worden afgerekend. De overheid functioneert in de arena van de politiek; de *currency* waarin wordt afgerekend is politieke macht. Voor bedrijven is de markt de arena en winst is de *currency* waarin succes wordt gemeten. Voor universiteiten is de arena de internationale wetenschappelijke wereld, de *currency* is wetenschappelijke erkenning door andere onderzoekers.

De betekenis van arena's voor samenwerking bij innoveren is dat gemeenschappelijke activiteiten voor elk van de partijen in hun eigen arena een positieve opbrengst moeten opleveren. Die opbrengst moet dus zijn uit te drukken in de *currencies* van de arena's.

**Arena Currency Analyse** Methode om inzichtelijk te maken wat het natuurlijke gedrag is van partijen die een samenwerking aan willen gaan. Dat gedrag wordt bepaald door de *currency* (zie arena) waarmee binnen de eigen arena van partijen wordt afgerekend en de spelregels binnen die arena. Veel samenwerking lukt niet goed, omdat de partijen er als vanzelf van uitgaan dat de regels binnen hun eigen wereld ook (moeten of kunnen) gelden voor de partij met wie ze willen samenwerken. Zij nemen op voorhand aan dat de spelregels van hun arena dezelfde zijn als die in andere arena's, wat later veel energie kost om misverstanden en problemen op te lossen. De analyse

maakt de spelregels van elke afzonderlijke arena zichtbaar zodat spelregels kunnen worden vastgesteld die voor alle partijen duidelijk en acceptabel zijn. Spelregels en *currency* zijn nauw met elkaar verweven. Neutrale spelregels maken het mogelijk een neutrale *currency* te vinden die kan worden omgerekend in de *currencies* van elke arena. Een voorbeeld van zo'n neutrale *currency* is kennis. Kennis is het product van de samenwerking en heeft voor elk van de partijen in de samenwerking een waarde die wordt gerealiseerd in de eigen arena.

**Association of European Science & Technology Transfer Professionals (ASTP)** Europese tegenhanger van de **Association of University Technology Managers**. De ASTP heeft meer dan vijfhonderd leden uit dertig landen (www.astp.net).

**Association of University Technology Managers (AUTM)** Wereldwijde organisatie van mensen die professioneel bezig zijn met de overdracht en uitwisseling van kennis en technologie tussen universiteiten en bedrijven. Zie ook **Association of European Science & Technology Transfer Professionals**. De AUTM heeft circa 3200 leden die samen meer dan driehonderd organisaties vertegenwoordigen (www.autm.net).

**ASTP** → Association of European Science & Technology Transfer Professionals

**AUTM →** Association of University Technology Managers

**AWT →** Adviesraad voor Wetenschaps- en Technologiebeleid

**Backcasting** Methode van planning waarbij wordt gestart met het definiëren van de toekomstige gewenste situatie, waarna vanuit de toekomst terug wordt geredeneerd welke mijlpalen op welk moment moeten worden behaald om de toekomstige doelen te bereiken. Backcasting is toepasbaar voor het opstellen van **innovatiebeleid** en kan bijvoorbeeld worden ingezet na een **scenariostudie**.

**Basissubsidie** [inn] Publiek gefinancierde onderzoeksinstituten zoals **TNO** en de **Grote Technologische Instituten** (GTI's) zijn door de Nederlandse overheid opgezet om wetenschappelijk onderzoek te verbinden met bedrijven (brugfunctie). Toegepast onderzoek is daarvoor het belangrijkste middel. Om zich te kunnen voorbereiden op een toekomstige vraag naar toegepast onderzoek krijgen TNO en de GTI's een basissubsidie die ze naar eigen inzicht kunnen besteden aan kennisontwikkeling.

**BBP →** Bruto Binnenlands Product

**Bedrijven** Organisaties die op commerciële basis producten en diensten (in de brede zin van het woord) op de markt brengen (voor andere bedrijven, overheden en andere non-profitafnemers en/of de consumentenmarkt), waarbij geldt dat hun voortbestaan uiteindelijk wordt bepaald door hun vermogen om winst te maken en rendement te behalen op investeringen. Zie ook **businessmodel**.

**Bedrijfsverzamelgebouw** Gebouw waarin kleine bedrijven hun algemene faciliteiten delen, van receptie en internetaansluiting tot beveiliging en parkeerplaatsen. Dat leidt tot lagere kosten, maar ook tot nuttige onderlinge contacten. Private bedrijfsverzamelgebouwen worden veelal door projectontwikkelaars gerealiseerd. Maar er zijn ook publiek-private bedrijfsverzamelgebouwen, veelal gelieerd aan onderzoeksinstellingen, waar aanvullende faciliteiten worden geboden voor **starters**, zoals *spin-offs* van universiteiten of bedrijven. Zie ook **incubator**.

**Bedrijvigheid** [O] ≈ Alle commerciële en financiële activiteiten van bedrijven die leiden tot effecten (zoals werkgelegenheid, omzet, winst, investeringen in productiecapaciteit en export) die als gunstig voor de nationale of regionale economie worden beschouwd.

**Beleidscyclus** • [alg] De beleidscyclus start bij de signalering van een aandachtspunt. Die aandacht leidt tot het voorbereiden van beleid en vervolgens tot een besluit tot uitvoering. Vervolgens vindt uitvoering plaats en daarna een evaluatie, die (al dan niet) leidt tot het signaleren van punten die aandacht vragen. • [O] Bij de overheid is de beleidscyclus vaak gekoppeld aan de begrotingscyclus. Behalve een financiële verantwoording over de besteding van het budget wordt het ook bij de overheid steeds belangrijker om te laten zien wat er met de besteding is bereikt (VBTB: Van Beleidsbegroting Tot Beleidsverantwoording).

**Benchmark** • [lett] Standaard, maatstaf. • [inn] Referentiepunt bij vergelijkend onderzoek naar de innovatiekracht van verschillende landen waarbij de prestatie van een als vooroplopend beschouwd land als maatstaf dient. Daardoor ontstaat inzicht in de punten waarop het onderzochte land een achterstand heeft ten opzichte van het vooroplopende land, zodat gerichte maatregelen worden genomen. Een *benchmark* heeft vaak een normerend karakter: een score onder de waarde van de *benchmark* wordt dan als onvoldoende beschouwd. Een benchmarkstudie of benchmarkonderzoek is een onderzoek dat tot doel heeft een *benchmark* op te stellen of het object van onderzoek te vergelijken met een bestaande *benchmark*. Zulke studies kunnen bijvoorbeeld als onderwerp hebben de kennisproductiviteit van een land, de innovatie-inspanningen of de kwaliteit van de faciliteiten om beginnende bedrijven te ondersteunen. Zie ook **indicator**.

**Beschermingscertificaat → Octrooi**

*Best practices* Werkwijzen, procedures en methoden die na vergelijking met andere (binnen een organisatie of tussen vergelijkbare organisaties) algemeen als de best beschikbare worden beschouwd, zonder dat zij noodzakelijk het karakter van vaste voorschriften krijgen. Het verzamelen, bespreken en implementeren van *best practices* door professionals is een efficiënt en effectief middel om processen in organisaties te verbeteren. Omdat het vaak niet mogelijk is het oordeel 'best' te vellen, wordt er steeds vaker van *good practices* gesproken.

**Bèta** • [oorspr] Benaming voor de natuurwetenschappen. • [alg] Verzamelnaam voor het spectrum van **kennisdomeinen** dat omvat: natuur-, wis- en scheikunde, computerwetenschappen, technische wetenschappen, aardwetenschappen, biologie, geneeskunde, milieukunde, landbouw- en voedingswetenschappen en aanverwante wetenschappen. • Opleiding waarin exacte vakken een belangrijke plaats hebben. Zie ook **alfa**, **gamma** en **discipline**.

**Billijke vergoeding** [inn] De *fair price* die ondernemers worden geacht te betalen voor kennis of onderzoeksresultaten die zijn gegenereerd door publiek gefinancierde onderzoeksinstellingen. Wat een billijke vergoeding is, wordt per geval onderhandeld tussen kennisinstelling en ondernemer, via een professionele tussenpersoon. Gebruikelijk is om de billijke vergoeding te relateren aan het marktsucces.

**BNP → Bruto Nationaal Product**

*Body of knowledge* • [alg] Verzameling expliciete en toegankelijk gemaakte kennis. • [W] De totale hoeveelheid geproduceerde wetenschappelijke kennis, vooral in de vorm van publicaties.

**Brugfunctie/bruggenbouwer → Intermediair**

**Brugmodel → Innovatiemodel**

**Bruto Binnenlands Product (BBP)**
Macro-economische maat voor de omvang van de nationale economie. Het BBP is gelijk aan de totale bruto toegevoegde waarde (tegen marktprijzen) die in een bepaald jaar binnen de landsgrenzen wordt gegenereerd. In 2003 bedroeg het BBP van Nederland 445 miljard euro. **Indicatoren** die als maat voor innovatie-inspanningen worden gebruikt, kunnen worden gerelateerd aan het BBP, bijvoorbeeld door de omvang van publieke en private investeringen in onderzoek als percentage van het BBP te berekenen. Zie ook **Bruto Nationaal Product**.

**Bruto Nationaal Product (BNP)**
Macro-economische maat voor de omvang van de nationale economie. Het BNP is het inkomen van alle mensen in Nederland vermeerderd met de lonen van mensen die hun loon in een ander land verdienen maar die in Nederland wonen en verminderd met het inkomen van de mensen die hun inkomen in Nederland verdienen maar in een ander land wonen. In 2003 bedroeg het BNP van Nederland 435 miljard euro. Zie ook **Bruto Binnenlands Product**.

**BSIK** (Besluit Subsidie Investering kennisinfrastructuur) is een subsidieregeling voor precompetitieve innovatieprogramma's tussen kennisinstellingen en bedrijven gericht op het versterken van de kennisinfrastructuur van Nederland. De Interdepartementale Commissie Economische Structuurversterking (ICES) heeft tot taak om een deel van de aardgasbaten bij wijze van investering in de toekomst te besteden aan uiteenlopende fysieke infrastructurele werken. Daarvoor is het **Fonds Economische Structuurversterking** (FES) ingesteld. De commissie concludeerde rond 1990 dat naast de fysieke infrastructuur ook de **kennisinfrastructuur** (KIS) van groot belang is voor de toekomst van Nederland. Daarom is de KIS aan de ICES toegevoegd: ICES/KIS. De KIS kwam daarmee in aanmerking voor geld uit de FES. Er zijn drie ronden geweest om binnen ICES/KIS innovatieprogramma's uit te voeren. ICES/KIS 1 en 2 startten achtereenvolgens in 1992 en 1998. De derde ronde, ICES/KIS 3, kreeg de naam BSIK en startte in 2003. Tezamen zijn en worden in de drie ronden tientallen programma's uitgevoerd.

**Bureau Intellectueel Eigendom →
Octrooicentrum Nederland**

**Business angel** Mensen die met eigen vermogen investeren in nieuwe ondernemingen. *Business angels* investeren vaak op basis van gevoel en gebruiken veelal geen formele methoden om investeringsvoorstellen te beoordelen, dit in tegenstelling tot de *venture capital*-firma's. Om die reden worden ze ook wel aangeduid als *informal investors*. Zij investeren meestal door aandelen in een bedrijf te kopen en zetten zich vaak actief in voor het bedrijf. De investeringen zijn meestal klein (orde van grootte 100.000 euro) en dienen vooral om de sprong te maken naar financiering door *venture capital*. *Business angels* hebben vaak niet de mogelijkheid om ook de volgende (groei)fase van het bedrijf te financieren.

**Businessplan → Ondernemersplan**

**Businessmodel** [B] Beschrijving van de manier waarop een bedrijf geld verdient of (bij een startend bedrijf) gaat verdienen. Een businessmodel omvat (naar Chesbrough) de beschrijving van: de waarde die het bedrijf creëert voor zijn klanten, het marktsegment, de waardeketen waar het bedrijf deel van uitmaakt, de mechanismen waarmee winst wordt gegenereerd, de positie van het bedrijf in het waardenetwerk en de strategie waarmee het bedrijf concurrentievoordeel bereikt.

**Business stealing** [inn] Introductie van een superieure technologie die bestaande producten minder aantrekkelijk maakt en daarmee een deel van de opbrengst wegneemt van die oude producten. *Business stealing* kan bijvoorbeeld plaatsvinden als een bedrijf voortbouwt op een octrooi van een ander bedrijf en zo geavanceerdere producten op de markt brengt. Als de kans op *business stealing* groot is, kan dat leiden tot het afnemen van innovatieve activiteiten. *Business stealing* is in zekere zin een negatieve vorm van **kennis-spillover**.

**Call for Interests/Proposals** [inn] Oproep voor voorstellen voor onderzoeks- en innovatieprojecten. Een *Call voor Proposals* is zo ook een middel om onderzoek en het innovatieproces aan te sturen. Vaak gaat aan een *Call for Proposals* een *Call for Interests* vooraf. Belangstellenden kunnen dan hun interesse voor een bepaald initiatief aangeven met een eerste kort voorstel. Na de *Call for Interests* worden de interesses geselecteerd, geprioriteerd en geclusterd. Daarna volgt dan de *Call for Proposals*.

**CAS → Complex Adaptief Systeem**

**Cascademodel → Innovatiemodel**

**Centraal Bureau voor de Statistiek (CBS)** Zelfstandig bestuursorgaan met als taak het verzamelen, bewerken en publiceren van statistieken ten behoeve van praktijk, beleid en wetenschap. Naast de verantwoordelijkheid voor de nationale (officiële) statistieken zorgt het CBS ook voor Europese statistieken. Het CBS publiceert over veel onderwerpen, vanaf macro-economische indicatoren als economische groei en consumentenprijzen tot aan de inkomenssituatie van individuen en huishoudens. Het eigen onderzoeksprogramma van het CBS wordt vastgesteld door de onafhankelijke Centrale Commissie voor de Statistiek. Het CBS heeft vestigingen in Voorburg en Heerlen (www.cbs.nl).

**Centraal Planbureau (CPB)** Onafhankelijk onderzoeksinstituut dat economische analyses opstelt voor de beleidsvorming in Nederland. Het CPB is opgericht in 1945 en wordt gefinancierd door het Ministerie van EZ. Prognoses van het CPB geven aan welke economische ontwikkelingen op korte, middellange of lange termijn zijn te verwachten, in de vorm van ramingen (bijvoorbeeld van economische groei) of van scenario's voor de langere termijn. Beleidsanalyses van het CPB geven schattingen van de economische effecten van beleidsvoorstellen. Het CPB gebruikt voor zijn activiteiten economische gedragsmodellen en statistische modellen. Het CPB is gevestigd in Den Haag en heeft circa 150 medewerkers (www.cpb.nl).

**Centre for Science and Technology Studies (CWTS)** Onderzoeksinstituut van de Universiteit van Leiden met als activiteiten wetenschappelijk onderzoek, analyse en advies op het gebied van wetenschappelijke en technologische ontwikkeling. Het is gespecialiseerd in kwantitatieve analyse van de impact en betekenis van wetenschap en technologie en de cognitieve en organisatiestructuur van wetenschap en technologie. Opdrachtgevers voor het CWTS zijn overheden, de Europese Unie, researchorganisaties, universiteiten en bedrijven (www.cwts.leidenuniv.nl).

**Champion** Gezaghebbend en invloedrijk persoon die zich sterk maakt voor innoveren door actief zijn steun te betuigen, in kringen van beslissers meningen te sonderen en voor de goede zaak te lobbyen. Een *champion* voelt zich thuis en weet de weg op bestuurlijk niveau en kan zich in meerdere arena's bewegen. *Champions* zijn doorgaans actief binnen een bepaalde economisch sector of op een regionaal of lokaal niveau. Zie ook **trekker** en *product champion*.

**Checks and balances** Geheel van regelmechanismen waarmee binnen een innovatieproject of -programma de samenwerking op koers wordt gehouden en waarmee ieder van de deelnemers zijn belangen kan bewaken. *Checks and balances* komen tot uitdrukking in: de aansturing van het proces, de rollen, verantwoordelijkheden en taken van de deelnemers, methoden om het evenwicht te bewaken tussen de belangen van de deelnemers en tussen de inbreng (geld, mensen, faciliteiten) van alle deelnemers en de verwachte opbrengsten, regels om activiteiten op te zetten en te beoordelen en om projectplannen en begrotingen goed te keuren, de relevantie en kwaliteit van de ontwikkelde kennis en andere resultaten en ten slotte tempo, richting en dynamiek van de zich ontwikkelende samenwerking. Als het project of programma ook adviescommissies of -raden heeft, vormen hun opdracht en het mandaat ook aspecten van de *checks and balances*. Zie ook **arena** en **trekker**.

**Citatie-index** Overzicht van wetenschappelijke **publicaties** die door andere onderzoekers worden geciteerd. Uit de citatie-index blijkt wie wetenschappelijk aan de top staat, welke wetenschappelijke tijdschriften gezaghebbend zijn en welke onderzoeksgroepen een grote impact hebben op andere onderzoekers. Geaggregeerd naar universiteit of land maken zulke analyses duidelijk wat de wetenschappelijke kwaliteit van een universiteit is en welke positie een land heeft op een bepaald wetenschaps- of technologiegebied. De resultaten wegen mee bij de beoordeling van de kwaliteit van universiteiten en onderzoeksgroepen en beïnvloeden daarmee de financiering van hun onderzoeksactiviteiten. Vergelijking in de tijd laat zien welke wetenschapsgebieden in opkomst zijn en welke van minder belang worden.

Zie ook **Centre for Science and Technology Studies**.

**Clock speed** [inn] De snelheid waarmee generaties producten of diensten elkaar opvolgen. *Clock speed* is een ander woord voor de snelheid waarmee een innovatiecyclus 'draait', dat wil zeggen: de tijd tussen het eerste idee voor een innovatie en de marktintroductie.

**Closed innovation → Open en closed innovation**

**Cluster** • [alg] Op regionale (soms nationale) schaal actief samenwerkingverband van bedrijven en kennisinstellingen dat zich kenmerkt door gezamenlijke kennisuitwisseling en innoveren, gezamenlijke opleidingsactiviteiten en marketing, financiering door bedrijven van gezamenlijke activiteiten zoals kenniscentra, exportbevordering en/of investeringen in infrastructuur. Zie ook **kenniscluster**. • [O] Ook wel: een groep verwante en geografisch dicht bij elkaar gelegen bedrijven.

**Clusterbeleid** [O] Nationaal of regionaal innovatiebeleid gericht op het opsporen van ontluikende **clusters** en het ondersteunen en ontwikkelen van potentiële clusters tot het punt waarop zij zonder structurele steun als zelfstandig cluster verder kunnen evolueren. Clusterbeleid is niet op individuele bedrijven gericht, maar op het ontwikkelen van interacties tussen de partijen boven het niveau van één op één samenwerking. Clusterbeleid kan zich specifiek richten op het ontwikkelen en intensiveren van kennisuitwisseling tussen bedrijven en kennisinstellingen in het cluster. Zie verder thema 9.

**Commercialisatie(fase)** • Laatste fase van het **innovatietraject**, waarin een bedrijf de nieuwe producten en/of diensten op de markt brengt om daarmee winst te behalen en de eerdere investeringen in innoveren terug te verdienen. • Ruimer ook wel gebruikt voor het gehele proces om wetenschappelijke kennis tot commerciële opbrengsten te brengen en daarmee ≈ **innovatietraject**.

**Commissie van Overleg Sectorraden (cos)** Parapluorgaan van samenwerkende **sectorraden** en andere verkenningscolleges. De cos vormt niet alleen een overlegplatform, maar heeft ook tot doel het bevorderen van samenwerking tussen leden bij verkenningen en (programmerings)studies (via onder andere financiële bijdragen uit het Coördinatiefonds sectorraden), bevordering van methodiek- en instrumentontwikkeling via studies en workshops (eveneens ten laste van het Coördinatiefonds) en gemeenschappelijke belangenbehartiging (www.minocw.nl/cos).

**Commissie van Wijzen** Onafhankelijke commissie ingesteld om te oordelen over voorstellen die worden ingediend voor **BSIK**.

**Commissie voor het Wetenschaps-, Technologie- en Informatiebeleid (cwti)** Interdepartementale commissie, ingesteld in 2002, met als taak de subsidieregelingen van de verschillende ministeries beter te coördineren. De commissie is het voorportaal voor de **Raad voor Wetenschaps-, Technologie- en Informatiebeleid**.

**Competentie** De basale expliciete en impliciete kennis die nodig is voor een bepaalde vaardigheid of het goed uitvoeren van een bepaalde activiteit.

**Competitief onderzoek** → **Onderzoek**

**Complex Adaptief Systeem** Een systeem dat complex is door de onvoorspelbare interacties tussen autonome systeemonderdelen en dat als geheel adaptief gedrag vertoont ten opzichte van veranderingen van buitenaf of van binnenuit. In de theorievorming van de Complexe Adaptieve Systemen (cas) is een *agent* een 'handelende' partij die transacties aangaat met andere partijen. *Agents* hebben een eigen en veranderbare strategie (*internal model*) die bepaalt hoe hun gedrag ten opzichte van andere *agents* is. Dat stelt een *agent* in staat om zich te handhaven en succes te hebben in het systeem. Een *agent* kan dit model bijstellen ('leren') aan de hand van ervaring. *Agents* kunnen lokaal aggregaties (samenvoegingen) vormen. *Agents* hebben *tags*, 'etiketten' waarmee zij hun aard en bedoelingen kunnen signaleren aan andere *agents*. In een CAS komen *building blocks* voor, vaste patronen (als onderdeel van *internal models* of als structuur voor aggregaten) die het systeem stabiliteit geven. In het systeem bestaan *flows* van informatie, geld, mensen en goederen. Door zijn complexiteit, de aanwezigheid van verschillende soorten *agents* en *flows* en de interacties tussen *agents* heeft een CAS de eigenschappen van diversiteit en non-lineariteit. Zie **Santa Fe Institute.** Zie verder thema 1.

**Concurrentie** • [alg] Strijd tussen verschillende partijen om een doel te bereiken dat niet door alle kan worden bereikt. In een concurrentiestrijd gaat de winst van één partij meestal ten koste van de winst van andere partijen. • [inn] Bij innoveren kan de concurrentie optreden in de vorm van het aanbieden van nieuwe producten en diensten op een markt waar ook marktpartijen actief zijn met producten of diensten op basis van oude(re) kennis en technologie. Onverwachte concurrentie ontstaat als producten met een *disruptive technology* een hoger marktsegment binnendringen. Zie ook **concurrentiepositie.** Zie verder thema 3.

**Concurrentiepositie** • [B] De positie van een bedrijf ten opzichte van bedrijven die op dezelfde markten actief zijn. Marktaandeel, het bezit

van met octrooien beschermde kennis, deelname in allianties en de beheersing van logistieke en marktkanalen zijn belangrijke troeven voor een goede concurrentiepositie.
• [O] Doorgaans gebruikt om de positie van een sector, regio of land aan te geven, waarbij de concurrentiepositie wordt gemeten aan de hand van opleidingsniveau van de beroepsbevolking, publieke en private investeringen in onderzoek en R&D en andere indicatoren. Zie voor vergelijking tussen landen **scoreboard.**

**Connekt** Connekt is als innovatienetwerk voor verkeer en vervoer een **sectorraad** die tot doel heeft kennis te leveren die leidt tot implementatie van innovatieve en duurzame oplossingen voor de Nederlandse verkeers- en vervoersproblemen. Naast de netwerkfunctie van Connekt is de organisatie uitvoerder en/of partner van de zelfstandige programma's **Transumo** en ITS, een kennisconsortium voor een duurzaam verkeers- en vervoerssysteem (www.connekt.nl).

**Consortium** [inn] Samenwerkingsverband tussen partijen uit de arena's van de wetenschap en het bedrijfsleven (vaak ook met overheden als meefinancierende partij), gericht op het gezamenlijk ontwikkelen van nieuwe wetenschappelijke kennis en innovaties. Het vormen van consortia tussen bedrijven en kennisinstellingen kan een expliciet en belangrijk doel zijn van overheidssubsidiëring van onderzoeksprogramma's, zoals bij **BSIK**. Zie ook **verankering**.

**Consultant** • [alg] Onafhankelijke adviseur die op commerciële basis voor verschillende opdrachtgevers werkt. Er zijn veel soorten adviseurs, zoals financieel, juridisch, management en organisatieadviseurs. • [inn] Consultants op gebied van innoveren hebben de kennis en ervaring om verschillende arena's met elkaar te verbinden en daartussen te bemiddelen. Zie ook **intermediair**. Zie verder thema 8.

**Content** • [lett] Inhoud. • [inn] Inhoudelijke beschrijving van een onderzoeksprogramma, R&D-project en dergelijke in termen van kennisgebieden, uitgewerkte onderzoeksvragen, werkwijze en op te leveren resultaten. • Term uit de informatietechnologie waarmee de gegevens (data) worden aangeduid, ter onderscheid van de procedurele rekenregels (programmatuur).

**Contractresearch** [W] Onderzoek dat kennisinstellingen direct in opdracht van derden (overheid en bedrijven) verrichten (ook wel derdegeldstroomonderzoek genoemd), onderscheiden van programmagestuurd en nieuwsgierigheidsgedreven onderzoek. Universiteiten verrichten tot een kwart van hun onderzoek als contractresearch. Er zijn kennisinstellingen die uitsluitend of grotendeels onderzoek in opdracht uitvoeren.

**Cordis** Organisatie (EU) die Europese onderzoeksinformatie verzamelt (http://europa.eu.int/comm/research) en informatie biedt over de innovatiesystemen van de lidstaten van de EU (www.cordis.lu).

**COS** → **Commissie van Overleg Sectorraden**

**CPB** → **Centraal Planbureau**

**Creativiteit** • Vermogen om onverwachte en oorspronkelijke oplossingen te bedenken voor problemen, in tegenstelling tot oplossingen die ontstaan vanuit routinematige aanpak en/of kijk op het probleem. • Algemener ook het vermogen om via een niet-rationeel denkproces te komen tot nieuwe ideeën, oplossingen, methoden en perspectieven, zowel om problemen op te lossen als om nieuwe kansen te vinden. Zie ook **systematic inventive thinking**. Zie verder thema 10.

*Currency* → **Arena**

**CWTI** → **Commissie voor het Wetenschaps-, Technologie- en Informatiebeleid**

**CWTS** → **Centre for Science and Technology Studies**

**Diensteninnovatie** Het innoveren van diensten (in tegenstelling tot **productinnovatie**). Een voorbeeld zijn websites voor het commercieel downloaden van muziek en film. Diensteninnovatie wordt ook wel als niet-technologische innovatie aangeduid.

**Discipline** • [alg] Beroepsgroep, vakgebied, specialisatie. • [inn] Term gebruikt om de specialisatie in de wetenschappelijke arena aan te geven, als resultaat van de verdergaande uitbreiding van het aantal kennisdomeinen en daarbinnen kennisgebieden (zie verder thema 2). De Nederlandse Onderzoek Databank onderscheidt 145 disciplines (zie **onderzoeksinformatie**). Onder *monodisciplinair* wordt verstaan dat een activiteit (wetenschappelijk of toegepast onderzoek verrichten, een probleem oplossen, een product of dienst innoveren) wordt geanalyseerd en aangepakt vanuit slechts één vakgebied of (wetenschappelijk) kennisgebied. Onder multidisciplinair wordt verstaan dat een activiteit weliswaar vanuit meerdere vakgebieden wordt geanalyseerd en aangepakt, maar dat de bijdragen van de verschillende vakgebieden elkaar niet versterken (en vaak ook naast elkaar in het eindresultaat zichtbaar zijn). Onder interdisciplinair wordt verstaan dat een activiteit vanuit meerdere disciplines wordt geanalyseerd en aangepakt en de bijdragen van de verschillende disciplines elkaar versterken zodat het eindresultaat meerwaarde heeft boven een multidisciplinaire aanpak. Onder transdisciplinair wordt verstaan dat bij een interdisciplinaire aanpak de inhoud van de vakgebieden zelf wordt verrijkt, omdat zij in de loop van de activiteit elkaars concepten en methoden uitwisselen, zodat de grenzen van de vakgebieden vervagen. • In de praktijk wordt een multidisciplinaire aanpak al snel ten onrechte inter- of transdisciplinair genoemd.

*Disruptive technology* Opkomende technologie die aanvankelijk inferieur is maar zich in kleine markten kan ontwikkelen en uiteindelijk door een beslissend voordeel een gevestigde oudere technologie uit de markt drukt. Zie verder thema 3.

**Doelsubsidie → Financiering**

**Doorstart** • [B] Fase van de ontwikkeling van een bestaand bedrijf waarin uitbreiding wordt gezocht in het producten- of dienstenaanbod of het betreden van nieuwe markten. Een doorstart betekent bijna altijd de noodzaak van nieuwe investeringen en vaak ook uitbreiding van personeel of uitbreiding van de productiemiddelen. • Fase van een faillissementsafhandeling waarin met restanten van het failliete bedrijf een nieuw bedrijf wordt gestart.

**Draagvlak/draagkracht** Het ontwikkelen van een draagvlak voor een nieuw initiatief of een nieuwe ontwikkeling is een voorwaarde voor het doen slagen ervan. Vaak vertaalt dat draagvlak zich in adhesiebetuigingen, waarmee aan financiers kan worden aangetoond dat het initiatief breed wordt gesteund.

Veel belangrijker voor het slagen van het initiatief is echter de draagkracht die ervoor wordt ontwikkeld. Draagkracht is direct te meten in de vorm van harde toezeggingen om het initiatief met geld of andere middelen te ondersteunen en daadwerkelijk verder te helpen. Draagkracht stelt innovatoren in staat een idee naar een volgende fase te brengen. Draagvlak maakt het hun makkelijker om anderen te overtuigen van het belang van de ontwikkeling. Draagvlak zonder draagkracht leidt tot stagnatie.

**Dutch Polymer Institute (DPI)** Een van de vier **Technologische Topinstituten**. Het instituut richt zich op precompetitief onderzoek en ontwikkeling op het gebied van polymeren. Deelnemers zijn onder andere DSM, Dow, Basell, Akzo Nobel en GE-Plastics, afnemers van polymeren zoals Philips en Océ, en TNO. Het bureau van DPI is gevestigd in Eindhoven (www.polymers.nl).

**Duurzame ontwikkeling** Een vorm van ontwikkeling die aansluit op de behoeften van het heden zonder het vermogen van toekomstige generaties in gevaar te brengen om in hun eigen behoeften te voorzien. Het begrip is door Brundtland benoemd in het kader van het rapport *Our Common Future* (1987) van de World Commission on Environment and Development van de Verenigde Naties. Duurzame ontwikkeling kan een belangrijke drijfveer zijn voor innoveren, bijvoorbeeld bij de ener-

gieopwekking (uit zon, wind of biomassa in plaats van fossiele brandstoffen).

**Dynamisering [O, inn]** ≈ Het in beweging zetten en houden van innovatieprocessen door institutionele randvoorwaarden en/of innovatiebeleid.

**ECN → Energieonderzoek Centrum Nederland**

*Emerging technology* Opkomende nieuwe technologie die kan afsterven, verder uitgroeien tot een *disruptive technology* of kan rijpen tot een zelfstandige technologie.

*Enabling technology* • [inn] Technologie van waaruit een waaier van innovatieve producten en diensten kan worden ontwikkeld, zoals lasertechnologie. • Technologie die gehandicapten (*disabled*) in staat stelt te functioneren wordt ook *enabling technology* genoemd, zoals ICT-oplossingen voor doven en blinden.

**Energieonderzoek Centrum Nederland (ECN)** Onderzoeksinstituut op het gebied van energie, actief in het overgangsgebied tussen het fundamentele onderzoek van universiteiten en de toepassing van kennis in de markt. ECN richt zich met het energieonderzoek op een duurzame energievoorziening: een veilige, efficiënte, betrouwbare en milieuvriendelijke energievoorziening. In opdracht van overheid en bedrijfsleven ontwikkelt ECN hiervoor kennis en technologieën. Het onderzoek omvat acht programma-units: beleidsstudies, energie-efficiëntie, duurzame energie in de gebouwde omgeving, zonne-energie, windenergie, biomassa, schoon fossiel en brandstofceltechnologie. Daarbij doet ECN ook onderzoek naar de toekomst van de energievoorziening en de economische betekenis van energie. ECN is gevestigd in Petten. Er werken circa 900 mensen, waarvan circa 300 in het nucleaire energieonderzoek, dat wordt uitgevoerd door de Nuclear Research and Consultancy Group, een joint venture van ECN en KEMA (www.ecn.nl).

**Engineered exit → Exit**

*Entrepreneurship* In Nederland meestal gelijkgesteld met ondernemerschap in de beperkte zin van de karakteristieken waarmee een ondernemer zich onderscheidt. De econoom Schumpeter stelde dat de ondernemer zich onderscheidt van de manager door visie, initiatief en durf. Het is de ondernemer die op zoek gaat naar de *Neue Kombinationen* die de stimulansen geven voor economische ontwikkeling. Het is de ondernemer die zulke combinaties tot waarde brengt. *Entrepreneurship* is daarmee niet noodzakelijkerwijze beperkt tot mensen in ondernemingen. Ook wetenschappers die nieuwe combinaties van kennis zoeken en daarmee afwijken van gebaande paden zijn aan te merken als ondernemer

in de zin van Schumpeter. Alleen is de waarde van de nieuwe combinaties in dat geval niet direct uit te drukken in omzet en winstmarges.

**Evolutionair/revolutionair innoveren** In de visie van de econoom Schumpeter vormen nieuwe combinaties de kern van innoveren. Er zijn vele manieren om tot zulke nieuwe combinaties te komen. Duidelijk te onderscheiden zijn de evolutionaire en de revolutionaire manier. Evolutionair innoveren ligt aan de basis van verreweg de meeste innovaties. Die ontstaan in dat geval uit combinaties van wat er is met wat daar direct aan grenst of door nieuwe combinaties van bestaande onderdelen of producten. Er zijn gestructureerde methoden om zulke nieuwe combinaties te vinden, zoals *systematic inventive thinking*. Hoewel het bij evolutionair innoveren vooral om incrementele veranderingen gaat, kan de economische betekenis daarvan zeer groot zijn. Heel anders is het proces van revolutionair innoveren. Daarin worden bestaande producten gecombineerd tot iets wat een geheel nieuwe functionaliteit heeft of wat een bestaande functionaliteit op een hele nieuwe manier realiseert (zie *disruptive technologies*).

**Exit** [inn] De 'uitgang' voor een *venture capitalist* (zie **venture capital**) om zich los te maken van het bedrijf dat hij heeft helpen starten en groeien, op zo'n wijze dat hij het geïnvesteerde kapitaal plus de waardetoename terugverdient. De exitstrategie is de vooraf bepaalde strategie waarop de exit wordt gerealiseerd. De meest lucratieve mogelijkheid daartoe is de aandelen van de onderneming op de beurs te verkopen in een Initial Public Offering (IPO, eerste beursgang). Een IPO is echter niet altijd mogelijk, bijvoorbeeld als de beurs jonge technologische bedrijven laag waardeert. Een andere mogelijkheid is de *engineered exit*. Daarbij wordt de onderneming onderhands verkocht aan een bedrijf waarvoor het product van de onderneming een grote waarde heeft. Zo heeft een onderneming die technologie bezit om illegaal kopiëren van software onmogelijk te maken grote waarde voor een groot softwarebedrijf. Een *venture capitalist* weet door zijn ervaring wie potentiële kopers zijn en gebruikt dat om de verkoopprijs op te voeren. Met een IPO of *engineered exit* eindigt de rol van de *venture capitalist* in de onderneming.

**Experiment** • [W] Volgens plan opgezette proefneming of meting in gecontroleerde omstandigheden om op een wetenschappelijk verantwoorde wijze een theorie te toetsen of om nieuwe gegevens voor theorievorming te verzamelen. • [O] Een (beleids)maatregel, werkwijze of activiteit waarvan de effectiviteit en/of efficiëntie vooraf onzeker is, maar op beperkte schaal in de praktijk wordt getest om eventueel op grotere schaal geïmplementeerd te worden.

**Experimentele ontwikkeling → Onderzoek**

*Facility sharing* Facility sharing houdt in dat kleine innovatieve bedrijven toegang krijgen tot geavanceerde faciliteiten van kennisinstellingen of grote bedrijven. Voorbeelden van faciliteiten zijn laboratoria, analyseapparatuur, testopstellingen, scanningapparatuur en procestechnologische voorzieningen. Zelf zulke apparatuur kopen is te duur voor kleine bedrijven, maar door *facility sharing* kunnen zij (tegen een vaak gereduceerde vergoeding) toch gebruikmaken van deze voorzieningen voor onderzoek, testactiviteiten, het maken van **prototypes** en soms beperkte commerciële productie. Zie ook **incubator**.

**Faculteit → Universiteit**

**FES → Fonds Economische Structuurversterking**

**Financiering** [inn] De wijze waarop de uitvoering van wetenschappelijk en toegepast onderzoek en innovatieactiviteiten wordt bekostigd en de mate waarin verschillende partijen daaraan bijdragen. Outputfinanciering is een vorm van financiering en/of subsidiëring die wordt toegekend op voorwaarde van het behalen van aantoonbare resultaten en verrichtingen. Inputfinanciering is financiering en subsidiëring die wordt toegekend om middelen (personeel, apparatuur, faciliteiten) te bekostigen. Daarbij moet de ontvanger van de financiering aannemelijk kunnen maken dat deze kosten nodig zijn om de (al dan niet gedefinieerde) doelstellingen te bereiken. Doelsubsidie is financiering of subsidie voor een specifieke bestemming. Bij innoveren kan het gaan om bijvoorbeeld het (mede)financieren van investeringen, personeelskosten of de ontwikkeling van een prototype. Het doel staat vermeld in de subsidievoorwaarden; de subsidie mag niet voor andere doelen worden gebruikt. Bij financiering van gezamenlijke onderzoeksprogramma's wordt vaak onderscheid gemaakt tussen cash financiering (bijvoorbeeld subsidie of afdrachtvermindering zoals de **WBSO**) en *in kind* (ook wel: in natura) financiering, waarbij bedrijven en kennisinstellingen mankracht en/of faciliteiten bijdragen zoals laboratoriumruimte of het gebruik van apparatuur. In het totaalbudget van programma's worden deze bijdragen in geld omgerekend (tegen markttarief of tegen een lager intern tarief) zodat de bijdragen van alle deelnemers kunnen worden verrekend.

**Focus en massa** [B] Concentratie van de inspanningen en middelen op een beperkt aantal onderzoeksgebieden. De term wordt onder andere gebruikt door het Innovatieplatform, VNO-NCW, NWO en de Ministeries van EZ en OC&W. Focus en massa wordt gezocht in gebieden waar het Nederlandse bedrijfsleven in samenwerking met wetenschap en overheid voordeel kan halen (**sleutelgebieden**). Tegenover het ontwikkelen van focus en massa staat het belang van open onderzoeksprogramma's, waar onderzoeksprojecten louter voortkomen uit de ideeën en ambities van individuele onderzoekers (bottom up) en niet uit beleidsdoelen (top down).

**FOM → Stichting Fundamenteel Onderzoek der Materialen**

**Fonds Economische Structuurversterking (FES)** Begrotingsfonds met als doel het financieren van investeringsprojecten van de economische structuur van Nederland. Het fonds is bij aanvang gevuld met de opbrengsten uit de verkoop van staatsaandelen in KPN en later bijgevuld met de opbrengsten van aardgasbaten. Vanuit het FES heeft de overheid de ICES/KIS-programma's gefinancierd (zie BSIK). Voor de financiering van **BSIK** is 800 miljoen euro beschikbaar gesteld uit het FES. Het FES wordt beheerd door de ministers van EZ en Financiën.

*Frascati Manual* Uitgave van de **Organisation for Economic Cooperation and Development** met een verzameling definities die bedoeld is om de internationale vergelijkbaarheid van gegevens op het gebied van onderzoek en innoveren te vergroten en standaards te formuleren voor het uitvoeren van (vergelijkend) onderzoek.

**Gamma** • [W] Verzamelnaam voor het spectrum van **kennisdomeinen** dat de economie, gedragswetenschappen zoals psychologie en sociologie, communicatiewetenschap, ruimtelijke wetenschappen en maatschappijwetenschappen omvat. • [O, B] In de combinatie bètagamma duidt gamma vaak op de noodzaak om naast een technologische benadering van innoveren ook mee te nemen hoe de individuele mens reageert op en omgaat met innovatieve producten, en hoe men door integratie van bèta- en gammakennis producten en diensten beter geschikt kan maken voor de doorsnee gebruiker die geen technische achtergrond heeft. Zie ook **alfa**, **bèta** en **discipline**.

**Gegevens** → **Informatie begrippenkader**

**Geldstroom** [B, W] De Nederlandse universiteiten worden voornamelijk publiek gefinancierd met middelen die zij van het Ministerie van OC&W ontvangen, maar ook met middelen van andere overheden en van private of publiek-private instellingen. Deze middelen – geldstromen – worden verdeeld in de eerste, tweede en derde geldstroom. Met de eerste geldstroom is ongeveer driekwart van de totale universitaire financiering gedekt. De omvang van de eerste geldstroom per universiteit wordt voornamelijk op historische gronden bepaald, en in toenemende mate op basis van input- en outputparameters, zoals het

aantal studenten en promovendi en het aantal en de impact van publicaties. De tweede en derde geldstroom vormen samen het andere kwart van de totale financiering. De tweede geldstroom betreft het fundamentele onderzoek dat wordt gefinancierd door **NWO** en de **KNAW**. De derde geldstroom betreft **contractresearch** aan de universiteiten. Daarnaast kennen de academische ziekenhuizen onderzoek dat wordt gefinancierd uit onderzoeksfondsen, zoals het Koningin Wilhelmina Fonds voor kankeronderzoek. De academische ziekenhuizen noemen dat de derde geldstroom. Voor hen is contractresearch de vierde geldstroom.

**Genomics regieorgaan** → **Regieorgaan**

**GeoDelft** GeoDelft is een van de **Grote Technologische Instituten**. Het is actief in onderzoek en advisering op het gebied van de grondmechanica, funderingstechniek en geo-ecologie (www.geodelft.nl).

**Gezondheidsraad** Onafhankelijk adviesorgaan dat als taak heeft ministers en parlement gevraagd en ongevraagd te adviseren op het gebied van de volksgezondheid ten behoeve van beleidsbeslissingen. Uitgangspunt is het verbeteren van de volksgezondheid. Zowel de gevraagde als de ongevraagde adviezen vormen een wetenschappelijke ondersteuning voor de beleidsontwikkeling van ministeries. De Gezondheidsraad brengt daartoe de stand van wetenschap in kaart en weegt de verschillende mogelijkheden voor het doelmatig verbeteren van de volksgezondheid. Het werkterrein van de Gezondheidsraad bestaat uit drie delen: vragen over gezondheid en zorg, de relatie tussen gezondheid en voeding en de relatie tussen gezondheid en omgeving. De raad heeft daarnaast als speciale taken het toetsen van vergunningen voor het uitvoeren van bevolkingsonderzoeken, het opstellen van richtlijnen voor goede voeding en het vaststellen van aanbevolen hoeveelheden energie en voedingsstoffen (www.gezondheidsraad.nl).

**Grote Technologische Instituten (GTI's)** Niet-universitaire onderzoeksorganisaties met twee taken: het verwerven en onderhouden van kennis op hun specifieke technologiegebied en het ontwikkelen van specifieke technologieën voor overheid en bedrijfsleven. GTI's krijgen subsidies van de Ministeries van EZ, Verkeer en Waterstaat en OC&W. Er zijn in Nederland vijf GTI's: het **Energieonderzoek Centrum Nederland**, **GeoDelft**, het **Maritime Research Institute Netherlands**, het **Nationaal Lucht- en Ruimtevaartlaboratorium** en het **Waterloopkundig Laboratorium/Delft Hydraulics**.

**GTI → Grote Technologische Instituten**

**Haalbaarheidsonderzoek/haalbaarheidsstudie** • [alg] Analyse van de technologische, commerciële, financiële (en bij meerdere partijen: organisatorische) haalbaarheid van een voorgenomen onderzoek of innovatietraject, op basis waarvan de deelnemende partijen besluiten tot (vervolg)activiteiten en de financiering daarvan. • [inn] Onderzoek dat de haalbaarheid van een *high risk/high pay-off* idee moet aantonen (zie **SBIR**).

**Halfgeleiderrecht → Intellectual property**

**Hbo → Hoger Beroepsonderwijs**

**Heterogeen netwerk → Homogeen/heterogeen netwerk**

**High risk/high pay-off** [inn] Benadering van innoveren gericht op het vinden van grensverleggende kennis of technologie die grote economische bedrijvigheid kan opleveren. (zie **evolutionair/revolutionair innoveren**). Het aanmoedigen van het ontwikkelen van high risk/high pay-off ideeën ligt aan de basis van het Small Business Innovation Research Program (**SBIR**). In combinatie met het klassieke *venture capital* is *high risk/high pay-off* onderzoek een krachtige stimulator van innoveren.

**Hoger beroepsonderwijs (hbo)** Het hoger beroepsonderwijs vormt samen met universitaire opleidingen het hoger onderwijs. De vooropleiding voor het hoger beroepsonderwijs is havo, vwo of mbo. Hbo-opleidingen worden verzorgd door hogescholen. Zij leiden op tot hogere functies bij de overheid of het bedrijfsleven. Hbo-opleidingen zijn naast de overdracht van theoretische kennis vooral gericht op de ontwikkeling van vaardigheden die nauw aansluiten bij de beroepspraktijk. Het hbo heeft circa vijftig hogescholen. In totaal zijn ruim 300.000 studenten ingeschreven, tachtig procent in voltijdopleidingen en twintig procent in deeltijdopleidingen, verdeeld over de sectoren landbouw, techniek, gezondheidszorg, economie, sociaal-agogisch onderwijs, kunst en pedagogisch onderwijs. De afgelopen jaren is het aantal duale studievarianten sterk toegenomen. In deze varianten wordt studeren afgewisseld met een baan in de beroepspraktijk.

**Homogeen/heterogeen netwerk**

Een homogeen netwerk is een netwerk van organisaties die hetzelfde **kennisgebied** delen en een historie van samenwerking binnen dat gebied hebben. Zulke netwerken bestaan tussen onderzoekers onderling, tussen vertegenwoordigers van bedrijven onderling en tussen deze beide. Binnen een homogeen netwerk kent men elkaar, weet men de weg en spreekt men hetzelfde jargon. Een heterogeen netwerk verbindt verschillende homogene netwerken. Hierdoor ontstaan nieuwe verbindingen tussen eerder gescheiden kennisgebieden. Juist in zulke verbindingen liggen de kansen voor echt innoveren en doorbraken. Deze verbindingen worden concreet door wetenschappers die hun blikveld willen verruimen en zich andere kennisgebieden eigen willen maken, of door bedrijven die beseffen dat zij andere kennis nodig hebben dan hun vertrouwde homogene netwerk kan leveren. In een heterogeen netwerk kunnen nieuwe **kenniscombinaties** ontstaan, maar verschillen in jargon kunnen samenwerking bemoeilijken. Er is een duidelijke relatie tussen beide typen netwerken: het succes van heterogene netwerken bestaat bij gratie van de kwaliteit van de samenstellende homogene netwerken; omgekeerd kan een homogeen netwerk (dat als zodanig gewoon blijft functioneren) profiteren van de aansluiting met andere netwerken. Zie ook *Neue Kombinationen* en **cluster**.

**Hotspot** • [lett] Plaats waar het 'heet' is omdat er grote activiteit heerst. • [inn] Concentratie van innovatieactiviteiten (onderzoek, R&D), aanwezigheid van innovatieve bedrijven, goede faciliteiten en de beschikbaarheid van *venture capital* die leidt tot grote onderlinge interactie en daarmee tot versnelling van innoveren en de komst van ondersteunende diensten en toeleveranciers. Ontwikkelingen en activiteiten in een hotspot versterken zichzelf en trekken partijen van buiten aan. Zie ook **kritische massa**.

**HRST/Human Resources in Science & Technology** [inn, EU] HRST is bij de Organisation for Economic Cooperation and Development en de Europese Unie de term waarmee het geheel aan arbeidspotentieel in wetenschap en technologie in een bepaalde organisatie wordt aangegeven.

**ICES/KIS → BSIK**

**Ideeënbus** Voorziening binnen een organisatie om ideeën voor product- en procesinnovaties te verzamelen, vooral van medewerkers die de praktijk van de werkvloer kennen. Mits goed georganiseerd en in een organisatiecultuur die het indienen van ideeën stimuleert, kan de ideeënbus een goede bron zijn voor de interne **innovatiecyclus**.

**Incubator** [inn] Voorziening die **starters** helpt in de eerste drie tot vijf jaar van hun bestaan. Een incubator kan een of meerdere van de volgende vormen van ondersteuning en faciliteiten bieden: werk- en kantoorruimte, coaching, gedeeld gebruik van apparatuur (*facility sharing*), technische ondersteuning, hulp bij het maken van een businessplan en advies over onder andere *intellectual property* en financiering (zie *venture capital*). Incubators worden opgezet door nationale, regionale en lokale overheden, samen met andere publieke organisaties (zoals universiteiten en regionale **ontwikkelingsmaatschappijen**) en/of private

partijen. Een incubator kan specifiek gericht zijn op één technologiegebied of meer algemeen als een voorziening voor allerlei startende bedrijven dienen.

**Indicator** [inn] Maat voor innovativiteit of innovatief vermogen. Er zijn vele uiteenlopende indicatoren voor het succes en de mate van innoveren in gebruik. Veelgebruikte indicatoren in relatie tot bedrijven zijn: aantallen nieuwe producten en diensten, verversing van het assortiment, omvang van R&D-investeringen, opleidingsniveau van medewerkers, aantal medewerkers werkzaam in R&D-activiteiten, deelname in samenwerkingsprojecten, aantallen octrooiaanvragen en toegekende octrooien en investeringen in faciliteiten zoals laboratoria en ICT. Ook indirecte indicatoren zoals het volume aan verkregen innovatiesubsidies worden wel gebruikt. Door *benchmarking* kunnen prestaties, uitgedrukt in indicatoren, worden vergeleken met andere bedrijven, sectoren, regio's of landen. Zie ook **Innobarometer** en **scoreboard**.

**Industry University Cooperative Research Center (IUCRC)** Concept voor kleinschalige langlopende samenwerking in precompetitief onderzoek tussen universiteiten en bedrijven. Een IUCRC kenmerkt zich door focus op een beperkt inhoudelijk gebied, de keuze voor excellent onderzoek en een grote invloed van bedrijven op de gezamenlijke researchagenda. Sinds de jaren tachtig zijn in de VS meer dan tachtig IUCRC's gestart. De IUCRC's worden gefinancierd door de National Science Foundation en de deelnemende bedrijven. Veel IUCRC's zijn na beëindiging van de subsidie voortgezet en worden geheel uit private middelen gefinancierd. Zie verder thema 6.

**Informatie** • Inlichting, mededeling, bericht. • Geformaliseerde (op een informatiedrager gezette) gegevens. • Discrete kleine verzamelingen van feiten, soms bruikbaar en soms triviaal, maar nooit de substantie van ons denken (Theodore Roszak) • Iets wat te maken heeft met een keuze tussen alternatieven (Claude Shannon). Informatie kan het eenvoudigst zichtbaar worden gemaakt als deze alternatieven kunnen worden gereduceerd tot een opeenvolging van binaire keuzes tussen twee alternatieven die elk een even grote kans van voorkomen hebben. Bijvoorbeeld: bij het opwerpen van een munt is er een even grote kans op kop of munt. Eén worp vertegenwoordigt dan één bit informatie, drie opeenvolgende worpen drie bits informatie. • Het potentieel, opgesloten in de elementairste deeltjes, om samen met andere deeltjes atomen te vormen en moleculen, eiwitten, levende wezens, intelligentie en bewustzijn, aardschollen en oceanen en elke andere ordening van die deeltjes die mensen als unieke verschijningsvorm herkennen (Teilhard de Chardin). Volgens deze definitie

is alle informatie er altijd geweest. Nieuwe combinaties zijn dan andere verschijningsvormen van dezelfde informatie. • Een grondstof die waarde krijgt als hij is gedolven. Om die waarde te realiseren is **kennis** en inzicht nodig. Zie ook **informatie – begrippenkader**.

**Informatie – begrippenkader** De begrippen informatie, kennis, inzicht, technologie en gegevens worden in verschillende arena's in vele betekenissen gebruikt, vaak door elkaar of als synoniem. Niet alleen tussen de arena's bestaat daardoor een enorme spraakverwarring, ook binnen de arena's is dat het geval. Een kader waarbinnen deze begrippen een eenduidige betekenis krijgen en die intern een zekere consistentie vertoont, zou als volgt kunnen worden opgebouwd.
Als informatie een grondstof is die waarde krijgt als hij is gedolven, dan zijn kennis en inzicht nodig om die waarde te realiseren: kennis om nieuwe combinaties te maken en inzicht om daar wat mee te doen. Technologie is gemobiliseerde of vrijgemaakte kennis, kennis die niet meer fysiek aan mensen is gebonden. Technologie kan daardoor een eigen leven leiden – en doet dat ook. Als technologie gemobiliseerde kennis is en kennis het menselijk vermogen om informatie te selecteren, te decoderen en te combineren, dan is informatietechnologie de gemobiliseerde kennis om informatie te selecteren, te decoderen en te combineren.

Gegevens ('data') zijn feiten zoals losse getallen en teksten, die zonder context geen betekenis hebben. Die context ontstaat vanuit menselijke kennis en inzicht. Gegevens zijn uniek gekoppeld aan informatie, die door mensen is geselecteerd of gedecodeerd. Omgekeerd vormen gegevens wezenlijke elementen in het gebouw van menselijke kennis en inzicht. Inzicht is weten waar je kennis (dus ook (informatie)technologie) moet gebruiken om de doelen te bereiken die je wilt bereiken.

Als selecteren en decoderen van informatie gelijk wordt gesteld aan onderzoek, en combineren aan ontwikkelen en toepassen, dan heeft selecteren betrekking op alfa- en gammaonderzoek en decoderen op bètaonderzoek. De discussie over interactie tussen alfa-, bèta- en gammawetenschappen kan dan worden gevoerd met voor alle partijen begrijpelijke woorden en het verschil tussen onderzoek en ontwikkeling wordt in diezelfde woorden in één keer duidelijk.

**Informele investeerder → Business angel**

**Initial Public Offering → Exit**

*In kind* **financiering → Financiering**

**Innobarometer** Instrument van de Europese Unie om het innovatiegedrag en het innovatieve vermogen van Europese ondernemingen periodiek te meten. De uitkomsten

vormen input voor het innovatiebeleid van de Europese Unie en de lidstaten. Naast kengetallen over innovatie-, onderwijs- en wetenschappelijke activiteiten worden ook regelmatig de innovatiesystemen van de lidstaten beschreven en becommentarieerd (trendchart.cordis.lu).

**Innovatie → Innoveren**

**Innovatieakkoord** Een in 2004 door het **Innovatieplatform** geïnitieerd voorstel voor een breed nationaal akkoord tussen onderwijsinstellingen, bedrijven en de overheid om de Nederlandse kenniseconomie te stimuleren, gekoppeld aan een bijbehorende actielijst.

**Innovatiebeleid** [O] Beleid gericht op het stimuleren en/of sturen van innoveren. Innovatiebeleid kan een of meer van de volgende aspecten omvatten: de fasen van het innovatieproces, doeleinden van het beleid, inzet van fiscale en andere subsidie-instrumenten, andere stimulerende maatregelen of activiteiten, doelgroepen waarop het beleid is gericht, de inhoudelijke gebieden waarop innoveren gestimuleerd dient te worden (bijvoorbeeld sleutelgebieden of specifieke kennisdomeinen zoals *genomics*). Onderliggend aan innovatiebeleid, maar vaak niet expliciet gemaakt, is het **innovatiemodel** dat de opstellers van het beleid hanteren. Ter uitvoering van innovatiebeleid worden **innovatie-instrumenten** ingezet.

**Innovatiebrief** Door het Ministerie van EZ opgesteld beleidsdocument uit 2003 dat aangaf welke stappen het kabinet wilde zetten om te komen tot een versterking van het innovatievermogen van het Nederlandse bedrijfsleven. De Innovatiebrief maakte deel uit van een bredere strategie met als doel een duurzame kenniseconomie, waarin ook de pijlers onderwijs en onderzoek een belangrijke rol spelen.

**Innovatiecyclus** • [W] Modelmatige beschrijving van de cyclus waarin innoveren plaatsvindt. Een bekend cyclisch innovatiemodel is dat van Berkhout. Een essentieel aspect van het denken in termen van innovatiecycli is dat innoveren ontstaat in continue interacties tussen fundamenteel wetenschappelijk onderzoek, technologisch onderzoek, productontwikkeling en vragen uit de markt. De drijvende kracht achter het in gang houden van de innovatiecyclus is ondernemerschap.
• [B] Drijvende kracht achter innoveren bij bedrijven, waarbij worden onderscheiden de interne cyclus binnen het bedrijf, de kennisgedreven cyclus en de revolutionaire cyclus.

**Innovatiediffusie** Term die het verschijnsel aanduidt dat innovaties worden overgenomen door anderen. Dat kan gewenst zijn, bijvoorbeeld als resultaat van overheidsbeleid, het kan ook ongewenst zijn, bijvoorbeeld als producten van bedrijven worden gekopieerd door concurrenten.

**Innovatiedynamiek → Innovatiekracht**

**Innovatiekracht** [O] Evenals innovatiedynamiek en innovatiepotentieel een slecht gedefinieerd begrip waarmee bij benadering wordt gedoeld op het vermogen om nieuwe ideeën of kennis om te zetten in innovaties en op de snelheid en trefzekerheid waarmee dat gebeurt.

**Innovatief → Innoveren**

**Innovatiegerichte onderzoeksprogramma (IOP)** Precompetitief researchprogramma waarin universiteiten en andere kennisinstellingen kennis genereren voor de langetermijninnovaties van Nederlandse bedrijven. Een IOP is gericht op specifieke kennisgebieden en wordt gesubsidieerd door het Ministerie van EZ. Projectvoorstellen worden in een tenderprocedure ingediend. Onderdeel van een IOP zijn specifieke activiteiten gericht op de overdracht van onderzoeksresultaten naar het bedrijfsleven.

**Innovatie-instrument** [O] Beleidsinstrument ter bevordering van innoveren, ingezet door nationale, regionale of lokale overheden. Nederlandse instrumenten zijn onder andere: **BSIK**, **Innovatiegerichte Onderzoeksprogramma's**, **Innovatiesubsidie Samenwerkingsprojecten**, **Innovatievoucher**, **Kennisvou-**

cher, **Subsidieregeling Kennisoverdracht Brancheverenigingen, Subsidieregeling Kennisoverdracht Ondernemers MKB, Technopartner** en **WBSO**. Buitenlandse voorbeelden zijn **SBIR** (VS), **IUCRC** (VS) en **Kaderprogramma's** (EU).

**Innovatieklimaat** Het geheel van omstandigheden dat innoveren bevordert. Het innovatieklimaat kan worden beschouwd op de schaal van een regio of van een gehele natie. Factoren die het innovatieklimaat positief beïnvloeden, zijn infrastructurele voorzieningen (zoals **incubators**), beschikbaarheid van *venture capital*, de aanwezigheid van innovatieve ondernemingen, de mate van samenwerking en netwerkvorming tussen bedrijven en kennisinstellingen en een actieve rol van de overheid.

**Innovatiemodel** Model dat beschrijft hoe innoveren plaatsvindt of zou moeten plaatsvinden (zie ook **innovatiecyclus**). Er zijn vele innovatiemodellen. Een veel gehanteerde indeling onderscheidt drie modellen. Het eerste is het cascademodel (≈ **lineair innovatiemodel**), dat ervan uitgaat dat toenemend wetenschappelijk inzicht direct vertaalbaar is in nieuwe technologie, die op haar beurt weer direct kon worden omgezet in nieuwe producten en diensten. Het tweede is het brugmodel, dat verbindingen legt tussen verschillende technologieën en markten. Dit model heeft vooral betrekking op de

relatie tussen bedrijven en klanten. In dit vraaggestuurde model wordt de uitvoering van wetenschappelijk onderzoek aan de universiteiten of andere bedrijven overgelaten. De derde is het tripod-model, dat is gegroeid uit het brugmodel. De derde 'poot' is de maatschappij, die andere eisen dan technisch-wetenschappelijke en economische stelt. Een voorbeeld van zo'n eis is **duurzame ontwikkeling**.

Een andere indeling is die naar het **lineaire innovatiemodel** en niet-lineaire modellen zoals *open innovation*. Zie verder thema 7.

**Innovatienetwerk Groene Ruimte en Agrocluster** Organisatie opgericht in 2000 om grensverleggende innovaties binnen de groene ruimte en de landbouw te stimuleren. Het Innovatienetwerk stimuleert, initieert, creëert en realiseert nieuwe concepten door partijen uit het bedrijfsleven, maatschappelijke organisaties, wetenschap en overheid bij elkaar te brengen uit een netwerk van circa vijfduizend mensen in en rond de werkterreinen waarop het actief is. Er zijn vier hoofdthema's: groene ruimte, transitie duurzame landbouw, voeding voor een gezonde samenleving en lerende netwerken. Deze vier thema's fungeren als overkoepelende streefbeelden om tot innovaties te komen. Het Innovatienetwerk concentreert zich daarbij op de overgang van planvorming naar daadwerkelijke uitvoering. De organisatie is gevestigd in Utrecht en heeft circa zestien medewerkers (www.agro.nl/innovatienetwerk).

**Innovatienota** In 1979 verscheen de Innovatienota van het toenmalige Ministerie van Wetenschapsbeleid. Daarin werd aangegeven dat het voor het succes van de Nederlandse economie van groot belang was dat wetenschap en bedrijfsleven elkaar zouden vinden. De nota wordt gezien als de start van het departementale innovatiebeleid en gaf onder meer de aanzet tot herstructurering van TNO en tot wat snel zou uitgroeien tot het instrument **Innovatiegerichte Onderzoeksprogramma's**.

**Innovatieparadox** [O] Het verschijnsel dat de kwaliteit en de breedte van de wetenschappelijke resultaten van de verschillende Europese landen zich onvoldoende vertalen in technologische innovaties. Voor het eerst genoemd als de Europese paradox in het European Report on Science & Technology Indicators van 1997. Feitelijk wordt de term paradox hier gebruikt om het falen van het **lineaire innovatiemodel** te maskeren. Er is geen sprake van een paradox, maar van onderzoek dat onvoldoende basis heeft in de problemen waar de samenleving mee worstelt.

**Innovatieplatform** In september 2003 door de regering ingesteld platform met als opdracht voorstellen te ontwikkelen om de innovatiekracht van Nederland te verster-

ken zodat ons land in 2010 koploper is in de Europese kenniseconomie. Dat betekent dat Nederland een land moet worden waar volop ruimte is voor excellentie, ambitie en ondernemerschap van mensen en organisaties. Het platform wil voorstellen aandragen om die innovatiekracht maximaal tot ontwikkeling te brengen en belemmeringen weghalen die dat in de weg staan (www.innovatieplatform.nl).

**Innovatiepotentieel → Innovatiekracht**

**Innovatiesubsidie Samenwerkingsprojecten** Subsidie voor technologische innovaties voor bedrijven die samenwerken met een ander bedrijf of met een kennisinstelling om hun innovatieve ideeën uit te werken. Projecten worden opgeroepen door middel van een tender.

**Innovatiesysteem** Het geheel en samenspel van universiteiten, bedrijven, overheden en adviserende en bemiddelende instanties die gezamenlijk innovaties produceren en daartoe geld, middelen en menskracht investeren.

**Innovatietraject** Het geheel van activiteiten vanaf een allereerste idee voor een innovatie tot en met een succesvolle implementatie van een product, dienst of proces. Een gebruikelijke indeling van dit traject is in drie fasen: de eerste fase is vanaf het ontstaan van het innovatie-idee tot en met een eerste beschrijving daarvan, de tweede is vanaf het uitwerken van een projectvoorstel tot en met een werkend **prototype** en ten slotte de **commercialisatiefase** vanaf prototype tot een product, dienst of proces dat succesvol is.

**Innovatievoucher** Een waardebon waarmee het **MKB** bij een **kennisinstelling** kennis kan verkrijgen en onderzoeksvragen kan uitzetten. De bon is 7500 euro waard. De ondernemer koopt, alleen of met andere ondernemers, met de bon onderzoekscapaciteit in bij een kennisaanbieder naar keuze. Jaarlijks is 3 miljoen euro beschikbaar, overeenkomend met vierhonderd innovatievouchers, waarvan honderd gereserveerd voor ondernemers die gezamenlijk een kennisvraag stellen. Innovatievouchers zijn een initiatief van het **Innovatieplatform**. Zie ook **kennisvoucher**.

**Innovativiteit → Innoveren**

**Innoveren** • [oorspr] Vernieuwen, iets nieuws toevoegen. Vaak gebruikt als synoniem voor creatief zijn. • [overdr] Het zomaar vinden van een oplossing van een probleem (≈ **creativiteit**). • [B] Het totale proces van ontdekking tot en met het met succes op de markt brengen van iets nieuws. Twee van de belangrijkste aspecten van innoveren zijn onderscheid en snelheid. • [W] Langs nieuwe wegen zoeken naar kennis. Hoewel onderzoek, en zeker fundamenteel onderzoek, meestal leidt tot nieuwe

kennis, is het doen van onderzoek niet hetzelfde als innoveren. Het tot ontwikkeling brengen van nieuwe combinaties van kennis is dat wel (zie ook **evolutionair/revolutionair innoveren**). • [O] Elke vernieuwing in de samenleving die tot economische of maatschappelijk meerwaarde leidt. • Volgens Schumpeter het resultaat van het tot toepassing brengen van *Neue Kombinationen*. Voor veel doeleinden, en zeker in het discours tussen verschillende arena's, is een scherpere definitie van innoveren noodzakelijk. Zo'n definitie kan starten met innovativiteit als maat voor de snelheid en het effect waarmee iets nieuws wordt gebruikt in nieuwe producten, processen en diensten. Iets nieuws kan kennis zijn of een nieuwe combinatie van bestaande producten of ideeën. Innoveren staat dan gelijk met het verhogen van de snelheid of het effect (of beide) waarmee iets nieuws wordt gebruikt in nieuwe producten, processen en diensten. Een innovatie is het resultaat van innoveren. Innovatief [adj] is de mate waarin iemand of iets bijdraagt aan het verhogen van de snelheid of het effect van het gebruik van iets nieuws. In deze definities hebben innovativiteit, innoveren, innovatie en innovatief niet te maken met het ontwikkelen van iets nieuws (veel meer te associëren met creativiteit), maar met het gebruiken ervan. De definitie legt de nadruk op snelheid en effect. Beide zijn meetbaar en te beïnvloeden.

**Inputfinanciering → Financiering**

**Institute Para Limes** Onafhankelijk transdisciplinair onderzoeksinstituut (letterlijk: 'over de grenzen van disciplines'), opgericht in 2005 als de Europese tegenhanger van het **Santa Fe Institute** (VS) ter versterking van de Europese kennisinfrastructuur (www.paralimes.org).

**Intellectual property / Intellectueel eigendom** • [alg] Het wettelijke eigendom(srecht) (*intellectual property (right)*) (IP, IPR) dat een rechtspersoon kan uitoefenen op een uitvinding. Goede afspraken over IP zijn cruciaal voor innoveren, want een bedrijf zal geen geld of moeite willen steken in een idee waar uiteindelijk geen recht op blijkt te bestaan. Er bestaan allerlei vormen van intellectueel eigendomsrecht, zoals **octrooien**, auteursrecht en kwekersrecht. Volgens de Nederlandse Octrooiwet behoort het intellectuele eigendom aan de werkgever als iemand een uitvinding doet in het kader van zijn werk, zoals een wetenschappelijk onderzoeker. Dat is belangrijk, want zo kunnen inkomsten uit **kennishandel** terugvloeien naar universiteiten. Nationale en internationale wetten en verdragen regelen het eigendomsrecht voor de resultaten van intellectuele arbeid. Dit intellectueel eigendomsrecht geeft de makers (of degene die het recht heeft gekocht van de maker) gedurende een beperkte periode een monopolie op het gebruik ervan. • [inn]

Voor innoveren zijn drie vormen van kennisbescherming van belang: het octrooirecht, waarmee de octrooihouder anderen kan verbieden om gebruik te maken van zijn uitvinding (bijvoorbeeld een nieuwe technologie of een geïnnoveerd apparaat), het merkenrecht, dat het recht op het exclusief gebruik van merknamen regelt (bijvoorbeeld om een innovatief product op de markt te brengen) en het halfgeleiderrecht, dat het ontwerp van chips beschermt.

**Interdisciplinair → Discipline**

**Intermediair** • [alg] Tussenpersoon. • [inn] Persoon of organisatie die een actieve rol speelt in de processen om partijen in verschillende **arena's** aan elkaar te koppelen. Deze rol wordt vervuld door *consultants* die zich daarin hebben gespecialiseerd, door **maatschappelijke organisaties** en door organisaties zoals **TNO**.

**Investeren** • [lett] Beleggen met een productieve bestemming. • [alg] Moeite, energie en middelen steken in een project of onderneming met als doel dat dit zich terugbetaalt doordat het project gaat draaien of de onderneming rendeert. • [inn, B] Bedrijven en in het bijzonder banken en gespecialiseerde investeringsmaatschappijen gaan uit van kwantitatieve benaderingen en **risico**-inschattingen alvorens te investeren in innovatieve projecten. • [O] De overheid investeert in zaken die zich onttrekken aan marktwerking, zoals infrastructurele voorzieningen. In het kader van innoveren is onder meer de **kennisinfrastructuur** van belang.

**Inzicht → Informatie begrippenkader**

**IOP → Innovatiegerichte Onderzoeksprogramma's**

**IP, IPR → Intellectual Property Right**

**IPO → Exit**

**IUCRC → Industry University Cooperative Research Center**

**Joint venture** Vorm van samenwerking waarbij een gezamenlijke onderneming wordt opgericht door twee (of meer) bedrijven die een gemeenschappelijk doel nastreven en daartoe beide geld, faciliteiten, mensen en andere resources investeren. De deelnemende partijen delen het eigendom van de *joint venture*, maar houden daarnaast hun eigen activiteiten. De partijen maken afspraken over de mate waarin zij bijdragen aan de *joint venture*, over het managen van de *joint venture* en over de verdeling van kosten en opbrengsten. Een *joint venture* is een goed middel om nieuwe producten of diensten op de markt te brengen als de combinatie van deelnemende partijen synergievoordelen oplevert, bijvoorbeeld omdat één partij een nieuw product

heeft ontwikkeld en de andere partij direct toegang kan geven tot markten waar de eerste partij geen toegang toe heeft.

**Kaderprogramma** Europees beleidsinstrument (*framework programme*) voor het versterken van de wetenschappelijke en technologische basis van de Europese Unie en als zodanig een belangrijk middel om de doelen van de **Lissabonagenda** te bereiken. Een kaderprogramma subsidieert projecten gericht op Europese wetenschappelijke en technologische **samenwerking**. Aan een kaderprogramma kunnen deelnemen bedrijven, universiteiten, onderzoeksinstituten, (lokale) overheden en onderzoekers die zich bezighouden met wetenschappelijk onderzoek, technologische ontwikkeling en innoveren. Het zevende kaderprogramma beslaat de periode 2006-2010 met een budget van circa 30 miljard euro en heeft als hoofddoel het implementeren van een European Research Area.

**Kamer van Koophandel** Organisatie met als drie hoofdtaken het uitvoeren van een aantal economische wetten (zoals de Handelsregisterwet), het ondersteunen van startende en doorstartende bedrijven (met name gericht op het MKB), onder andere bij innoveren en ondernemingsplannen, en ten slotte het adviseren van de overheid en het stimuleren van de regionale economie. De Kamer is verdeeld in 21 regio's met circa zestig kantoren. De besturen bestaat uit vertegenwoordigers van ondernemers, werkgevers- en werknemersorganisaties. De activiteiten worden mede gefinancierd door een verplichte vergoeding die bedrijven en non-profitorganisaties betalen (www.kvk.nl).

**Kennis** • [alg] Menselijke vaardigheid om informatie te decoderen, te selecteren, en te combineren en zo bruikbaar te maken voor het bereiken van doelen. Volgens Karl Popper vloeit de groei van menselijke kennis voort uit hun problemen en pogingen die op te lossen. • [W] Resultaat van wetenschappelijk onderzoek. Popper maakt onderscheid tussen wetenschappelijk kennis en andere kennis. Popper realiseerde zich dat wetenschap er vaak naast zit als het gaat om waarheidsvinding en dat pseudo-wetenschap tegen de waarheid aan kan lopen. Hij maakte dan ook geen onderscheid tussen zin en onzin, maar stelde de vraag hoe men onderscheid kan maken tussen wetenschap en pseudo-wetenschap. Volgens Popper vindt een groei van wetenschappelijke kennis plaats bij gratie van verstrekkende hypotheses of stellingen gevolgd door pogingen deze te falsificeren. • [inn, B] Essentieel ingrediënt voor innovaties. • [O] Productiemiddel in de economie, net als arbeid en kapitaal. • Resultaat van een samenspel van vele methoden om kennis te produceren en daarover te communiceren, de spe-

lers die daarbij betrokken zijn en de verschillende plaatsen waar die kennis wordt geproduceerd. Kennis die uit dat samenspel voortvloeit wordt door Michael Gibbons aangeduid als Mode-2 kennis. Zie ook **Informatie – begrippenkader.**

**Kennisbenutting → Valorisatie**

**Kennisbescherming → Intellectual property**

**Kenniscluster** Kritische massa van bedrijven en kennisinstellingen die samen productie-, markt- en kennisnetwerken vormen (op een regionale of nationale schaal) rondom één of meerdere samenhangende kennisgebieden. Die samenwerking kan onder andere inhouden dat kennisinstellingen **contractresearch** doen voor bedrijven en dat bedrijven gezamenlijk precompetitief onderzoek laten verrichten door kennisinstellingen binnen (of buiten) het cluster. Een kenniscluster kan één of meerdere economische sectoren omspannen. Een voorbeeld van een krachtig kenniscluster is de Nederlandse tuinbouw.

**Kenniscombinatie** De combinatie van twee of meer **kennisgebieden** die niet 'vanzelf' naar elkaar toe groeien, omdat onderzoekers binnen hun eigen kennisgebied blijven, terwijl bedrijven als kennisafnemers slechts een beperkt aantal kennisgebieden kunnen overzien. Door initiatieven binnen het **homogene netwerk**, maar vaak juist door een bewuste impuls van buitenaf, kunnen kenniscombinaties (binnen één **kennisdomein** of tussen verschillende kennisdomeinen) ontstaan. Kenniscombinaties kunnen een nieuwe impuls geven aan onderzoek en voor bedrijven nieuwe mogelijkheden tot innoveren openen. Een kenniscombinatie is een voorbeeld van de **Neue Kombinationen** die Schumpeter beschouwde als een stimulans voor innoveren.

**Kennisdiffusie** • [alg] Het geheel van processen waardoor kennis vanuit de bron beschikbaar komt voor andere organisaties of personen, in de vorm van teksten en andere expliciete kennis, maar ook door mobiliteit van mensen en door formele en informele uitwisseling van kennis, ideeën en ervaringen (≈ kennisuitwisseling). Kennisdiffusie kan plaatsvinden van kennisinstellingen naar bedrijven, maar ook in omgekeerde richting en tussen kennisinstellingen en bedrijven onderling, of binnen organisaties (met name bedrijven). • [O] In beperkte zin (≈ kennistransfer, ≈ kennisoverdracht): het proces waarin wetenschappelijke kennis toegankelijk en toepasbaar wordt gemaakt (met name voor bedrijven).

**Kennisdomein** • [W] Inhoudelijk afgebakend omvangrijk wetenschapsgebied dat is aan te duiden met een specifieke wetenschappelijke benaming. De Nederlandse Onderzoek Databank (zie **onderzoeksinformatie**) onderscheidt 145 disciplines (≈ kennisdomein). Binnen één kennisdomein kunnen vele **kennisgebieden** bestaan. Zo kan men binnen de biotechnologie onder andere de bio-informatica, *genomics* en *proteonomics* als gespecialiseerde kennisgebieden beschouwen. Kennisdomeinen (en zeker de daarbinnen gelegen gespecialiseerde kennisgebieden) zijn lastig af te bakenen. Ten eerste omdat de wetenschap voortdurend in beweging is en de onderwerpen van onderzoek veranderen, ten tweede omdat een veelbelovend kennisdomein snel groeit, zodat al snel nieuwe kennisgebieden ontstaan en zelfs combinaties met andere kennisdomeinen worden gevormd. • [B] Voor bedrijven zijn kennisdomeinen als aanduiding van de aard van wetenschappelijk onderzoek veel te globaal; zij moeten daarbinnen zoeken naar voor hen relevante wetenschappelijke kennis op specifieke kennisgebieden. Voor revolutionair innoveren (zie **evolutionair/revolutionair innoveren**) zijn vooral de raakvlakken tussen en combinaties van kennisdomeinen en kennisgebieden van belang, omdat daar kansen liggen die niet ontstaan vanuit de autonome, door wetenschap gedreven ontwikkeling van kennisdomeinen (zie **Schumpeter-cluster**). • [O] Voor beleidsdoeleinden worden kennisdomeinen vooral gebruikt om **sleutelgebieden** te definiëren en om de verdeling van de onderzoeksfinanciering naar onderwerp te kunnen benoemen. • [O] Ook wel onjuist gebruikt voor kennisgebieden of nog kleinere eenheden of voor niet goed afgebakende kennis.

**Kenniseconomie** • [O] ≈ Begrip dat aangeeft dat concurrentiekracht en economische groeipotentieel van een natie tegenwoordig sterk worden bepaald door het vermogen om nieuwe kennis en technologie te ontwikkelen en tot commercialisatie te brengen; daarmee is 'kennis' een productiefactor die steeds belangrijker wordt ten opzichte van de traditionele economische productiefactoren arbeid, grondstoffen en kapitaal. • [O] Vaak tautologisch gebruikt: ≈ Een economie die niet zonder een voortdurende instroom van nieuwe kennis kan en/of sterk afhankelijk is van het kennisniveau en leervermogen van mensen. Echter, al sinds de oudheid bestaan economieën slechts bij de gratie van een grote hoeveelheid (impliciete) kennis: handel drijven, de productie van voedsel, het gebruik van schrift en bouwactiviteiten waren al duizenden jaren geleden op een niveau dat alleen door systematische toepassing van kennis is te verklaren. Zie ook **kennisintensief** en **kennissamenleving**.

**Kennisexploitatie** → **Valorisatie**

**Kennisgebied** • [W] Inhoudelijk afgebakend wetenschappelijk gebied binnen een **kennisdomein** dat is aan te duiden met een specifieke wetenschappelijke benaming. • [O]

Ook wel onjuist gebruikt voor of verward met **kennisdomeinen**. Kennisgebieden zijn lastig op objectieve wijze af te bakenen. Ten eerste omdat de wetenschap voortdurend in beweging is en de onderwerpen van onderzoek veranderen, ten tweede omdat een nieuw, veelbelovend kennisgebied aantrekkingskracht uitoefent op onderzoekers, zodat al snel specialisaties ontstaan die tot afzonderlijke kennisgebieden kunnen uitgroeien. Voor beleidsdoeleinden worden kennisgebieden onder andere gebruikt om **sleutelgebieden** te definiëren en om de verdeling van de onderzoeksfinanciering naar onderwerp te kunnen benoemen. Voor bedrijven zijn kennisgebieden als aanduiding van de aard van wetenschappelijk onderzoek vaak nog te algemeen; zij moeten daarbinnen zoeken naar voor hen relevante wetenschappelijke kennis op specifieke kennisgebieden. Zie ook **kenniscombinatie**.

**Kennishandel** • [lett] Handel in kennis, waarbij kennis als een autonoom te verhandelen product wordt beschouwd. Voorzover kennis in technologie en/of octrooien is vastgelegd, kan dat ook, maar voor kennis die in hoofden van mensen zit is dat veel moeilijker. • [inn] Het proces waarin kennis wordt vastgelegd in octrooien en via **licenties** wordt verhandeld om ingezet te worden voor innovaties. Zie ook **billijke vergoeding**.

**Kennisinfrastructuur** • [O] Het geheel van organisaties, samenwerkingsverbanden, financiële en institutionele voorzieningen en onderzoeksfaciliteiten dat het mogelijk maakt om nieuwe kennis te genereren en tot commerciële en niet-commerciële toepassingen in de maatschappij te brengen. In deze brede definities omvat de kennisinfrastructuur **kennisinstellingen, bedrijven**, overheden betrokken bij wetenschaps- en **innovatiebeleid** en **intermediairs**. • [O] Ook wel ten onrechte beperkt tot kennisinstellingen en onderwijsinstellingen of zelfs slechts tot kennisinstellingen. • [B] Ook wel gebruikt op het niveau van één organisatie. De kennisinfrastructuur wordt vaak gezien als onderdeel van het **innovatiesysteem**. Daarbij wordt dan onderscheid gemaakt tussen de publieke en de private kennisinfrastructuur. De publieke kennisinfrastructuur is het geheel van (semi-)publieke, structurele voorzieningen en instituties voor wetenschappelijk onderwijs en onderzoek. Dit kan nog worden onderverdeeld in de universitaire publieke kennisinfrastructuur (**universiteit**) en de niet-universitaire publieke kennisinfrastructuur (**TNO**, de **KNAW-instituten, NWO**, de vijf **Grote Technologische Instituten** en de vier **Technologische Topinstituten**). De private kennisinfrastructuur omvat dan alle organisaties en faciliteiten van en binnen bedrijven die zich bezighouden met het gene-

reren, gebruiken en verhandelden van kennis gericht op het op gang brengen van innoveren.

**Kennisinstelling** • Verzamelnaam voor **universiteiten, Grote Technologische Instituten, Technologische Topinstituten** en **TNO**. • In uitgebreidere zin worden hierbij ook wel onderwijsinstellingen zoals het **Hoger Beroepsonderwijs** en **Regionale Opleidingscentra** gerekend. • Een kennisinstelling zonder expliciete onderwijstaken wordt ook wel een onderzoeksinstelling of onderzoeksinstituut genoemd. Zie ook **kennisinfrastructuur**.

**Kennisintensief** [adj] Met een grote rol van kennis (gezegd van activiteit, samenwerking, project, bedrijf of sector). Het verwarrende van de term is dat in de westerse economieën nauwelijks nog economische activiteiten bestaan die niet sterk afhangen van expliciete of impliciete kennis.

**Kennisinvesteringsquote (KIQ)** Indicator voor investeringen in kennisontwikkeling en -onderzoek en gedefinieerd als het totaal van de publieke en private uitgaven aan onderwijs en R&D als percentage van het **Bruto Binnenlands Product**. De KIQ van Nederland bedroeg in 2001 6,8 procent en was daarmee lager dan die van België (8,6 procent) en de VS (10,2 procent).

**Kenniskaart** Grafische representatie van organisaties (of onderdelen van organisaties) en de **kennisdomei-nen** of **kennisgebieden** waarin zij actief zijn. Een kenniskaart kan voorts een of meer van de volgende elementen bevatten: de onderlinge relaties tussen kennisaanbieders (zoals projecten waarin zij samenwerken), mogelijke **kenniscombinaties**, relaties met kennisafnemers, programma's en andere samenwerkingsverbanden waarin zij actief zijn. Kenniskaarten kunnen ook kwantitatieve informatie bevatten zoals aantallen fte's (bij de kennisaanbieders) en de omvang van financiële stromen (subsidies en omvang van **contractresearch**).

**Kennislacune** • [O] ≈ Gebrek aan (fundamentele) kennis, waardoor innoveren binnen een economische sector wordt belemmerd, op te heffen door nieuw wetenschappelijk onderzoek. • In het onderwijs: gebrek aan kennis bij mensen, op te heffen door opleidingen en training. • [alg] Gebrek aan informatie over een bepaald onderwerp, op te heffen door inwinnen of aanbieden van informatie.

**Kennismanagement** Systematisch genereren, opslaan, distribueren en tot toepassing brengen van kennis. Vaak alleen beperkt tot expliciete, beschreven kennis, maar kennismanagement behoort ook impliciete kennis te omvatten. Systematisch betekent dat kennismanagement wordt beschouwd als een planbaar proces dat kan worden gestuurd, gemonitord en geëvalueerd. Ken-

nismanagement kan worden ondersteund met organisatorische en technische middelen, zoals het organiseren van bijeenkomsten waarbij mensen kennis en ervaring uitwisselen, respectievelijk het implementeren van een kennismanagementsysteem, waarbij mensen via een geautomatiseerd systeem kunnen zoeken naar voor hen bruikbare kennis. Doorgaans wordt kennismanagement beschouwd als iets wat vooral binnen organisaties speelt; gezamenlijk kennismanagement op hogere niveaus van ketens of netwerken van verschillende organisaties komt nauwelijks voor.

**Kennisoverdracht** → **Kennisdiffusie**

**Kennisparadox** [O] Term voor het verschijnsel dat de kennis die met wetenschappelijk onderzoek wordt gegenereerd onvoldoende leidt tot economische activiteit (zie ook **innovatieparadox** en **kennisziekte**).

**Kennisproductiviteit** [O] ≈ Vermogen van een organisatie om relevante interne en externe kennis te mobiliseren en deze tot toepassing te brengen bij het verbeteren en innoveren van producten, diensten, bedrijfsprocessen en/of de relatie tussen de organisatie en haar omgeving.

**Kennissamenleving** [O] ≈ Samenleving waarin kennis een doorslaggevende rol heeft voor de kwaliteit van de samenleving, waarbij kennis naast de economische betekenis ook van groot belang is voor het maatschappelijk en sociaal welzijn en ook het onderwijs omvat. Zie voor de tautologische verwarring ook **kenniseconomie.**

**Kennis-spillover** [inn] Verschijnsel dat een deel van de voordelen van R&D naar andere partijen vloeien dan de partij die het onderzoek doet. In het kader van industriële R&D ook wel aangeduid als *second mover advantage.* Daarmee wordt dan specifiek geduid op het verschijnsel dat eigen onderzoek een focus geeft voor het zoeken naar relevante kennis die elders is geproduceerd.

**Kennistransfer → Kennisdiffusie**

**Kennisuitwisseling → Kennisdiffusie**

**Kennisvalorisatie → Valorisatie**

**Kennisvoucher** Gratis 'waardebon' waarmee het **MKB** kennis kan kopen bij **kennisinstellingen.** Het concept is bedacht en uitgewerkt door de Industriebank LIOF, de regionale **ontwikkelingsmaatschappij** in Limburg. Sinds 2001 is het concept ook grensoverschrijdend ingezet in het Interreg Benelux-Midden Gebied. De ervaring in de afgelopen jaren heeft geleerd dat kennisvouchers ondernemers in het MKB concreet aanzetten tot innoveren en samenwerking. De vouchers stimuleren **kennisdiffusie** van kennisinstellingen naar het MKB. Zie ook de **innovatievoucher** van het **Innovatieplatform** (www.kennisvoucher.nl).

**Kenniswerker** [O] ≈ Iemand werkzaam in een functie waarbij veel en/of gespecialiseerde kennis nodig is om de activiteiten goed te kunnen uitvoeren. De term kan tot verwarring leiden; in zeer veel beroepen, ook die niet als **kennisintensief** worden aangeduid, is veel *tacit knowledge* nodig: vakkennis, werkervaring en kennis over de processen en spelregels van de eigen organisatie.

**Kenniswijk** Experimenteeromgeving waarin consumenten toegang hebben tot innovatieve producten en diensten op het gebied van computers, (mobiele) communicatie en internet. Kenniswijk zet in op drie componenten die de basis vormen voor innovatieve, elektronische consumentendiensten: (breedband)infrastructuur, dienstenontwikkeling en gebruikersvoorzieningen. Kenniswijk is een nationaal project dat als pilot wordt uitgevoerd in de regio Eindhoven (www.kenniswijk.nl).

**Kenniziekte (Hollandse)** Term voor het verschijnsel dat in Nederland ondanks hoge nationale publieke uitgaven van onderzoek de private investeringen in onderzoek achterblijven. De oorzaak van de 'ziekte' wordt toegeschreven aan de spanning tussen een marktgedreven proces van internationalisering van het bedrijfsgerichte onderzoek en een omgekeerd (overheidsgedreven) nationaliseringsproces van publiek onderzoek.

Het resultaat is een schijnbare (zie **kennisparadox**) tegenstelling tussen de prestaties van hoogwaardige kennisinstellingen en de achterblijvende private investeringen in R&D, die zich vertalen in een achterstand in innoveren.

**Keten** Aantal organisaties die zijn 'verbonden' door goederenstromen (van grondstof tot eindproduct), geld-, proces- en informatiestromen. In de **arena** van het bedrijfsleven gaat het vooral om private partijen; agrofoodketens bijvoorbeeld beginnen bij de landbouw of de visserij en eindigen bij de consument. In de keten bevinden zich niet alleen producenten en consumenten, maar ook toeleveranciers, uitbesteders en dienstverleners. In de publieke sector kunnen ketens van partijen gezamenlijk diensten aan burgers aanbieden, zoals in de sociale zekerheid.

**Keteninnovatie** Innovatie die de structuur en/of de rolverdeling van een keten verandert. Zo heeft internet de ketens in de reisbranche verkort omdat klanten rechtstreeks met reisaanbieders zaken kunnen doen. Een keteninnovatie kan ook ontstaan doordat er technologische veranderingen zijn die de machtsverhoudingen in de keten veranderen, of omdat de partijen in de keten moeten samenwerken om gezamenlijk te kunnen innoveren; een voorbeeld is dat een ketenbrede bewaking en beheersing van de kwaliteit van voe-

dingsmiddelen de medewerking van alle partijen vereist, beginnend bij de boer tot en met de supermarkt, die de eindproducten aan de consument verkoopt. Bij keteninnovatie is het belangrijk dat alle schakels aan het innovatieproces meedoen.

**KIQ → Kennisinvesteringsquote**

**KIVI/NIRIA** Nederlandse beroepsvereniging van en voor ingenieurs, opgeleid aan universiteiten en hogescholen (**www.kiviniria.nl**).

**KNAW (Koninklijke Nederlandse Academie van Wetenschappen)** Koepelorganisatie voor wetenschappelijke onderzoeksinstituten. De taken van de KNAW zijn advisering op het gebied van de wetenschapsbeoefening (zowel inhoudelijk als bijvoorbeeld over loopbaanbeleid), beoordeling van de kwaliteit van het wetenschappelijk onderzoek (onder andere door *peer reviews*), het fungeren als een forum voor de wetenschappelijke wereld en ten slotte de bevordering van internationale samenwerking. Voor haar adviestaak heeft de KNAW voor een aantal wetenschapsgebieden adviesraden ingesteld. De KNAW vervult het werkgeverschap voor zo'n vijftien **KNAW-instituten**. De werkterreinen van de KNAW zijn onderscheiden naar de afdeling Natuurkunde (wiskundige en natuurkundige wetenschappen, levenswetenschappen en technische wetenschappen) en de afdeling Letterkunde (geesteswetenschappen, rechtswetenschappen, gedragswetenschappen en maatschappijwetenschappen). De KNAW kent subsidies en beurzen toe en looft een aantal wetenschappelijke prijzen uit. Zij heeft een jaarbudget van circa 120 miljoen euro. De KNAW beheert ook een aantal fondsen opgebouwd uit privaat vermogen ter waarde van circa 20 miljoen euro (www.knaw.nl).

**KNAW-instituten** De instituten van de **KNAW** verrichten fundamenteel en fundamenteel-strategisch onderzoek op de gebieden levenswetenschappen en geestes- en sociale wetenschappen. Daarnaast verleent een aantal instituten diensten aan onderzoekers en andere gebruikers. Zij doen dat door het vormen en beheren van biologische of documentaire collecties, het leveren van informatiediensten of het verschaffen van andere faciliteiten voor onderzoek. De KNAW-instituten zijn gevestigd in diverse plaatsen in Nederland; in totaal werken er circa 1300 mensen. De instituten zijn: Nederlands Herseninstituut, Centraal Bureau voor Schimmelcultures, Constantijn Huygens Instituut, Nederlands Economisch-historisch Archief, Hubrecht Laboratorium, Nederlands Instituut voor Ecologie, Fryske Academy, Internationaal Instituut voor Sociale Geschiedenis, Interuniversitair Cardiologisch Instituut Nederland, Interuniversitair Oogheelkundig Instituut, Koninklijk Instituut voor Taal-, Land- en Vol-

kenkunde, Meertens Instituut, **Rathenau Instituut**, Roosevelt Study Centre, Netherlands Institute for Advanced Study in the Humanities and Social Sciences, Nederlands Instituut voor Oorlogsdocumentatie en het Nederlands Interdisciplinair Demografisch Instituut (www.knaw.nl/organisatie/instituten.html).

**Koninklijk Nederlands Meteorologisch Instituut (KNMI)** Agentschap van het Ministerie van Verkeer en Waterstaat. Het is een nationaal kennisinstituut op het gebied van weer, klimaat en seismologie. De publieke taken zijn het opstellen van algemene weersverwachtingen en waarschuwingen voor gevaarlijke weersomstandigheden, de monitoring van het klimaat, het inwinnen van meteorologische data, het beheren van de infrastructuur die daarvoor nodig is, modelontwikkeling, luchtvaartmeteorologie en wetenschappelijk onderzoek op het gebied van weer, klimaat en seismologie. Het KNMI is bij Koninklijk Besluit opgericht in 1854. Het instituut is gevestigd in De Bilt en telt circa 500 medewerkers (www.knmi.nl).

**Kritische massa** • [alg] Situatie waarin ontwikkelingen die in gang zijn gezet zoveel energie en activiteiten genereren dat vanzelf nieuwe ontwikkelingen starten en in gang worden gehouden. • [inn] Groep samenwerkende grote en kleine innovatieve bedrijven, kennisinstellingen en dienstverlenende organisaties waarbinnen voortdurend winsten worden gegenereerd en uitdagingen worden opgeroepen die tot steeds meer innovaties leiden. Een van de doelen van **clusterbeleid** is om zo'n kritische massa te ontwikkelen. • [W] Groep toponderzoekers die zo veel en zulke hoogwaardige resultaten genereren dat zij minstens evenveel toponderzoekers naar zich toe trekken als er door natuurlijk verloop of andere redenen verdwijnen. Een van de doelen van wetenschapsbeleid is om kritische massa's van onderzoekers te laten ontstaan, die toptalent uit binnen- en buitenland aan zich binden.

**Laboratorium** • [B, W] Ruimte voor het uitvoeren van wetenschappelijk onderzoek, analyses en/of technologische proeven. • [O] (overdr) Plaats waar experimenten kunnen worden uitgevoerd, bijvoorbeeld nieuwe vormen van (innovatie)beleid of financiering van innovatieprojecten.

**LASER** Uitvoeringorganisatie van het Ministerie van LNV, met het Bureau Heffingen, het LNV-Loket en de Dienst Basisregistraties gefuseerd tot de Dienst Regelingen die verantwoordelijk is voor een groot deel van de uitvoering van het landbouw- en natuurbeleid en is betrokken bij innovatieve projecten op het gebied van agrarische activiteiten, landschaps- en natuurbeheer en de raakvlakken tussen deze drie (www.aid.nl/sw–laser).

**Launching customer** De eerste afnemer van een nieuw product of nieuwe dienst. De *launching customer* kan door de leverancier worden gecompenseerd voor het risico dat er nog kinderziekten zijn door een lagere prijs of door een contractuele regeling dat hij meedeelt in de latere opbrengsten van het product of de dienst. Het hebben van een *launching customer* is vooral een belangrijke stap voor een **starter**, omdat het hebben van een eerste klant de drempel voor het winnen van nieuwe klanten sterk verlaagt en het vinden van financiering vergemakkelijkt.

**Leverage** • [lett] Hefboom(werking). • [inn] De mate waarin het effect van investeringen wordt vermenigvuldigd door investeringen van andere partijen. Als bijvoorbeeld een bedrijf 50.000 euro investeert in innoveren en de overheid draagt hetzelfde bedrag bij aan hetzelfde doel, dan bedraagt de *leverage* voor het bedrijf een factor 2. In precompetitief onderzoek ontstaat voor elk van de deelnemende een hoge *leverage* omdat zij de kosten met elkaar delen en toch toegang krijgen tot alle onderzoeksresultaten. Versterkt door aanvullende overheidsbijdragen kan de *leverage* dan oplopen tot meer dan een factor 10. Zie ook **IUCRC**.

**Licentie** Overeenkomst tussen een octrooihouder die het exclusieve recht op het gebruik van een OC-

**trooi** verleent aan een licentiene-mer. De licentienemer betaalt de octrooihouder hiervoor **royalty's**, een financiële vergoeding voor het recht om het octrooi te mogen gebruiken. De hoogte van de royalty's kan worden bepaald door de tijdsduur en de omvang van het gebruik (bijvoorbeeld afhankelijk van het aantal verkochte producten). De licentie kan geografisch beperkt zijn, of beperkt zijn tot een bepaalde periode. Naast licenties kan een octrooi ook worden verhandeld, waarbij het eigendom in handen van de koper komt.

**Lineair innovatiemodel** Innovatiemodel dat ervan uitgaat dat innovaties starten met fundamenteel onderzoek en via stapsgewijze omzetting van kennis naar technologie tot nieuwe producten en welvaart leidt. Zie verder thema 4.

**Lissabon (agenda van)** Afspraken gemaakt op de Europese top in Lissabon (2000) door de regeringsleiders van de Europese Unie om Europa te maken tot het meest dynamische en kennisintensieve werelddeel en in feite een oproep om de als beter presterende Verenigde Staten in te halen. Zie ook **Innovatieplatform**.

**Maastricht Economic Research Institute on Innovation and Technology (MERIT)** Onderzoeksinstituut van de Universiteit Maastricht, opgericht in 1988. Het instituut focust zijn onderzoek en onderwijs op de macro- en micro-economische aspecten van technologische verandering en innovatie (www.merit.unimaas.nl).

**Maatschappelijke organisaties** •
[alg] Maatschappelijke organisaties vervullen een belangrijke functie als **intermediair** tussen overheid, markt en burger. Zij hebben traditioneel een belangrijke invloed op de totstandkoming van beleid. • [inn] Voorbeelden van maatschappelijke organisaties op het gebied van innovatie en wetenschap zijn SURF, dat als missie heeft het exploiteren en innoveren van een gezamenlijke geavanceerde ICT infrastructuur, en het Platform Medische Biotechnologie, dat tot doel heeft een bijdrage te leveren aan een verantwoorde besluitvorming over de ontwikkeling en toepassing van de medische biotechnologie. • In internationale context wordt gesproken van Non Governmental Organizations (NGO's), waarvan Greenpeace een bekend voorbeeld is. In de zogenoemde Civil Society vormen de NGO's naast overheid, bedrijfsleven en wetenschap een vierde factor van doorslaggevend belang in het gezamenlijk uitzetten van de koers.

**Maatschappelijke waarde** [inn] Waarde die de samenleving verkrijgt uit innovaties. Die waarde kan liggen in verhoogde welvaart en verhoogd welzijn. De eerste wordt vooral uitgedrukt in economische termen zoals een hoger besteedbaar inkomen voor de burger, de tweede veel meer in termen als verhoogde veiligheid, behoud van natuur, gecreëerde denkruimte (een belangrijke opbrengst van nieuwe kennis) en meer in het algemeen een verschuiving van maatschappelijke normen.

## Maatschappelijk Verantwoord Ondernemen (MVO)

Maatschappelijk Verantwoord Ondernemen (MVO) • Vorm van ondernemen en bedrijfsvoering waarin de verwachtingen van de belanghebbenden structureel worden afgewogen. Doel is een maximale toegevoegde waarde te leveren voor onderneming, mensen en milieu, en open te zijn over de wijze waarop en de mate waarin die toegevoegde waarde wordt gezocht. Er bestaat een nauwe relatie tussen maatschappelijk verantwoord ondernemen en innoveren gericht op **duurzame ontwikkeling**. In Europa is MVO vooral gericht op een maatschappelijk verantwoorde invulling van bedrijfsprocessen. • (VS) Eerder een filantropisch model, waarbij bedrijven een gedeelte van de winsten doneren aan goede doelen.

## Maritime Research Institute Netherlands (MARIN)

Maritime Research Institute Netherlands (MARIN) Onderzoeksinstituut, opgericht in 1932, op het gebied van de hydrodynamica, dat werkt voor overheden, de maritieme en de offshore industrie en de marine. Het MARIN voorziet scheepsbouwers, reders, fabrikanten van scheepsschroeven en de offshore industrie van *state of the art* voorspellingen over het gedrag en de prestaties van hun producten, en biedt hun advies en toegang tot testfaciliteiten zoals een lagedruksleeptank en een scheepsverkeersimulator. MARIN heeft vestigingen in Wageningen en Houston (VS) en in totaal circa 240 medewerkers (www.marin.nl).

## Market pull → Technology push

**Markt** • [alg] De plaats waar aanbieders en afnemers van goederen en diensten elkaar ontmoeten en waar de *invisible hand* van Adam Smith leidt tot een match van vraag en aanbod en het bepalen van de waarde van deze goederen en diensten. • [inn] Een institutionele prikkel voor innoveren. Wie niet innoveert, wordt weggeconcurreerd, tenzij er sprake is van kartels of bedrijven die hun monopolistische macht misbruiken. Algemene marktwaakhonden, zoals de Nederlandse mededingingsautoriteit, of specialistische, zoals de Autoriteit Financiële Markten, zorgen ervoor dat de markt werkt.

**Marktconform** [adj] In overeenstemming met de in de arena van bedrijven gangbare wijze van handelen en waarderen.

**Marktfalen** Het niet werken conform de wetmatigheden van de markt, zoals het ontbreken van de coördinatie door het mechanisme van vraag en aanbod (zie **marktimperfectie**). Vaak gaat het om de benodigde investeringen die niet door bedrijven worden gedaan omdat de revenuen niet bij de investeerders terechtkomen of omdat de investeringstermijn te lang is. Marktfalen vormt een belangrijke aanleiding voor de overheid om zich met de markt te bemoeien. Een klassiek voorbeeld van marktfalen waar de overheid traditioneel een grote rol heeft, is fundamenteel onderzoek. Daar faalt de markt, omdat door de hoge kosten van fundamenteel onderzoek en de lange periode tussen onderzoek en het op de markt brengen van producten het risico voor bedrijven te hoog is, waardoor zij niet investeren in onderzoek. Zie ook **overheidsfalen**.

**Marktimperfectie** In een perfecte markt ontstaat vanzelf de beste prijs-prestatieverhouding. Daarvoor zijn voldoende spelers nodig, plus een helder inzicht in de kosten en de kwaliteit van producten. Vraag en aanbod zijn in evenwicht. Bij te weinig spelers, of gebrek aan transparantie, wordt de markt imperfect. De overheid kan daaraan legitimatie ontlenen om te interveniëren, bijvoorbeeld met subsidiëring.

**Matching** Onderzoekssubsidies in de tweede en derde **geldstroom** dekken slechts een deel van de totale kosten van het onderzoek. Van onderzoeksinstellingen wordt verwacht en gevraagd dat zij de resterende kosten voor hun rekening nemen ('matchen') en bekostigen uit hun basisfinanciering (eerste geldstroom). Dit is de zogenoemde

matchingverplichting. Matching legt beslag op een deel van de vrije bestedingsruimte en investeringscapaciteit van instellingen. Dat is de ruimte die nodig is voor de instandhouding van goede randvoorwaarden voor het uitvoeren van onderzoek (huisvesting, algemene faciliteiten zoals ICT en bibliotheek) en eventuele investeringen in onderzoek. Een probleem bij matching kan zijn dat onderzoeksgroepen die succesvol zijn in het verwerven van tweede- en derdegeldstroomcontracten daarmee hun basisfinanciering ondergraven.

**Max Planck Instituut** De onderzoeksinstituten van de Duitse Max Planck Gesellschaft verrichten algemeen fundamenteel onderzoek in de natuurwetenschappen, *life sciences*, gedragswetenschappen en menswetenschappen, vaak op interdisciplinaire gebieden die niet passen bij de segmentatie van (Duitse) universiteiten. In totaal zijn er meer dan tachtig instituten waar meer dan 12.000 medewerkers werken. Eén daarvan is in Nederland, het Max Planck Institute for Psycholinguistics te Nijmegen, dat zich richt op onderzoek naar psycholinguïstiek (spraak, spraakverwerving en spraakherkenning en de relatie tussen spraak, denken en cultuur) (www.mpi.nl).

**MERIT → Maastricht Economic Research Institute on Innovation and Technology**

**Merkenrecht → Intellectual Property**

**Midden- en Kleinbedrijf (MKB)** Verzamelnaam voor bedrijven met tussen de vijftig en 250 ('midden') en minder dan vijftig ('klein') werknemers. Nederland telt circa 660.000 MKB-bedrijven met samen 2,8 miljoen werknemers en een jaaromzet van 450 miljard euro. De tien tot vijftien procent bedrijven dat de innovatieve voorhoede van het MKB vormt, is een belangrijke stuwende kracht voor innoveren, vooral omdat deze bedrijven sneller dan grote bedrijven nieuwe technologieën kunnen toepassen en naar de markt brengen. De Koninklijke Vereniging MKB-Nederland is de organisatie van ondernemers die per branche of per regionale/lokale vereniging zijn aangesloten. Een belangrijke rol is continu overleg met de overheid om wet- en regelgeving zo goed mogelijk af te stemmen op de wensen en belangen van het MKB. MKB-Nederland omvat 125 brancheorganisaties en vierhonderd regionale ondernemersverenigingen, die in totaal circa 175.000 bedrijven vertegenwoordigen (www.mkb.nl).

**Mobiliteit** • [lett] Beweeglijkheid. • [O] Mobiliteit van onderzoekers wordt gezien als een belangrijke hulpmiddel om **kennisoverdracht** tussen publieke kennisinstellingen en bedrijven te bevorderen. Bovendien wordt mobiliteit gezien als een mogelijkheid om de baan van onderzoeker aantrekkelijker te maken.

**Monitoring** Het systematisch en periodiek verzamelen van informatie en het analyseren daarvan als input voor besluitvorming, om verantwoording af te leggen over verrichte activiteiten en geïnvesteerde middelen en om daaruit lering te trekken voor de toekomst. Monitoring van innovatieprojecten en researchprogramma's dient om hun voortgang te meten, om de efficiëntie en effectiviteit van de ingezette middelen te beoordelen en om te beoordelen of (tussentijdse) doelen worden bereikt. De monitoring moet inhoudelijk en als proces zo zijn opgezet dat alle *stakeholders* worden geïnformeerd en dat bij afwijkingen kan worden ingegrepen. Een belangrijke maar vaak vergeten functie van monitoring is het sluiten van de leercyclus: het evalueren van de resultaten van de monitoring en, na reflectie daarop, overgaan tot bijstelling van de doelen, werkwijze, wijze van aansturing en/of wijze van monitoren van volgende projecten en programma's. Dit betekent ook dat monitoring en evaluatie daarvan zo snel moeten gebeuren dat men zulke bijstellingen al in een volgende ronde kan uitvoeren. Zie ook **indicator**.

**Monodisciplinair → Discipline**

**Multidisciplinair → Discipline**

**MVO → Maatschappelijk Verantwoord Ondernemen**

**Nederlandse Onderzoek Databank**
→ **Onderzoeksinformatie**

**Nederlandse Orde Van Uitvinders (NOVU)** Beroepsorganisatie van professioneel werkende uitvinders in Nederland. De doelstelling van de NOVU is het behartigen van de belangen van uitvinders (www.novu.nl).

**Nederlandse Organisatie voor Wetenschappelijk Onderzoek** → **NWO**

**Nederlands Observatorium voor Wetenschap en Technologie (NOWT)** Organisatie die als taken heeft om cijfermateriaal te verzamelen en te interpreteren en kwantitatieve analyses uit te voeren met als doel de stand van zaken en trends in het Nederlandse kennissysteem in beeld te brengen. Het NOWT is een samenwerkingsverband tussen het **Centre for Science and Technology Studies** en het **Maastricht Economic Research Institute on Innovation and Technology**. Het NOWT richt zijn aandacht vooral op de positie en prestaties van Nederland in een internationaal vergelijkend perspectief, met een accent op recente trends en actuele langetermijnontwikkelingen. Het NOWT wordt gefinancierd door het Ministerie van OC&W en telt circa zes medewerkers (www.nowt.nl).

**Netherlands Institute of Metals Research (NIMR)** Een van de vier **Technologische Topinstituten**. Het insti-

tuut richt zich op precompetitief onderzoek en ontwikkeling op het gebied van metalen, metaalproductie, engineering en metaaleigenschappen. Het bureau van NIMR is gevestigd in Delft (www.nimr.nl).

**Netwerkprogrammering** Het gezamenlijk voorbereiden en invullen door netwerken van partijen uit verschillende arena's (en soms ook met **maatschappelijke organisaties**) van programma's gericht op kennisontwikkeling en innoveren. Verschillen in belangen, beslissnelheden en *currencies* maken deze vorm van programmeren moeilijker dan gezamenlijke programmering binnen één arena. Zie verder thema 7.

***Neue Kombinationen*** • [lett] Nieuwe combinaties van productiemiddelen. • [inn] De Oostenrijkse econoom Schumpeter beschreef dat economische ontwikkelingen drie opvallende kenmerken hebben: zij komen van binnenuit het economische systeem, zij zijn discontinu en zij brengen kwalitatieve veranderingen teweeg. Met dat laatste wordt bedoeld dat economische ontwikkelingen leiden tot fundamentele veranderingen in het bestaande economische evenwicht en tot het ontstaan van radicaal nieuwe omstandigheden. De spil waar het bij economische ontwikkelingen om draait, is het realiseren van *Neue Kombinationen* door ondernemers. Nieuwe **kenniscombinaties** kunnen een impuls geven aan innoveren en daarmee aan economische ontwikkeling. Zie ook **cluster** en **homogene/heterogene netwerken.**

**NGO** → **Maatschappelijke organisaties**

**Niet-technologische innovatie** → **Diensteninnovatie**

**Nationaal Lucht- en Ruimtevaart Laboratorium (NLR)** Onafhankelijk onderzoeksinstituut gericht op fundamenteel en toegepast onderzoek op het gebied van luchtvaart en ruimtevaart en dat beschikt over faciliteiten zoals windtunnels en simulators. Het NLR heeft vestigingen in Amsterdam en Marknesse en telt in totaal circa 700 medewerkers (www.nlr.nl).

**NOVU** → **Nederlandse Orde Van Uitvinders**

**NOWT** → **Nederlands Observatorium voor Wetenschap en Technologie**

**NWO (Nederlandse Organisatie voor Wetenschappelijk Onderzoek)** Zelfstandig bestuursorgaan dat valt onder het Ministerie van OC&W. NWO heeft als doel om de kwaliteit en vernieuwing van het wetenschappelijk onderzoek in Nederland en de overdracht van de resultaten daarvan naar de maatschappij te stimuleren. NWO verdeelt haar jaarlijkse budget van circa 480 miljoen euro (tweedegeldstroomfinanciering) over acht wetenschapsgebieden. Daarnaast investeert NWO in disciplineoverstijgende nieuwe onderzoeksthema's. NWO heeft verder negen onderzoeksinstituten en huisvest naast **ACTS** ook de twee aansturingsorganen op het gebied van *genomics* en ICT (zie **regieorgaan**). NWO werd in 1950 bij wet opgericht, destijds onder de naam Nederlandse Organisatie voor Zuiver-Wetenschappelijk Onderzoek. NWO heeft circa vierhonderd medewerkers en is gevestigd in Den Haag. Zie ook **Technologiestichting STW, ZonMw, Spinozapremie, Vidisubsidie** (www.nwo.nl).

**Octrooi** • [alg] Vorm van juridische bescherming van producten of productieprocessen (ook patent genoemd) die door de overheid wordt verleend voor een **uitvinding**. Een octrooi heeft altijd een beperkte (zes of twintig jaar) tijdsduur, daarna is de uitvinding vrij voor iedereen. Een octrooi kan worden aangevraagd bij **Octrooicentrum Nederland** en/of het Europees Octrooibureau. Getoetst wordt of de uitvinding nieuw is, het resultaat is van activiteiten van uitvinders en economisch toepasbaar is. Om voor een octrooi in aanmerking te komen mag de uitvinding niet eerder zijn gepubliceerd of beschreven. Een octrooi wordt door de overheid verleend aan de octrooihouder. Met het octrooi kan hij anderen verbieden om zijn uitvinding na te maken en/of te gebruiken. • [inn] In het **innovatietraject** is van belang om al in een vroeg stadium te onderzoeken of het idee voor een nieuwe technologie niet al door anderen is geoctrooieerd. De waarde van een innovatieve technologie stijgt naarmate deze beter beschermd is door een 'muur' van octrooien (*patent fence*).

Grote bedrijven en vaak ook universiteiten hebben eigen specialisten in dienst om octrooien aan te vragen. Andere organisaties kunnen een <u>octrooigemachtigde</u> inschakelen, een onafhankelijk specialist die adviseert over bescherming van kennis, producten en ideeën. Hij kan de aanvraag voor een octrooi opstellen, verzorgt de aanvraagprocedure en zorgt voor het instandhouden van de bescherming. Bij octrooien voor geneesmiddelen (en ook gewasbeschermingsmiddelen) is naast een octrooi vaak een vergunning nodig om het product in een land op de markt te brengen. De procedure daarvoor kost niet alleen veel geld, maar ook veel tijd. Die gaat af van de effectieve beschermingsduur van het octrooi, waardoor het rendement op investeringen in deze innovaties daalt. De Europese Raad heeft daarom aanvullende <u>beschermingscertificaten</u> ingesteld. Deze beschermen de werkzame stof van een geneesmiddel of gewasbeschermingsmiddel. Zie ook *intellectual property*.

**Octrooicentrum Nederland** Uitvoerende instantie van het octrooisysteem in Nederland (vroeger het <u>Bureau Intellectueel Eigendom</u>).

Het octrooisysteem kent twee aspecten: bescherming van kennis door **octrooien** en verspreiding van octrooi-informatie. De dienstverlening van het Octrooicentrum omvat het bieden van informatie of advies over het gebruik van het octrooisysteem, het behandelen van aanvragen van octrooien en informatie over toegekende octrooien. In het octrooiregister, dat wordt bijgehouden door Octrooicentrum Nederland, zijn de administratieve gegevens over octrooiaanvragen en verleende octrooien opgenomen, voorzover zij in Nederland van kracht zijn of waren. Het Europees Octrooibureau is een centrale organisatie die in één procedure een octrooiaanvraag behandelt voor alle Europese landen tegelijk. Deze procedure duurt drie tot vier jaar. Het Octrooicentrum Nederland heeft circa 170 medewerkers en is gevestigd in Rijswijk (www.octrooicentrum.nl).

**Octrooihouder → Octrooi**

**Octrooigemachtigde → Octrooi**

**Octrooirecht → *Intellectual property***

**o&o steunkader** De regels van de Europese Commissie die bepalen wanneer en in welke mate onderzoek en ontwikkeling (o&o) door de Europese Commissie kan worden goedgekeurd, waarbij een afweging wordt gemaakt tussen **marktfalen** en **marktimperfectie**

enerzijds, en verboden staatssteun anderzijds.

**OECD** → Organisation for Economic Cooperation and Development

**OESO** → Organisation for Economic Cooperation and Development

**OIO** → Tijdelijk Onderzoeker

**Ondernemer** • Iemand die het risico neemt van investering in een bedrijf, met als oogmerk daar commercieel succes mee te behalen. • Ruimer: iemand die nieuwe combinaties van productiemiddelen tot toepassingen brengt. Zie ook **starter** en **Neue Kombinationen** en verder thema 11.

**Ondernemersplan** • [alg] Een plan dat de doelen van een onderneming beschrijft (*businessplan*) met het oogmerk aan externe financiers inzicht te verschaffen in de rentabiliteit van de onderneming. • [inn] Het plan waarin een **starter** beschrijft wat hij van plan is, en hoe hij dat denkt te bereiken. Een ondernemersplan is essentieel om financiering te verkrijgen voor het realiseren van die plannen.

**Onderscheid(end vermogen)** De mate waarin een bedrijf, een groep samenwerkende bedrijven of een sector zich kan onderscheiden van concurrenten op nationaal of internationaal niveau. Onderscheidend vermogen kan bestaan uit een combinatie van voorsprong in ken-

nis en beschermde technologie, een groot marktaandeel, de aanwezigheid van specifieke geografische voordelen, bijzondere **kenniscombinaties** of infrastructurele voorzieningen. Zie verder thema 11.

**Onderwijs & Vorming** Volgens de *Frascati Manual* alle activiteiten in het kader van het gespecialiseerd niet-universitair hoger onderwijs, het universitair onderwijs, het postuniversitair onderwijs en verdere bijscholing en het georganiseerd, continu onderwijs aan wetenschappers en ingenieurs.

**Onderzoek** • [O] ≈ Alle activiteiten van kennisinstellingen en bedrijven gericht op het genereren van nieuwe kennis en toepassingen. • [W] Verrichten van fundamenteel en toegepast onderzoek. • [B] Activiteiten (binnen het bedrijf of samen met andere bedrijven en kennisinstellingen) gericht op het realiseren van innovaties.

Naar het doel van het onderzoek wordt vaak onderscheiden: fundamenteel en toegepast onderzoek. Fundamenteel onderzoek is (volgens de *Frascati Manual*) experimentele of theoretische werkzaamheden die in de eerste plaats tot doel hebben nieuwe kennis te vergaren over de fundamenten die aan verschijnselen en waarneembare feiten ten grondslag liggen, zonder daarbij een specifieke toepassing of een specifiek gebruik op het oog te hebben. Toegepast (of toepassingsgericht) onderzoek is oorspronkelijk onderzoek dat wordt verricht om nieuwe kennis te verkrijgen, in de eerste plaats gericht op een specifiek praktisch doel of op een specifieke praktische doelstelling. Naar de samenwerkingvorm wordt onderscheiden precompetitief onderzoek en competitief onderzoek. Precompetitief onderzoek is onderzoek dat bedrijven gezamenlijk (onder elkaar of samen met kennisinstellingen) uitvoeren waarbij zij de resultaten met elkaar delen; competitief onderzoek is concurrentiegevoelig onderzoek dat een bedrijf ofwel zelf uitvoert ofwel samen met kennisinstellingen, maar niet met andere bedrijven.

De **Frascati Manual** onderscheidt nog (naast fundamenteel en toegepast onderzoek) experimentele ontwikkeling (≈ technologisch onderzoek): systematische werkzaamheden op basis van bestaande, door onderzoek of praktische ervaring opgedane kennis, die tot doel hebben nieuwe of aanzienlijk verbeterde processen, systemen of diensten in te voeren.

**Onderzoek & Ontwikkeling → Research & Development**

**Onderzoeksagenda → Researchagenda**

**Onderzoeksinformatie** De afdeling Onderzoeksinformatie van de **KNAW**, die informatie biedt over wetenschapsbeoefening in Nederland en de Nederlandse Onderzoek Databank beheert met gegevens van meer dan 50.000 in Nederland actieve onderzoekers en hun kennisgebieden (www.onderzoekinformatie.nl/nl/oi/). Zie ook **Cordis**.

**Onderzoeksinstelling → Kennisinstelling**

**Onderzoeksinstituut → Kennisinstelling**

**Onderzoeksprogramma → Researchprogramma**

**Ontwikkelingsmaatschappij** Organisatie gericht op regionale ontwikkeling met als kenmerkende activiteiten het bevorderen en doen uitvoeren van structuurversterkende projecten door actief mee te werken aan activiteiten zoals kennisoverdracht, samenwerking, clustering van bedrijven onderling en met kennisinstellingen, voorts het inrichten van bedrijventerreinen en advies en ondersteuning bij investeringen door bedrijven. In Nederland zijn actief de ontwikkelingsmaatschappij Noord-Nederland, de Ontwikkelingsmaatschappij Flevoland, Oost NV (Gelderland en Overijssel), de Brabantse Ontwikkelingsmaatschappij en LIOF (Limburg). Ontwikkelingsmaatschappijen kunnen participeren in bedrijven door middel van aan hen gelieerde participatiemaatschappijen.

**Open en closed innovation** Uitgangspunt voor closed innovation is dat een maximale concurrentievoorsprong kan worden behaald als fundamenteel wetenschappelijk onderzoek binnen de muren van het eigen bedrijf wordt gedaan en de resultaten daarvan binnen diezelfde muren worden vertaald in de ontwikkeling van nieuwe producten. *Closed innovation* vereist volledige controle over kennis. Die kan er zijn als er een tekort is aan kennis. Het beschermen van *intellectual property* met als doel anderen uit te sluiten van het gebruik van die kennis, is essentieel voor *closed innovation*. De tegenpool van *closed innovation* is *open innovation*. *Open innovation* gaat uit van een overvloed aan kennis, van de grote betekenis van *venture capital* bij het bouwen van nieuwe ondernemingen en van een management van intellectueel eigendom dat erop is gericht de maximale waarde uit kennis te halen – niet om anderen uit te sluiten. Bij *open innovation* wordt die waarde gerealiseerd in combinaties van kennis van buiten en binnen de onderneming. Het gaat om het vinden van combinaties en het juiste **businessmodel** om waarde te realiseren. Bij *open innovation* staan niet kennis en technologie centraal, maar de problemen die daarmee kunnen worden opgelost. Zie verder thema 5.

**Organisation for Economic Cooperation and Development (OECD)** Samenwerkingsverband van dertig landen die gezamenlijk sociaal en economisch beleid bespreken, bestuderen en coördineren. De OECD (Nederlands: Organisatie voor Economische Samenwerking en Ontwikkeling, OESO) is in 1961 opgericht als uitvloeisel van het Marshall Plan. De aangesloten landen proberen gezamenlijke problemen op te lossen en internationaal beleid af te stemmen. Leden zijn de lidstaten van de Europese Unie, de Verenigde Staten, Engeland, Canada, Mexico, Japan, Korea, Australië, Nieuw-Zeeland, Noorwegen, IJsland, Zwitserland, Polen, Hongarije, Tsjechië en Turkije. Het doel van de OECD is beleid te bevorderen dat een zo hoog mogelijke duurzame groei, werkgelegenheid en welstand voor de lidstaten realiseert en ook bijdraagt aan de economische expansie van ontwikkelingslanden en dat bijdraagt aan de groei van de wereldhandel op multilaterale, non-discriminatoire basis. De OECD verzamelt onder andere gegevens over wetenschap, technologie en innovatie (www.oecd.org).

**Outputfinanciering → Financiering**

**Overheidsfalen** [inn] Term ontstaan als reactie op de term **marktfalen**. Evaluaties wijzen regelmatig op problemen in het technologie- en innovatiebeleid: het ontbreken van duidelijke en brede prioriteiten, een in sommige opzichten gebrekkige organisatie en problemen in de interactie met doelgroepen, waardoor goedbedoelde overheidssteun juist averechts kan uitpakken, bijvoorbeeld door het (blijven) subsidiëren van sectoren die onvoldoende concurrentievermogen hebben of door de grote vertraging die kan ontstaan als de overheid wil beslissen over financiering van research-programma's.

**Paasakkoord** Akkoord bereikt in 2005 tussen de toenmalige regeringspartijen CDA, VVD en D66 over de verdeling van de extra inkomsten die het Fonds Economische Structuurversterking ten deel vielen door de hogere inkomsten uit aardgas. In het Paasakkoord werd overeengekomen om 150 miljoen euro extra te besteden aan prioriteiten van het Innovatieplatform; 70 miljoen euro gaat naar de sleutelgebieden, 40 miljoen naar de grootschalige publieke kennisinfrastructuur en 40 miljoen naar het beroepsonderwijs, beide bedoeld als een extra impuls voor het stimuleren van het Nederlandse innovatiesysteem, mede ook tegen de achtergrond van de **Lissabonagenda**.

**Patent → Octrooi**

**Peer review** [W] Wijze van beoordeling (met name van publicaties en onderzoeksvoorstellen) waarbij een commissie van 'gelijken' (collega-wetenschappers) tot een kwaliteitsoordeel komt.

**Platform** Informeel overlegorgaan met vertegenwoordigers van verschillende partijen, bedoeld voor het onderling uitwisselen van ideeën en plannen en direct of indirect steunen van innovatieprocessen, doorgaans echter niet beschik-

kend over eigen financiële middelen om projecten te realiseren. De vorm kan een informeel periodiek overleg zijn, ook wel een stichting die naast overleg andere stimulerende activiteiten ontplooit. Op nationaal niveau opereert het **Innovatieplatform**. Veel platforms werken op sectoraal niveau (zoals onder andere het Logistiek Innovatie Platform en het Milieu Innovatieplatform), ook bestaan platforms rondom technologische thema's (Stichting Platform High Performance Computing & Networking) en vele lokale onderwerpen.

**Portefeuille/portfolio** • [alg] Term die wordt gebruikt in relatie tot het spreiden en beheersen van risico's van investeringen (zie ook **risico**). Dat kunnen investeringen in ondernemingen zijn (zie **venture capital**), maar ook investeringen in innovatieprojecten. Portfolio's moeten worden gemanaged om een optimaal rendement te kunnen behalen uit de geïnvesteerde middelen en om de risico's te kunnen spreiden. Portfoliomanagement betekent dat de beschikbare middelen worden verdeeld over verschillende projecten, waarvan er een aantal mogen mislukken zolang er maar een paar zijn die tot daadwerkelijk succes leiden. Denken in termen van portfolio's maakt het mogelijk per individueel project grotere risico's te accepteren. Zie verder thema 11.

**PPS → Publiek-private samenwerking**

**Precompetitief onderzoek** → Onderzoek

**Pre-seed investeringen** Geld dat wordt geïnvesteerd in de allereerste fase van de ontwikkeling van een onderneming, vaak verschaft in de vorm van een lening door organisaties (zoals universiteiten) die hun (potentiële) **starters** op gang willen helpen. Zie ook **seed capital** en **venture capital**.

**Privaat** [adj] • [alg] Van of door private organisaties, in tegenstelling tot **publiek**. • [inn] (Mede)gefinancierd door private partijen.

**Procesinnovatie** Het innoveren van een productieproces, bijvoorbeeld een fabricageproces dat door nieuwe technologie energiezuiniger wordt gemaakt, of een logistiek proces dat door andere taakverdeling of ICT wordt versneld.

**Product champion** [B] Gezaghebbende persoon binnen een bedrijf die zich sterk maakt om een innovatief idee door de drie fasen van het **innovatietraject** te leiden. De *product champion* coördineert en mobiliseert verschillende afdelingen (R&D, marketing, productie), informeert en enthousiasmeert het algemeen management en de Raad van Commissarissen en houdt de marktkansen in het oog.

**Productinnovatie** Het innoveren van een product, in tegenstelling

tot **diensteninnovatie** of procesinnovatie.

**Promotie** [W] Verkrijgen van de doctorale graad aan een universiteit als proeve van bekwaamheid in het doen van zelfstandig onderzoek volgens een wetenschappelijke werkwijze. Een promotor begeleidt de promovendus die het promotieonderzoek uitvoert. De publicatie waarin de beschrijving van het onderzoek is gebundeld is de dissertatie. Voor universiteiten is het aantal promoties een indicator voor de omvang van de wetenschappelijke productie. Promotieonderzoek kan deel uitmaken van researchprogramma's waarin universiteiten en bedrijven kennis ontwikkelen. Daartoe worden vaak AIO's of OIO's aangesteld (zie **tijdelijk onderzoeker**).

**Proof of Principle** Stap in het innovatietraject waarbij in een laboratoriumsituatie wordt aangetoond dat de technologie achter een innovatief idee in principe werkt. Voor het management en de R&D-afdeling van een bedrijf is het *proof of principle* een belangrijke stap in de ontwikkelingsfase (zie SBIR). Na de fase van het *proof of principle* volgt het bouwen en testen van een prototype, als laatste stap voordat het commercialiseerbare product gereed is.

**Prototype** [inn] Eerste werkend exemplaar van een innovatief product, apparaat of softwareprogram-

ma dat dient om de werking, uitvoering en specificaties te demon-
streren en uit te testen. Het prototype volgt in het **innovatietraject**
op de fase van het *proof of principle*. Door verbeteringslagen in het
prototype kan het toekomstige product verder worden aangepast en
verbeterd tot het in al zijn eigenschappen (zoals functionaliteit, betrouwbaarheid, efficiëntie, vormgeving, gebruiksgemak) voldoet aan
de eisen en het groene licht kan
worden gegeven om geproduceerd
te worden.

**Publicatie** [W] • Artikel dat is gepubliceerd in een wetenschappelijk
tijdschrift. • Eenheid van 'productie'
van expliciet gemaakte kennis die
door collega-wetenschappers is beoordeeld op wetenschappelijke methodiek en de bijdrage aan de wetenschappelijke kennis. • Eenheid
voor de hoeveelheid geproduceerde wetenschappelijke kennis (per
onderzoeker, vakgroep of universiteit). Om onderscheid te maken
naar de wetenschappelijke betekenis van een publicatie wordt een
gewogen score berekend die hoger
uitvalt naarmate de publicatie vaker
wordt geciteerd en naarmate het
artikel in een meer gezaghebbend
tijdschrift wordt gepubliceerd.

**Publiek** [adj] • [alg] Van of door
(semi-)overheidsorganisaties, in tegenstelling tot **privaat**. • [inn] (Mede)gefinancierd door de overheid of
andere publieke partijen.

**Publiek-private samenwerking
(PPS)** Vorm van samenwerking
waarbij de overheid en/of universiteiten met het bedrijfsleven samen-
werkt of samenwerken. Zij brengen
samen de middelen in om een gezamenlijk doel te bereiken, waarbij
zij vooraf de doelen, financiering
en taakverdeling vastleggen. PPS
wordt met name gebruikt bij het
bouwen van fysieke infrastructuur
(overheid en bedrijven) en bij gezamenlijke precompetitieve kennisontwikkeling (overheid, kennisinstellingen en bedrijven). Bij PPS
maakt de conventionele relatie van
opdrachtgever-uitvoerder (bijvoorbeeld Rijkswaterstaat en private
tunnelbouwer) plaats voor een model van gemeenschappelijk ontwerp, bouwen, uitvoeren, onderhouden. Bij langetermijn-PPS-
contracten wordt ruimte gescha-
pen voor innovatie, doordat grotere investeringen in het begintraject
(bijvoorbeeld R&D voor een duurzame tunnelconstructie) later door
de partners kunnen worden terugverdiend (minder onderhoud).

**Raad voor Gezondheidsonderzoek
(RGO)** Een **sectorraad** die tot taak
heeft de ministers van VWS, OC&W
en EZ te adviseren over prioriteiten
in het gezondheidsonderzoek, in
het zorgonderzoek en de technologieontwikkeling in deze sector en
de daarbijbehorende infrastructuur
(www.rgo.nl).

**Raad voor Ruimtelijk, Milieu- en
Natuuronderzoek (RMNO)** Een sec-

**torraad** die de regering adviseert over het te voeren onderzoekbeleid op het gebied van ruimtelijke ordening, milieu, natuur en landschap. De Raad richt zich in het bijzonder op de ontwikkeling en de organisatie van kennis met betrekking tot belangrijke maatschappelijke vraagstukken die verband houden met de ruimtelijke inrichting, het milieubeheer en de ontwikkeling van natuur en landschap (www.rmno.nl).

**Raad voor het Wetenschappelijk Onderzoek in het kader van Ontwikkelingssamenwerking (RAWOO)** Een **sectorraad** die tot taak heeft de ministers van Ontwikkelingssamenwerking, OC&W en LNV te adviseren over wetenschappelijk onderzoek en onderzoeksprogramma's met betrekking tot ontwikkelingslanden en ontwikkelingssamenwerking (www.rawoo.nl).

**Raad voor Wetenschaps-, Technologie- en Informatiebeleid** Raad ingesteld in 2002 met als taken het voorbereiden van de besluitvorming door de ministerraad over wetenschapsbeleid, het hoger- en beroepsonderwijs (Beroeps- en Volwasseneneducatie, Hoger Beroepsonderwijs en het Wetenschappelijk Onderwijs), technologiebeleid en informatiebeleid.

**R&D** → Research and Development

**Rathenau Instituut** Onafhankelijke organisatie die zich vanuit een publieke invalshoek bezighoudt met vraagstukken op het snijvlak van wetenschap, technologie en samenleving en die de politiek daarover informeert. Het instituut is opgericht in 1986 en is vernoemd naar professor G.W. Rathenau (1911-1989), hoogleraar experimentele natuurkunde in Amsterdam, directeur van het natuurkundig laboratorium van Philips in Eindhoven en lid van de Wetenschappelijke Raad voor het Regeringsbeleid. Het werk van het Rathenau Instituut sinds 1986 wordt ook wel aangeduid met *Technology Assessment*. In 2004 is het instituut uitgebreid met een tweede taak: Science System Assessment. Deze afdeling analyseert op welke wijze wetenschappelijk en technologisch onderzoek in Nederland is georganiseerd en hoe dit stelsel functioneert. Het instituut is gevestigd in Den Haag en heeft circa dertig medewerkers (www.rathenau.nl).

**RAWOO** → **Raad voor het Wetenschappelijk Onderzoek in het kader van Ontwikkelingssamenwerking**

**Regieorgaan** [inn] Om de schaarse middelen van de overheid effectief en efficiënt in programma's in te zetten op geselecteerde onderzoeksgebieden zijn een aantal regieorganen (tijdelijke aansturingsorganen) ingericht. De regieorganen zijn ondergebracht bij **NWO**: het **Regieorgaan Genomics**, Regieorgaan ICT en **ACTS**.

**Research & Development** • Algemeen begrip dat alle wetenschappelijke activiteiten omvat vanaf het generen van nieuwe kennis tot en met het gebruik van kennis voor praktische toepassingen. • [O] *Frascati Manual*: 'Onderzoek & Ontwikkeling': het op stelselmatige wijze uitvoeren van creatieve werkzaamheden met het doel het kennisbestand, met inbegrip van kennis van mens, cultuur en maatschappij, te vergroten en deze kennis te gebruiken om nieuwe toepassingen te ontwerpen. • Verzamelnaam voor alle activiteiten vanaf toegepast wetenschappelijk en technologisch onderzoek (*research*) tot en met het ontwikkelen (*development*) van een *proof of principle* en een **prototype**.

**Researchagenda** • [B] Opsomming van wetenschappelijk en vooral toegepast onderzoek ('onderzoeksagenda') dat een bedrijf wil uitvoeren op een termijn van drie tot vijf jaar om de antwoorden te verkrijgen op de strategische kennisvragen, door eigen R&D, **contractresearch** of deelname aan **researchprogramma's**. • [B] Ook op het niveau van een groep bedrijven (die in een keten samenwerken of met elkaar dezelfde technologieën toepassen) of van een sector kan sprake zijn van een onderzoeksagenda. • [W] Onderwerpen van voorgenomen wetenschappelijk onderzoek op het niveau van een **vakgroep** of **kennisinstelling**. • Binnen een samenwerking door bedrijven en kennisinstellingen gezamenlijk vastgestelde lijst van onderzoeksprojecten. • [O] Ook gebruikt voor de lijst van belangrijkste onderwerpen van nationaal innovatiebeleid.

**Researchbudget** Budget dat een organisatie besteedt aan **research & development**. Het researchbudget wordt besteed aan eigen interne R&D, aan contractresearch met universiteiten en andere kennisinstellingen en/of aan deelname in researchprogramma's. Het researchbudget wordt uitgedrukt als absoluut bedrag of als percentage van de omzet. Gemiddeld besteden bedrijven zo'n drie tot vier procent van hun omzet aan R&D, bedrijven die intensief nieuwe technologie ontwikkelen gemiddeld zeven tot vijftien procent. Percentages boven de vijftien procent zijn uitzonderlijk en komen vooral voor bij bedrijven in de biotechnologie en ICT en bij **starters** die nieuwe technologieën ontwikkelen.

**Researchprogramma** Beschrijving van het voorgenomen (wetenschappelijk en/of toegepast) onderzoek ('onderzoeksprogramma'), als uitwerking van (een deel van) de **researchagenda**. Het programma bevat inhoudelijk de doelen, werkwijze, aanpak en mijlpalen van het onderzoek, financieel de kosten van het onderzoek en de dekking daarvan en organisatorisch de deelnemende partijen, hun rolverdeling, de organisatiestructuur, de wijze van aansturen en de **checks and balances**. Researchprogramma's worden opgezet binnen individuele bedrijven of kennisinstellingen en voor samenwerkingsverbanden van bedrijven en/of kennisinstellingen.

Een stuurgroep is een groep mensen, niet operationeel betrokken bij de uitvoering, die namens de formele opdrachtgever toeziet op de uitvoering, resultaten, werkwijze en het budget en aan wie de programmamanager (zie **trekker**) rapporteert. Een klankbordgroep is een groep mensen, niet operationeel betrokken bij de uitvoering, die (on)gevraagd advies kan geven aan de opdrachtgever en programmamanager, met name over de inhoud.

**RGO** → **Raad voor Gezondheidsonderzoek**

**Risico** • [alg] Gevaar voor schade of verlies, de kans dat zich een ongewenste gebeurtenis voordoet. • [alg] Kans maal gevolg: de kans dat een ongewenste gebeurtenis plaatsvindt vermenigvuldigd met de gevolgen daarvan. • [inn] Bij innoveren zijn twee aspecten van risico van belang. Het eerste is de kans dat een gewaagd idee helemaal niet kan of te veel kost om te realiseren en dat geld dat wordt geïnvesteerd in het uitzoeken daarvan verloren gaat. Het tweede betreft de hoeveelheid geld die verloren kan gaan. Het risico verbonden aan het eerste aspect is het grootst als een idee net is ge-

boren. De kosten om de haalbaarheid van het idee te onderzoeken zijn dan echter ook nog laag. Dat maakt het mogelijk om voor relatief weinig geld een groot aantal gewaagde ideeën op hun haalbaarheid te toetsen. Het onderscheid van risico naar deze twee aspecten maakt het mogelijk om investeringen in innovatieve ontwikkelingen op het niveau van een portfolio te beschouwen.

**RMNO** → **Raad voor ruimtelijk, milieu- en natuuronderzoek**

**Roadmap** → **Technologie** *roadmap*

**Robuust** [adj] • [alg] Stevig, kan tegen een stootje. • [inn] Van een project, innovatie-instrument of samenwerkingsverband: zo opgezet dat het goed is te managen, dat het niet faalt als onderdelen (tijdelijk) minder functioneren of deelnemers uitstappen, dat het ook onder condities van druk en tegenslag goed blijft functioneren zodat de kans dat de doelen worden gehaald groot is. • Van **scenario's**: die aspecten die in alle scenario's van belang zijn.

*Royalty's* → **Licentie**

**RWTI** → **Raad voor Wetenschap-, Technologie- en Informatiebeleid**

**Samenwerking** • [alg] Proces waarin verschillende partijen met elkaar een gemeenschappelijk doel nastreven en daaraan bijdragen met geld, middelen en mensen, waarbij elk van de partijen autonoom blijft en zijn eigen activiteiten voortzet. • [inn] Aanduiding voor een reeks samenwerkingsvormen gericht op kennisontwikkeling en/of innoveren, vanaf kortstondig en ad hoc tot langdurig en structureel. Onderscheiden worden: ad hoc samenwerking (bijvoorbeeld in **researchprogramma's** en **contractresearch**), samenwerking in **(kennis)clusters**; deelname in precompetitieve verbanden zoals **IUCRC** tot aan **allianties, publiek-private samenwerking** (overheid en bedrijven) en *joint ventures* (doorgaans tussen bedrijven). Het aantal deelnemers, de aard van de deelnemers (overheid, kennisinstellingen en bedrijven), de omvang van de gezamenlijke operatie en de tijdsduur van de samenwerking zijn de belangrijkste dimensies van samenwerking. Naarmate deze factoren oplopen in aantal en complexiteit wordt de samenwerking lastiger om op te zetten, te financieren en tot een goed einde te brengen en daarmee worden ook hogere eisen gesteld aan het management en aan de *checks and balances*.

**Santa Fe Institute** Onafhankelijk transdisciplinair onderzoeks- en opleidingsinstituut gevestigd in Santa Fe (New Mexico, VS). Het is opgericht in 1984 en heeft zich ontwikkeld tot een instituut waar op onconventionele en inspirerende wijze een nieuw type wetenschappelijke onderzoeksgemeen-schap van wereldklasse wordt gecreëerd. Die gemeenschap richt zich op fundamenteel onderzoek in opkomende wetenschappen. De onderzoeksgebieden zijn per definitie disciplineoverstijgend (zie **complexe adaptieve systemen** en ook **Institute Para Limes**). Het Santa Fe Institute wordt gefinancierd door de National Science Foundation, het Department of Energy en bijdragen van bedrijven en fondsen. Het jaarlijkse budget bedraagt circa 6 miljoen dollar (www.santafe.org).

**SBIC Small Business Investment Companies (SBIC's)** is een van de meest succesvolle manieren om geld beschikbaar te maken voor kleine, innovatieve ondernemingen. Eind jaren vijftig werd in de VS de betekenis van deze ondernemingen onderkend voor de levenskracht van de economie. Tegelijkertijd bleek dat de groei van zulke ondernemingen werd belemmerd doordat er geen adequate financieringsbron was voor kleine ondernemingen. Dat leidde in 1958 tot de Small Business Investment Act, waarmee het Amerikaanse Congres een institutionele bron van investeringskapitaal voor kleine ondernemingen creëerde. Die bron kan alleen worden afgetapt door private investeringsmaatschappijen, de Small Business Investment Companies (SBIC's). Het beginkapitaal van elke SBIC komt uit privé-bronnen. Wanneer een belangrijk deel van dit beginkapitaal is geïnvesteerd, kan een SBIC van de overheid, voor nieuwe investeringen, drie- tot viermaal het bedrag lenen dat zij als beginkapitaal heeft vergaard. De belangrijkste voorwaarde daarvoor is dat het overheidsgeld pas verloren gaat als eerst elke cent van het eigen vermogen van de SBIC verloren is gegaan. Met de SBIC's wordt de hoeveelheid investeringskapitaal voor kleine bedrijven verveelvoudigd, terwijl tegelijk wordt bereikt dat fondseigenaren belastinggeld met dezelfde zorg investeren en beheren als hun eigen geld.

**SBIR (Small Business Innovation Research)** Subsidieprogramma (VS) onder verantwoordelijkheid van de Small Business Administration dat al jaren door de General Accounting Office (de Amerikaanse rekenkamer) stelselmatig als de beste stimulans voor innoveren wordt aangemerkt. SBIR kent drie fasen: de haalbaarheidsfase, de R&D-fase en de marketingfase. De essentie van het succes van SBIR is dat het zich richt op *high risk/high pay-off* ideeën en de wijze waarop met twee geheel verschillende aspecten van **risico** wordt omgegaan. Het eerste aspect is de kans dat een gewaagd idee helemaal niet kan of te veel kost om te realiseren en dat geld dat wordt geïnvesteerd in het uitzoeken daarvan verloren gaat. Het tweede betreft de hoeveelheid geld die verloren kan gaan. Zie verder thema 6.

**SBSC (Science Based Small Companies)** SBSC's (VS) zijn kleine bedrijven die voortkomen uit universiteiten of onderzoeksinstituten en starten vanuit de resultaten van het wetenschappelijk onderzoek van de oprichters en kunnen uitgroeien tot grote bedrijven. Veel SBSC's verdienen hun inkomsten door het doen van onderzoek in opdracht van derden. In de VS zijn SBSC's vaak zeer succesvol in het winnen van SBIR *grants*.

**Scenariostudie** Methode om toekomstige ontwikkelingen op technologisch, economisch en/of sociaal gebied in kaart te brengen. Het gaat daarbij niet om een zo goed mogelijke toekomstvoorspelling, maar om het in kaart brengen van verschillende mogelijkheden. Daartoe worden drie tot vijf goed onderscheiden (en soms extreem gekozen) varianten van mogelijke toekomsten (scenario's) uitgewerkt en wordt onderzocht wat in elk daarvan de consequenties zijn. De tijdhorizon kan van tien tot meer dan vijftig jaar reiken. De resultaten van scenariostudies worden gebruikt als input voor strategievorming en bij beslissingen over investeringen in kennisontwikkeling en innoveren. Van belang is het vinden van *no regret* opties: opties die in veel of alle scenario's goed uitpakken en dus 'robuust beleid' mogelijk maken, zijnde beleid dat bij verschillende scenario's effectief is. Zie ook *backcasting*.

**Schumpeter-cluster** Een kenniscluster dat specifiek en bewust is gevormd met als doel het ontwikkelen en exploiteren van nieuwe interdisciplinaire **kenniscombinaties**; genoemd naar de Oostenrijkse econoom Joseph Schumpeter, die de stuwende kracht van nieuwe combinaties tussen bestaande kennisgebieden als eerste heeft onderkend. In een Schumpeter-cluster worden nieuwe verbindingen gelegd tussen bestaande netwerken (van bedrijven en kennisinstellingen), waarbij op de raakvlakken kansen op sprongsgewijze innovaties en nieuwe bedrijvigheid ontstaan. Zie ook *Neue Kombinationen*.

**Science System Assessment → Rathenau Instituut**

**Scoreboard, European** Set **indicatoren** die samen een beeld geven van de concurrentiepositie van Europese landen, onderling en ook ten opzichte van de vs, Japan en andere landen. De European scoreboard wordt elk jaar bijgewerkt, zodat de veranderingen en trends in de tijd zichtbaar worden. Het scoreboard heeft 22 indicatoren op vier gebieden: opleidingsniveau bevolking, kennisontwikkeling, diffusie en toepassing van kennis en financiële indicatoren zoals investeringen in ICT (trendchart.cordis.lu/scoreboards).

**scp → Sociaal Cultureel Planbureau**

*Screening & scouting* Begrippenpaar dat nauw is verbonden met valorisatie van kennis. Het uitgangspunt is dat wetenschappelijk onderzoekers (omdat zij minder weten van de markt dan van wetenschap) niet goed in staat zijn om marktkansen te verbinden aan onderzoeksresultaten. Daar zijn gespecialiseerde mensen voor nodig, bijvoorbeeld mensen die na een wetenschappelijke opleiding in het bedrijfsleven zijn gaan werken. Zij kunnen wetenschappelijke kennis in een pril stadium op marktpotentieel onderzoeken (*screening*), en een route voor valorisatie uitstippelen (*scouting*), uiteenlopend van verder onderzoek tot het opstarten van een bedrijf, licensering of verkoop aan een bestaand bedrijf.

**Sectorraden** Onafhankelijke verkennings- en programmeringscolleges, interdisciplinair van opzet. Zij bestaan uit vertegenwoordigers van maatschappij/bedrijfsleven, onderzoekswereld en overheid (adviserend lid), die op basis van bijvoorbeeld middellange- en langetermijnverkenningen en gesignaleerde trends onder andere prioriteiten formuleren voor het van overheidswege gefinancierde maatschappijgerichte onderzoek. De sectorraden zijn: **Innovatienetwerk Groen Ruimte en Agrocluster, Stichting Toekomstbeeld der Techniek, Raad voor het Wetenschappelijk Onderzoek in het kader van Ontwikkelingssamenwerking, Raad voor het Gezondheidsonderzoek, Raad voor Ruimtelijk, Milieu- en Natuuronderzoek** en **Connekt**.

De paraplu voor de sectorraden is de **Commissie van Overleg Sectorraden**.

**Seed capital** • Het eerste aandelenkapitaal dat wordt gebruikt om een nieuw bedrijf op te starten. • Vorm van **venture capital** gericht op de allereerste fase van een onderneming. Vaak wordt **seed capital** verschaft door **business angels**. • [overdr] Geld om de allereerste fase van een ontwikkeling mogelijk te maken.

**SenterNovem** Agentschap van het Ministerie van Economische Zaken. SenterNovem ondersteunt initiatieven die duurzaamheid stimuleren, onder meer door subsidies voor energiebesparende maatregelen, milieuzorg of nieuwe technologie, door het adviseren over energiebesparing en door kennis en informatie beschikbaar te stellen op het gebied van innovatie, energie, milieu en leefomgeving. SenterNovem voert een groot aantal (subsidie)regelingen uit ter stimulering van innovatie, milieu, duurzaamheid en energiebesparing. SenterNovem beheert circa 600 miljoen euro aan middelen voor opdrachtgevers, heeft een jaarbudget van circa 90 miljoen euro en telt circa 1000 medewerkers. Er zijn vestigingen in Den Haag, Sittard, Utrecht en Zwolle (www.senternovem.nl).

**SER** → Sociaal Economische Raad

**Simon Stevin Meester** [W] Jaarlijkse prijs van 1 miljoen euro die de Nederlandse **Technologiestichting STW** uitreikt aan een vooraanstaand technologisch onderzoeker. De prijs is bedoeld voor het verrichten van onderzoek en vormt de technologische tegenhanger van de **Spinozapremie** van NWO, die wel de Nederlandse Nobelprijs wordt genoemd. Simon Stevin was vier eeuwen geleden wetenschapper en adviseur van Prins Maurits.

**SIT** → **Systematic Inventive Thinking**

**SKB** → **Subsidieregeling Kennisoverdracht Branchevereningingen**

**SKE** → **Technopartner**

**SKO** → **Subsidieregeling Kennisoverdracht Ondernemers MKB**

**Sleutelgebied** [O] Algemene benaming voor een **kennisdomein**, **kennisgebied** of **technologie** die als zeer belangrijk wordt beschouwd voor een bedrijf of economische sector, of voor de economie van een regio of natie. Door het **Innovatieplatform** zijn in 2004, na een open uitnodiging aan het Nederlandse innovatiesysteem, als vier sleutelgebieden gekozen: Water, Bloemen & Voeding, Hightech Systemen en Materialen en de Creatieve Industrie.

**Sleuteltechnologie** → **Sleutelgebied**

**Slim kopiëren** [inn] Het kopiëren van succesvolle concepten (innovatie-instrumenten, financieringsmechanismen, instituties) van het ene naar het andere innovatiesysteem op zo'n wijze dat zij snel een positief effect hebben op het functioneren van het ontvangende innovatiesysteem. Zie verder thema 6.

**Smart mix** Instrument dat vanuit het **Innovatieplatform** wordt ontwikkeld. Het wordt gefinancierd uit middelen die in het **Paasakkoord** beschikbaar zijn gesteld. Doel is om **focus en massa** te creëren in universitair onderzoek. Daartoe wordt 100 miljoen euro (gelijk verdeeld over de Ministeries van OC&W en EZ) beschikbaar gesteld voor onderzoeksprogramma's van consortia, op basis van cofinanciering vanuit de eerste geldstroom en de consortiumpartners.

**Sociaal Cultureel Planbureau (SCP)** Onafhankelijk wetenschappelijk instituut dat zelfstandig onderzoek doet voor het overheidsbeleid. Het SCP is opgericht bij Koninklijk Besluit in 1973 en valt onder de verantwoordelijkheid van de minister van VWS. Het SCP heeft als taken het beschrijven van de situatie en ontwikkelingen op sociaal en cultureel terrein, bijdragen aan verantwoorde keuzen van doeleinden en middelen in het sociale en culturele beleid en het ontwikkelen van alternatieven, en het beoordelen van het gevoerde beleid. Het SCP brengt daarover (on)gevraagd adviezen uit aan de regering, de Eerste en Tweede Kamer, ministeries en andere maatschappelijke en overheidsorganisa-

ties. Het SCP stelt tweejaarlijks een werkprogramma op en het Sociaal en Cultureel Rapport (www.scp.nl).

**Sociaal Economische Raad (SER)** Onafhankelijk openbaar adviesorgaan met als bekendste taak het adviseren aan kabinet en parlement over hoofdlijnen van het sociaaleconomisch beleid. De raad geeft zowel gevraagd als ongevraagd advies. Een tweede belangrijke taak van de SER is het toezicht houden op de product- en bedrijfschappen. Dit zijn publiekrechtelijke organisaties van ondernemers en werknemers in een bedrijfstak. Als derde taak werkt de SER ook mee aan de uitvoering van enkele wetten die voor het bedrijfsleven van belang zijn. In de SER zijn partijen vertegenwoordigd als afspiegeling van sociaal-economisch Nederland: werknemers en ondernemers (beiden via hun centrale organisaties) en kroonleden (door de Kroon benoemde onafhankelijke deskundigen). De raad telt in totaal 33 leden, gelijk verdeeld over de drie partijen. De SER heeft een jaarbudget van circa 14 miljoen euro en wordt via een heffing gefinancierd door het bedrijfsleven (www.ser.nl).

**Speerpuntonderzoek** [B] Vooraanstaand onderzoek of onderzoek met hoge prioriteit binnen een researchprogramma.

***Spin-off*** [inn] • Nieuw startend bedrijf dat ontstaat door afsplitsing van een bestaand bedrijf of als commerciële afsplitsing van een publieke kennisinstelling. • Resultaten voortkomend uit een groter geheel (bijvoorbeeld uit een innovatieproject of researchprogramma).

**Spinozapremie** Geldprijs van 1,5 miljoen euro die sinds 1995 jaarlijks door **NWO** wordt uitgereikt aan maximaal vier vooraanstaande Nederlandse wetenschappers. De premie wordt gezien als de hoogste wetenschappelijke onderscheiding in Nederland en heeft daarom als bijnaam de Nederlandse Nobelprijs. De winnaars mogen het geld naar eigen inzicht besteden aan nieuw onderzoek. De premie is genoemd naar de zeventiende-eeuwse Nederlandse filosoof Spinoza.

**Stakeholder** • [alg] Belanghebbende. • [inn] Persoon of organisatie die een belang heeft bij een innovatie. Een *stakeholder*-analyse is een analyse die in kaart brengt welke *stakeholders* er zijn en wat hun belangen zijn om mee te doen aan innovatieactiviteiten.

**Starter** • [alg] Iemand die een nieuw bedrijf begint. • [alg] Het startende bedrijf zelf ('start up'). • [inn] Technostarters zijn tot vijf jaar oude bedrijven met een hoge kennisintensiteit en eigen R&D-activiteiten. Zij onderscheiden zich van andere starters omdat zij producten en diensten (gaan) ontwikkelen die zijn gebaseerd op nieuwe technologieën. Zij hebben bijna altijd een hbo- of universitaire opleiding. Hun

behoefte aan startkapitaal is vaak hoger dan bij andere starters. Voor financiers vormen technostarters een lastige categorie door hun kapitaalbehoefte, lange *time to market*, anderzijds dragen technostarters de belofte in zich van een snelle groei en op lange termijn hoge opbrengsten (zie ook *venture capital*). Technostarters worden beschouwd als belangrijk voor economische groei. Technostarters die direct vanuit universiteiten starten, worden door de universiteiten gezien als producten waarmee zij duidelijk kunnen maken dat zij kennis van economisch en maatschappelijk belang genereren. Zie ook **Technopartner**.

**Stichting Fundamenteel Onderzoek der Materialen (FOM)** Onderzoeksinstituut dat kort na de Tweede Wereldoorlog is opgericht voor de aansturing en uitvoering van fundamenteel wetenschappelijk natuurkundig onderzoek naar Amerikaans voorbeeld, met name geïnspireerd door het Manhattan Project. FOM heeft vier instituten en meer dan duizend medewerkers. Het budget bedraagt 70 miljoen euro. FOM is aan **NWO** gelieerd via het wetenschapsgebied natuurkunde (www.fom.nl).

**Stichting Toekomstbeeld der Techniek (STT)** Organisatie met als doel door kennisoverdracht bij te dragen aan een meer integraal beeld van de toekomstige Nederlandse samenleving met betrekking tot technische ontwikkelingen in samenhang met andere ontwikkelingen in de maatschappij. STT realiseert haar doelstelling door toekomstverkenningen. STT richt haar aandacht op terreinen van de samenleving die van groot algemeen belang zijn en waarin de techniek een belangrijke rol speelt (www.stt.nl).

**Stimuleren** [O] ≈ [inn] Het door subsidie, regelgeving en/of fiscale maatregelen bevorderen van innovatieactiviteiten. Stimulering kan in alle fasen van het innovatieproces plaatsvinden en zowel nationaal en grootschalig zijn (zoals **BSIK**) als specifiek en lokaal, bijvoorbeeld het stimuleren van een bepaalde sector. Zie ook **overheidsfalen**.

**STT → Stichting Toekomstbeeld der Techniek**

**STW → Technologiestichting STW**

**Subsidieregeling KennisExploitatie → Technopartner**

**Subsidieregeling Kennisoverdracht Brancheverenigingen (SKB)** Subsidieregeling bedoeld voor brancheverenigingen die daarmee hun MKB-leden kunnen helpen met technologische vernieuwingen en innoveren. Jaarlijks is hiervoor 3 miljoen euro beschikbaar.

**Subsidieregeling Kennisoverdracht Ondernemers MKB (SKO)** Subsidieregeling bedoeld ter subsidiëring van het in dienst nemen van een hoger opgeleide werknemer in het

**MKB** bij het implementeren van een reeds gekozen technologische vernieuwing. Het jaarbudget van de SKO-regeling is 500.000 euro.

**SWOT(-analyse)** Systematische analyse van sterkten, zwakten, kansen en bedreigingen, bedoeld om inzicht te krijgen in de eigen positie en het kiezen van de beste (innovatie)strategie. Een SWOT kan op verschillende niveaus plaatsvinden. Het kan gericht zijn op een (nieuw) product of een (nieuwe) dienst. Het kan ook op bedrijfsniveau plaatsvinden en op het niveau van nationale economische sectoren. Een SWOT voor technologieën kan onderdeel zijn van een **technologie roadmap**. De resultaten van de SWOT worden verzameld in een matrix van 2 (sterkten en zwakten) x 2 (kansen en bedreigingen). Het doel van de SWOT is de sterke punten te identificeren en te behouden, de zwakke punten te elimineren en geen inspanning te stoppen in de kansloze combinatie zwakte x bedreiging. Een SWOT-analyse wordt bij voorkeur uitgevoerd door verschillende deskundigen om een zo breed mogelijke analyse te maken.

**Syntens** Organisatie met als doel het versterken van het innovatievermogen van ondernemend Nederland, met name gericht op het **MKB**, en daarmee het bijdragen aan duurzame groei. Syntens begeleidt individuele ondernemers die willen innoveren. De organisatie bevordert samenwerking en brengt ondernemers in contact met kennis- en onderwijsinstellingen en andere bedrijven die hen kunnen helpen. Syntens richt zich op sectoren waar de innovatiekansen het grootst zijn. **Starters** en snelle groeiers krijgen hierbij speciale aandacht, met accenten op de technologische en marketingkant van innoveren. Daarnaast besteedt Syntens aandacht aan niet-technologische aspecten van innoveren, zoals strategie, kennisnetwerk, innovatiecultuur, middelen en de rol van de ondernemer. Syntens heeft zeventien vestigingen verspreid over Nederland en telt circa 450 medewerkers. Het hoofdkantoor is in Den Haag (www.syntens.nl).

**Systeembenadering** • [alg] Wijze van benaderen en analyseren waarbij de kenmerken, het gedrag en de dynamiek van het gehele systeem worden betrokken. • [inn] Wijze van benaderen en aanpak van innoveren en innovatievraagstukken waarbij wordt gekeken naar het systeem als geheel: de verschillende spelers, de onderlinge uitwisseling van geld, kennis en mensen en de wijze waarop de partijen op elkaar en op de buitenwereld reageren. Als het gaat om het bewust willen innoveren van een complex systeem, waarbij verschillende belangen spelen en verschillende soorten partijen meedoen, gericht op kwalitatieve veranderingen, is er sprake van een **systeeminnovatie**. Een andere kant van de systeembenadering is om deze toe te passen op het

proces van innoveren en wetenschapsontwikkeling zelf, en dan met name op de werking van het **innovatiesysteem**. De theorievorming rond **Complexe Adaptieve Systemen** kan daartoe een middel zijn.

**Systeeminnovatie** Het innoveren van een systeem, waarbij verschillende partijen in het systeem tot nieuwe typen oplossingen komen voor gezamenlijke problemen (die door **productinnovatie**, **keteninnovatie** of **diensteninnovatie** kunnen worden gestimuleerd), waardoor in het systeem kwalitatieve veranderingen ontstaan, de relaties tussen de partijen veranderen en de grenzen van het systeem veranderen.

*Systematic Inventive Thinking* (sit) Methode om volgens strakke regels op systematische wijze te komen tot nieuwe oplossingen voor problemen of tot ideeën voor innovaties. sit is gebaseerd op generalisatie van strategieën van topprobleemoplossers. Omdat sit alleen bestaande elementen gebruikt om tot oplossingen te komen, is de haalbaarheid van de ideeën die met sit ontstaan hoog. De methodiek bestaat uit vijf *thinking tools* die snel zijn te leren en is erg geschikt om in groepen met verschillende soorten deelnemers snel en gestructureerd aan innovatie te werken. Zie verder thema 10.

**Taakorganisatie** • [alg] Door de overheid in het leven geroepen organisatie die als oogmerk heeft om een bepaalde taak uit te voeren, zoals het **Centraal Planbureau**. Deze organisaties verrichten hun taken onafhankelijk van de commerciële markt. • [inn] Taakorganisaties binnen de onderzoekswereld zijn onder andere **Energieonderzoekcentrum Nederland**, delen van **TNO** en de **Grote Technologische Instituten**.

**Tacit knowledge** Het concept van *tacit knowledge* ('zwijgende kennis') is afkomstig van de filosoof Michael Polani. Het is kennis die niet expliciet is gemaakt en niet kan worden 'vastgelegd', maar in de hoofden van mensen zit. Het is de accumulatie van leren en ervaring opdoen. Ondanks de grote nadruk op de tegenhanger van *tacit knowledge*, expliciete kennis, is de rol van *tacit knowledge* bij innoveren zeer groot.

**Techniek** • Het beheersen, beïnvloeden en manipuleren door de mens van de natuur, gericht op praktische toepassing. • Door opleiding of oefening verworven vaardigheid of beheersing van middelen.

**Technische standaard** De International Standards Organisation (ISO) legt samen met nationale organisaties, zoals het Nederlands Normalisatie Instituut, onder meer technische standaarden vast. Door te standaardiseren kunnen bedrijven aanhaken op een technologische

ontwikkeling, hetgeen innovatiebevorderend werkt. Er zijn ook gespecialiseerde instanties die onder ISO werken, bijvoorbeeld voor internet. Een goed voorbeeld van technische standaard is TCP/IP, de standaard voor communicatie over internet. Bij zeer snelle industriële ontwikkelingen worden technische standaarden de facto door het bedrijfsleven vastgesteld, zoals het Disk Operating System van IBM. Standaards kunnen in producttermen worden vastgelegd, maar ook in de vorm van specificaties, wat meer vrijheid biedt om tot innovaties te komen.

**Technisch Wetenschappelijk Attachee** Technisch Wetenschappelijk Attachees (TWA) zijn door het Ministerie van EZ in een aantal landen gestationeerd om te rapporteren over technisch-wetenschappelijke ontwikkelingen in het gastland. De TWA heeft een diplomatieke status. Doel is om Nederlandse organisaties te helpen en te stimuleren bij uitvoering en beleid met betrekking tot wetenschap, technologie en innoveren.

**Technologie** • Zodanig geordende en toegankelijk gemaakte wetenschappelijke kennis dat deze kan worden ingezet voor praktische doeleinden. • Zie **Informatie – begrippenkader**.

**Technologie** *roadmap* Een in de tijd uitgezette representatie van de verwachte toekomstige ontwikkeling van een of meer technologieën. De *roadmap* kan worden gemaakt op het niveau van een bedrijf of een groep bedrijven. Een convergerende *roadmap* (zoals wordt gemaakt voor een technologisch complex doel, bijvoorbeeld het ontwerp van een nieuw type kerncentrale) definieert een langetermijneinddoel en brengt in kaart welke technologieën nodig zijn om dat doel te realiseren en welk tijdspaden daarvoor gelden. Een divergerende *roadmap* brengt in kaart hoe technologieën zich naar verwachting in de toekomst zullen ontwikkelen en vertakken en welke technologie kan worden benut voor innovaties.

Voor overheden helpt een *roadmap* bij het maken van keuzes bij het innovatiebeleid; voor bedrijven is het een middel om keuzes te maken in hun innovatiestrategie en bij hun deelname aan (precompetitieve) onderzoeksprojecten. Een *roadmap* kan een tijdshorizon hebben van enkele jaren tot meer dan twintig jaar.

**Technologiestichting STW** Organisatie met als doel excellent technisch-wetenschappelijk onderzoek aan de Nederlandse universitaire onderzoeksinstellingen te stimuleren en de toepassing van de resultaten van het onderzoek te bevorderen. Het budget van STW bedraagt circa 45 miljoen euro per jaar (voor zestig procent van NWO en voor veertig procent van het Ministerie van EZ). Jaarlijks ontvangt STW ruim 250 projectaanvragen met een totale omvang van meer dan 100 miljoen euro. STW heeft een eigen systeem ontwikkeld voor objectieve beoordeling van aanvragen (www.stw.nl).

**Technologisch onderzoek → Onderzoek**

**Technologisch Topinstituut (TTI)** Niet-universitaire onderzoeksorganisaties die zich richten op fundamenteel strategisch onderzoek op een samenhangend onderzoeksterrein dat van belang wordt geacht voor de Nederlandse economie. TTI's worden gefinancierd door het Ministerie van EZ, kennisinstellingen en het bedrijfsleven gezamenlijk (zie **publiek-private samenwerking**). TTI's kennen ook een tweedefase-onderwijscomponent in de vorm van promoties en ontwerpersopleidingen, onder verantwoordelijkheid van hoogleraren. Er zijn vier TTI's: het **Dutch Polymer Institute**, het **Netherlands Institute for Metals Research**, het **Telematica Instituut** en het **Wageningen Centre for Food Sciences**.

*Technology Assessment* **(TA)** Methode om de maatschappelijke implicaties en consequenties van technologische vernieuwingen in kaart te brengen. Het gaat daarbij zowel om de kansen van een nieuwe technologie als om de bedreigingen. 'Maatschappelijk' moet ruim worden opgevat: het kan gaan om ethische, sociale, culturele en ecologische aspecten van een technologie. Medische technologie, biotechnologie, ICT, nucleaire technologie en nanotechnologie zijn voorbeelden van technologieën waarvoor TA's zijn uitgevoerd. De resultaten daarvan vormen input voor besluitvorming van de overheid (zie ook **Rathenau Instituut**).

**Technology push** • [inn] Begrip dat duidt op een wijze van onderzoeksprogrammering en innoveren die niet vanuit een expliciet gemaakte (economische of maatschappelijke) kennisvraag uitgaat, maar van de autonome ontwikkeling van wetenschap en technologie. • [inn] (pejoratief) Onjuiste wijze om technologieën te ontwikkelen en/of te innoveren, omdat daarmee ideeën voor innovaties zouden ontstaan waarvoor geen markt bestaat. Maar vele innovatieve producten zijn zonder een vraag van de markt toch doorontwikkeld en succesvol gecommercialiseerd. De tegenpool van *technology push* is *market pull*, een benadering van innoveren waarin de vraag van de markt (de consument) naar nieuwe functionaliteiten en/of vormgeving bepalend is voor de ontwikkeling van nieuwe producten.

**Technopartner** Door de overheid opgesteld actieprogramma dat is bedoeld voor technologiegedreven **starters**. Het actieprogramma zet in op de verbetering van het **innovatieklimaat** voor deze technostarters in Nederland langs drie actielijnen. Als eerste moet met de Technopartner *pre-seed* en *seed*-faciliteit de onderkant van de Nederlandse risicokapitaalmarkt worden gemobiliseerd, zodat technostarters in de vroege fase in hun eerste kapitaalbehoefte worden voorzien. De tweede actielijn is de Subsidieregeling KennisExploitatie (SKE), die het beginnende technostarters mogelijk moet maken meer tijd en energie te steken in de fase voor de werkelijke start. De derde actielijn is een Technostarterplatform dat technostarters informatie en expertise moet bieden en hun knelpunten gaat inventariseren. Totaal wordt voor Technopartner 25 miljoen euro per jaar uitgetrokken. Technopartner bundelt en vervangt als regeling eerdere technologie-specifieke regelingen voor technostarters: Biopartner (*life sciences*), Twinning (ICT), Stigon (farmacie) en Dreamstart (overige) (www.technopartner.ez.nl).

**Technostarter → Starter**

**Telematica Instituut** Een van de **Technologische Topinstituten**. Het instituut richt zich op precompetitief onderzoek en ontwikkeling op het gebied van telematica. Naast veel universitaire deelnemers doen als private partijen onder andere mee ABN-AMRO, Corus, DSM, Ericsson, IBM, ING, Microsoft en Philips Research. Het bureau van het instituut is gevestigd in Enschede (www.telin.nl).

**Tenderprocedure** Systematisch proces waarbij toeleveranciers worden uitgenodigd een omschreven product of dienst te offreren en waarbij de opdracht uiteindelijk wordt gegund aan de aanbieder die het best voldoet aan de gestelde criteria.

**Tijdelijk onderzoeker** [W] Tijdelijke medewerkers die werken bij (maar niet in vaste dienst zijn van) een **universiteit** of kennisinstelling zijn: AIO's, OIO's en postdocs. De AIO is een Assistent in Opleiding die in universitaire dienst een wetenschappelijk onderzoek (promotieonderzoek) uitvoert als proeve van bekwaamheid. Gewoonlijk staat voor dit onderzoek een periode van vier jaar en wordt het afgesloten met een **promotie**, waarmee de AIO de graad van doctor verwerft. Een AIO wordt wetenschappelijk begeleid door een promotor, doorgaans een hoogleraar. Voor universiteiten is het aantal AIO's en promoties een goede indicator van de omvang van het onderzoek. Zowel het wetenschappelijke resultaat van het onderzoek als het feit dat een AIO is opgeleid zijn twee belangrijke vormen waarin universiteiten kennis produceren. De OIO (Onderzoeker in Opleiding) voert in universitaire dienst eveneens een wetenschappelijk promotieonderzoek uit als proeve van bekwaamheid, maar is niet als AIO aangesteld. Een OIO heeft een aanstelling naar burgerlijk recht en is (anders dan de AIO) geen ambtenaar in de zin van de Ambtenarenwet. Wel is de OIO deelnemer aan de Stichting Pensioenfonds ABP. Een ander verschil is het percentage tijd dat aan werkzaamheden anders dan onderzoek (zoals onderwijs) mag worden besteed. Een AIO mag maximaal 25 procent van zijn tijd aan andere activiteiten besteden; voor een OIO is dat maximaal tien procent. Postdocs zijn academisch geschoolde medewerkers die voor de duur van een tijdelijk project of programma worden aangesteld, doorgaans voor periode van één tot vier jaar. **Mobiliteit** van tijdelijke onderzoekers is een belangrijk mechanisme voor het uitwisselen van kennis en expertise tussen organisaties.

***Time to market*** [B] Tijd nodig om een innovatie-idee zo ver te ontwikkelen (via **haalbaarheidsstudie** en een demo of **prototype**) dat het op commerciële basis op de markt kan worden gebracht.

**TNO** De Nederlandse Organisatie voor Toegepast-natuurwetenschappelijk Onderzoek (TNO) is een kennisinstelling met als doelstelling het toepassen van wetenschappelijke kennis in de praktijk. TNO is georganiseerd in vijf grote kerngebieden (Kwaliteit van Leven, Defensie en Veiligheid, Industrie en Techniek, Bouw- en Ondergrond en ICT). Binnen elk kerngebied bestaan meerdere businessunits. TNO is opgericht bij de TNO-wet in 1932, op initiatief van de regering, die een intermediaire instantie wilde tussen universiteiten en bedrijfsleven. TNO heeft ongeveer vijfduizend medewerkers, een marktomzet van circa 300 mil-

joen euro en een overheidsfinancie-
ring van circa 200 miljoen euro. Het
hoofdkantoor van TNO is gevestigd
in Delft, andere locaties zijn Apeldoorn, Den Haag, Eindhoven, Enschede, Groningen en Utrecht.
Naast de publiekrechtelijke organisatie TNO bestaat de holdingmaat-
schappij TNO Bedrijven bv. Deze
richt nieuwe bedrijven op om innovaties naar de markt te brengen
(www.tno.nl).

**Toekomststudies** Verzamelnaam
voor werkwijzen waarbij op de lange tot zeer lange termijn (tien tot
vijftig jaar) een toekomstbeeld
wordt gevormd. Dit kan door middel van extrapolatie van lopende
ontwikkelingen, door *out-of-the-
box* denken en/of door visionaire
mensen te bevragen over hun verwachtingen (individueel of interactief in panels). Toekomstbeelden
zijn nuttig als basis voor **scenariostudies** en *backcasting*. Was
vroeger de futurologie vooral gericht op het zo goed mogelijk voorspellen van wetenschappelijke en
technologische ontwikkelingen en
hun effect op de samenleving, tegenwoordig beseft men algemeen
dat de toekomst niet is te voorspellen. Het gaat er veel meer om dat
men zich bewust is van de verschillende mogelijkheden en hun consequenties. Op basis van zo'n toe-
komststudie bepaalt men
strategieën en keuzes voor de meer
nabije toekomst. Zie ook **technologie *roadmap*** en **verkenning**.

**Toepassingentabel** Methodiek om
systematisch kennisvraag en kennisaanbod te matchen, gebaseerd
op het systematische decompone-
ren van zowel de vraag als het aanbod. De Toepassingentabel kan,
wanneer vanuit de vraagkant wordt
gewerkt, **kennislacunes** in het kennisaanbod identificeren; omgekeerd
kan vanuit het kennisaanbod systematisch worden gezocht naar nieuwe toepassingsmogelijkheden. Omdat de Toepassingentabel zowel
kennisvraag als het kennisaanbod
tot twee niveaus dieper beschrijft,
wordt bereikt dat de match tussen
vraag en aanbod plaatsvindt op een
concreet en praktisch hanteerbaar
niveau, waardoor het eenvoudig is
om goed afgebakende samenwerkingsprojecten te definiëren. Zie
verder thema 8.

**Transdisciplinair → Discipline**

**Transumo** Consortium (TRansition
SUstainable Mobility: transitie naar
duurzame mobiliteit) dat werkt aan
innovaties die leiden tot een efficiënter verkeers- en vervoerssysteem. In dit consortium werken
120 partners uit bedrijfsleven,
overheid en kennisinstellingen samen aan kennisontwikkeling die
voor innovatie van het verkeers- en
vervoerssysteem nodig is. De doelstelling van Transumo is om op langere termijn te komen tot een internationaal kennisnetwerk op
mobiliteitsgebied, gericht op het
bevorderen van duurzame innovaties in mobiliteit. Transumo wordt

medegefinancierd vanuit **BSIK** (www.transumo.nl).

**Trekker** [inn] Iemand die het traject van een innovatieprogramma uitzet en waar nodig bijstelt. Hij geeft het proces leiding, brengt energie in en ontwikkelt draagvlak bij de deelnemers aan het samenwerkingsverband. Hij is enthousiasmerend en communicatief vaardig. Hij bouwt aan betrokkenheid van het bedrijfsleven en bewaakt de *checks and balances*. Een goede trekker heeft gezag in de kring van de probleemhouders en vertrouwen bij de *stakeholders*. De trekker is een ervaren project- of programmaleider met de attitude van een ondernemer. Hoe eerder een trekker kan worden gevonden, hoe groter de kans dat de samenwerking een succes wordt. Zie ook **researchprogramma**.

**Tripod-model → Innovatiemodel**

**TTI → Technologisch Topinstituut**

**TWA → Technisch Wetenschappelijk Attachee**

**Uitvinder → Uitvinding**

**Uitvinding** Een nieuw en toepasbaar idee van een uitvinder, die **octrooi** kan aanvragen of het idee op een andere manier kan beschermen. Een uitvinder is iemand die op professionele wijze nieuwe voorwerpen en nieuwe technieken, die in een behoefte voorzien, bedenkt, ontwerpt en ontwikkelt en als zodanig een bijdrage levert aan innoveren. De **Nederlandse Orde van Uitvinders** behartigt de belangen van uitvinders.

**Uitvoeringsorganisatie** • [alg] Organisatie belast met de praktische en operationele uitvoering van wetten en regelgeving en de financiële en administratieve afwikkeling. • [O] Organisatie belast met de uitvoering van innovatiebeleid, zoals **SenterNovem** (Ministerie van EZ), **NWO** (OC&W) en **LASER** (LNV).

**Universiteit** Kennisinstelling met als hoofdtaken het geven van wetenschappelijk onderwijs en het verrichten van wetenschappelijk onderzoek. Een faculteit is een bestuurlijke eenheid binnen een universiteit die zich inhoudelijk onderscheidt door zijn onderwijs- en onderzoekstaken. Een faculteit kan verder zijn onderverdeeld in subfaculteiten en/of instituten. Een vakgroep ('onderzoeksgroep' of 'researchgroep') is een organisatorische eenheid binnen een faculteit of instituut. In de klassieke Europese vakgroep staat de positie van een leidend hoogleraar centraal, met om zich heen een staf van vaste en tijdelijke onderzoekers. In de Amerikaanse en toenemende mate ook in de Europese situatie kunnen in de vakgroep ook meerdere assistent-professors werkzaam zijn. Een vakgroep maakt eigen keuzes over onderzoek en samenwerking met externe partijen (onderzoekers en bedrijven) en kan derhalve worden beschouwd een autonome eenheid binnen een universiteit. Zie ook **Vereniging van Samenwerkende Nederlandse Universiteiten**.

**Utilisatie → Valorisatie**

**Vakgroep → Universiteit**

**Valley** [inn] Naar analogie van Silicon Valley in Californië de benaming voor regionale en inhoudelijke concentraties van kennisontwikkeling en innovatieve bedrijvigheid. Voorbeelden zijn de Food Valley rond Wageningen, de Health Valley rond Nijmegen/Arnhem, Energy Valley in Groningen en de Virtual Reality en Technology Valley in Twente. Zie ook **cluster**.

**Valley of Death** Term uit de wereld van het **venture capital** die refereert aan de periode van een startend bedrijf waarin dat bedrijf nog geen inkomsten genereert en het moeilijk is om financiers te vinden. De *valley of death* vormt een grote bedreiging voor jonge bedrijven. Dat geldt vooral voor bedrijven die zich richten op het op de markt brengen van nieuwe medicijnen. De producten van die bedrijven moeten lange tijd worden uitgetest, zowel preklinisch als klinisch. Deze fase wordt als zeer risicovol beschouwd terwijl de waarde van het bedrijf laag is omdat er nog geen inkomsten zijn.

**Valorisatie** [alg] • Tot waarde brengen. • [inn] Het tot economische

(soms ook ruimer, inclusief maatschappelijke) waarde brengen van de resultaten van wetenschappelijk onderzoek (≈ kennisbenutting, kennisexploitatie en utilisatie). Innoveren is dan een belangrijk kanaal om wetenschappelijke kennis tot waarde te brengen. Omdat valorisatie geen nadere definiëring kent (in aanpak, doel, proces of innovatiemodel), is het net als kennisbenutting, kennisexploitatie en utilisatie een zeer algemeen begrip. Zie ook **screening & scouting**.

**Venture capital** [B] • (VS) *Venture capital* (VC) is een actieve vorm van investeren in jonge ondernemingen. Daarbij moet een vijf tot tien jaar lange nauwe samenwerking tussen de investeerder en de ondernemer(s) leiden tot een zodanig ontwikkeling van de onderneming dat de *venture capitalist* zijn investering met een flinke winst te gelde kan maken. De gehele levenscyclus van een fonds wordt beheerd door een VC-firma. De fondsmanager investeert in jonge ondernemingen door daarvan een pakket aandelen te kopen. De aankoop van aandelen is essentieel voor de transacties: het maximale verlies dat een VC-firma per investering kan lijden, is begrensd tot de aankoopsom van dit aandelenpakket, terwijl de potentiële winst per investering (bij verkoop) in principe onbeperkt is. De fondsmanager investeert in een **portfolio** van bedrijven. De opbouw en het beheer daarvan is een van de sleutelfactoren in het succes van het fonds. • VC zoals dat in de vs bestaat, is in Europa (met uitzondering van het Verenigd Koninkrijk) nooit goed van de grond gekomen. Bij Europese vc-firma's staat de investering centraal en is er veel minder of geen sprake van actieve bemoeienis van de investeerder bij de bedrijfsvoering, strategieontwikkeling of marketing. De Europese *venture capitalist* is veel behoudender en opereert meer als een bank, die geld verstrekt op basis van een verwacht rendement van het bedrijf. Een verschil met een bank is echter dat de *venture capitalist* aandelen in het bedrijf neemt, en de bank typisch geld aan het bedrijf leent. Zie ook **seed capital** en **pre-seed investeringen**.

**Verankering** • [O, alg] Beleidsterm waarmee wordt aangegeven dat tijdelijke beleidsmaatregelen tot een structureel effect leiden. • [O, inn] Duidt aan dat, na afloop van tijdelijke overheidssteun aan innovatieactiviteiten, de opgebouwde samenwerkingsrelaties tussen kennisinstellingen en bedrijven en de gezamenlijke activiteiten blijven bestaan.

**Vereniging van Samenwerkende Nederlandse Universiteiten (vsnu)** Belangenorganisatie met als doel het versterken van de maatschappelijke positie van het wetenschappelijk onderwijs en onderzoek. De vsnu behartigt de belangen van de Nederlandse universiteiten naar kabinet, politiek, overheid en maatschappelijke organisaties. De vsnu fungeert ook als een werkgeversvereniging die overleg voert over de arbeidsvoorwaarden van de universitaire branche. De vsnu is gevestigd in Den Haag en heeft circa 45 medewerkers (www.vsnu.nl).

**Verkenning** [inn] Brede analyse van langetermijnonderzoeksvragen als voorbereiding op het opstellen van een **researchagenda, innovatiebeleid** of **researchprogramma**. Verkenningen worden onder andere uitgevoerd door de **sectorraden**, de **knaw** en de **Adviesraad voor Wetenschaps- en Technologiebeleid**. Verkenningen kunnen zowel technologisch als maatschappelijk/economisch zijn gericht.

**Vernieuwing** → **Innoveren**

**Vidi-subsidie** Subsidie voor onderzoekers die na hun promotie een aantal jaren onderzoek op postdocniveau hebben verricht, toegekend door **nwo** aan jonge, excellente wetenschappers. De subsidie biedt hun de mogelijkheid een eigen vernieuwende onderzoekslijn te ontwikkelen en één of meer onderzoekers aan te stellen. De Vidi-subsidie vormt samen met de Veni- en Vicisubsidies voor jonge onderzoekers en hoogleraren een programma voor honorering van individuele kwaliteit.

**Vitaliseren** • [lett] Tot leven brengen. • [O, inn] ≈ Het losmaken van institutionele verhoudingen met als doel meer dynamiek te brengen in het innovatiesysteem en/of samenwerking tussen partijen te stimuleren.

**VNO-NCW** Koepelorganisatie van werkgevers van grote bedrijven in Nederland (maar niet alleen grote bedrijven). Daarnaast komt MKB-Nederland op voor de belangen van het **MKB**. VNO-NCW voert lobby's op vele gebieden, waaronder innoveren.

**Vraagsturing** • [alg] Marktsturingsmechanisme waarbij de **markt** bepaalt welke producten en diensten worden geleverd, dit in tegenstelling tot aanbodsturing, waarbij de producenten het assortiment producten en diensten bepalen. Vraagsturing wordt algemeen gezien als een effectiever marktsturingsmechanisme dan aanbodsturing. • [W] Bij vraaggestuurd of probleemgestuurd onderzoek zijn in de praktijk vaak onderzoekers (de 'producenten') medebepalend (naast bedrijven en/of overheid als de marktpartij) bij het formuleren van een researchprogramma.

**VSNU → Vereniging van Samenwerkende Nederlandse Universiteiten**

**Wageningen Centre for Food Sciences (WCFS)** Een van de vier **Technologische Topinstituten**. Het instituut richt zich op precompetitief onderzoek en ontwikkeling op het gebied van innovatieve en gezonde voeding en is gevestigd te Wageningen (www.wcfs.nl.

**Waterloopkundig Laboratorium/ Delft Hydraulics** Een **Groot Technologisch Instituut** voor toegepast onderzoek en advies op het brede gebied van aan water gerelateerde vraagstukken. De organisatie is gevestigd in Delft en heeft circa 350 medewerkers (www.wldelft.nl).

**WBSO** De Wet bevordering speuren ontwikkelingswerk (WBSO) is een fiscale regeling van het Ministerie van EZ bedoeld om innoveren binnen bedrijven te stimuleren. Met deze regeling kunnen ondernemers de kosten reduceren van medewerkers die speur- en ontwikkelingswerk doen. Ondernemingen hoeven voor hen minder loonbelasting en premies af te dragen en zelfstandigen krijgen een aftrek voor speur- en ontwikkelingswerk. Het gaat jaarlijks om circa 15.000 aanvragen (vrijwel alleen MKB-bedrijven) en een bedrag van circa 450 miljoen euro. In de werktuigbouwkunde, chemie en elektrotechniek wordt het meeste speur- en ontwikkelingswerk verricht.

**Wetenschap** • [alg] Genereren van kennis volgens wetenschappelijke methodiek: het inductief of deductief opstellen van een hypothese om waargenomen verschijnselen te verklaren, het doen van **experimenten** om de hypothese te falsificeren en (afhankelijk van de uitkomst daarvan) het aanpassen van de hypothese dan wel het opstellen van nieuwe hypothesen. • [alg] De verzamelde kennis als resultaat daar-

van (*body of knowledge*). •
[overdr] **Arena** van de wetenschap.

**Wetenschapsbeleid / Wetenschapsbudget** Beleid dat wordt gemaakt door het Ministerie van OCW (Directie voor Onderzoeks- en Wetenschapsbeleid) ten aanzien van de omvang waarin en de wijze waarop en de instituten waardoor publieke fondsen moeten worden besteed aan het bedrijven van wetenschap in de ruimste zin van het woord. Belangrijke spelers in relatie tot het wetenschapsbeleid zijn naast het Ministerie van OCW, de Ministeries van EZ en LNV en organisaties als NWO en KNAW, de VSNU en individuele universiteiten.

**Wetenschappelijke Raad voor het Regeringsbeleid (WRR)** Onafhankelijke denktank voor de Nederlandse regering. De WRR geeft de regering gevraagd en ongevraagd advies over onderwerpen vanuit een langetermijnperspectief. Deze onderwerpen zijn sectoroverstijgend en hebben betrekking op maatschappelijke vraagstukken waarmee de regering in de toekomst te maken kan krijgen. De WRR-adviezen krijgen hun weerslag in openbare rapporten, die zowel een probleemstellend als een adviserend karakter kunnen hebben. De WRR bestaat uit acht leden en vijf adviserende leden uit de drie arena's. De WRR is gevestigd in Den Haag en wordt ondersteund door een bureau met vijftien medewerkers (www.wrr.nl).

**ZonMw** Intermediaire organisatie die onderzoek, ontwikkeling en implementatie in de gezondheidszorg stimuleert en financiert, gericht op de verbetering van preventie, zorg en gezondheid. De activiteiten van ZonMw bestrijken het hele traject van fundamenteel gezondheidsonderzoek tot en met de praktijk van de gezondheidszorg. De belangrijkste opdrachtgevers en financiers zijn het Ministerie van VWS en NWO. Het totale onderzoeksbudget bedraagt circa 100 miljoen euro. ZonMw is gevestigd in Den Haag en heeft circa 150 medewerkers (www.zonmw.nl).

# Deel III

# Actuele thema's in innovatiesystemen

# 1. Vaccinaties tegen geldverspilling

*Het innovatiesysteem als een levend complex adaptief systeem*

## Waarom blijft een bos een bos?

Voor gewone mensen is het normaal dat een bos, een binnenstad of ons lichaam in de loop van de jaren ongeveer hetzelfde blijven. Voor sommige wetenschappers is deze vanzelfsprekendheid een groot raadsel – en daarmee een bron van inspiratie van nieuw wetenschappelijk onderzoek.

Hoe komt het, vraagt John Holland zich in zijn boek *Hidden Order* (Holland, 1995) af, dat heel verschillende systemen (zoals een bos, een binnenstad of het menselijk immuunsysteem) zo onveranderlijk zijn, terwijl de samenstellende onderdelen steeds veranderen? Goed beschouwd is dat vreemd. Ten eerste is er in dit soort systemen geen centraal gezag: geen grote boswachter die nieuwe boompjes plant op open plekken in het bos, geen autoriteit die regelt dat er voldoende cafés in de stad zijn en geen hersencellen die witte bloedlichaampjes naar een infectie dirigeren. Ten tweede hebben de systeemonderdelen (bijvoorbeeld een boom, een café, of een wit bloedlichaampje) hun eigen, autonome en veranderlijke gedrag. Ten derde is de levenscyclus van deze systeemonderdelen veel korter dan de levenscyclus van het systeem, die in het geval van bossen en binnensteden eeuwen kan bedragen.

Succesvolle systemen bestaan heel lang zonder enige vorm van centrale planning of centraal gezag. Zij zitten kennelijk vol met verborgen mechanismen die veranderingen en bedreigingen dempen of onschadelijk maken. Bovendien zijn zulke systemen adaptief: zij zijn in staat om als geheel te reageren op veranderingen van buitenaf. Dat reactievermogen is niet direct terug te vinden in een van de onderdelen, maar zit ingebakken in het samenspel tussen onderdelen van het systeem. Systemen met deze eigenschappen – complex en adaptief – noemt men CAS: Complexe Adaptieve Systemen. Het wetenschappelijk denken over CAS is ontstaan en verder ontwikkeld in het Amerikaanse Santa Fe Institute.

---

Het Santa Fe Institute (New Mexico, Verenigde Staten) is een onafhankelijk transdisciplinair onderzoeks- en opleidingsinstituut. Het is opgericht in 1984 en heeft zich ontwikkeld tot een uniek instituut waar op onconventionele en inspirerende wijze een nieuw type wetenschappelijke onderzoeksgemeenschap is gecreëerd. Die gemeenschap richt zich op fundamenteel onderzoek in opkomende wetenschappen. De onderzoeksgebieden zijn inter- of transdisciplinair en wisselen in de loop van de tijd: complexe adaptieve systemen, de dynamiek van sociale en economische netwerken, evolutie en ecosystemen. Het instituut fungeert als een denktank voor het Amerikaanse innovatiesysteem: topwetenschappers van Nobelprijsniveau uit verschillende kennisdomeinen stimuleren elkaar tot vernieuwend denken en onderzoek. Er is een wisselende populatie van hoogleraren, postdoconderzoekers, studenten en gastonderzoekers. Zij werken op tijdelijke basis in het Santa Fe Institute en keren dan terug naar hun universiteit. Het instituut is kleinschalig en wordt gefinancierd door de National Science Foundation, het Department of Energy en bijdragen van bedrijven en fondsen. Het jaarlijkse budget is circa 6 miljoen dollar.

---

## Zoeken naar universele begrippen voor systemen

Waarom onderzoeken mensen zoals John Holland zulke complexe adaptieve systemen? Ten eerste om te begrijpen waarom complexe systemen zich zo gedragen. Er is vaak veel bekend over de onderdelen van het systeem en hun relaties, maar waarom het systeem als geheel stabiel is en een eigen gedrag heeft, daarover is merkwaardig genoeg nauwelijks iets bekend. Daarbij komt dat kennis over één systeem, bijvoorbeeld het immuunsysteem, niet bruikbaar is voor het begrijpen van andere systemen. Immunologen praten over 'macrofagen die lichaamsvreemde eiwitten intern binden aan een klasse II MHC-eiwit en dit complex op hun celmembraan presenteren aan T-helpercellen', Belgische sociologen praten over 'flattoezichters met een sociaal-preventieve opdracht die als rechtstreeks aanspreekpunt fungeren voor de bewoners'. In beide gevallen gaat het om een soort bemiddelende rol, wellicht zelfs om hetzelfde proces, maar de begrippenkaders van immunologen en sociologen zijn onderling te verschillend om dat te bevestigen.

De ambitie van CAS-onderzoekers is om tot een universele taal en universele modellen te komen waarmee zij het gedrag van complexe adaptieve systemen kunnen begrijpen. Dat levert meteen lastige fundamentele vragen op. Met welk begrippenkader kan men zowel een bos en een binnenstad als een immuunsysteem adequaat beschrijven? Kan men met een algemeen model de kritieke factoren vinden die het verschil uitmaken tussen een systeem dat een bedreiging overleeft en daar sterker uitkomt, en een systeem dat de bedreiging niet het hoofd kan bieden en ineenstort? En de meest spannende vraag: als de CAS-theorie zich verder ontwikkelt, is het dan mogelijk om aangrijpingspunten voor interventies te vinden, veel beter dan nu mogelijk is?

## Het innovatiesysteem als een CAS

Is het Nederlandse innovatiesysteem als een CAS te beschouwen? Intuïtief is het antwoord ja, wat wordt bevestigd in *Complexity* (Waldrop, 1992), dat de ontstaansgeschiedenis van het Santa Fe Institute uitvoerig beschrijft. Het boek beschrijft hoe John Holland daar in een van zijn eerste presentaties over CAS vertelt dat alle *social systems*, dus ook de *science community*, als een CAS kunnen worden beschouwd. Toch is het goed om deze veronderstelling nader te toetsen en te bezien of de termen waarin het innovatiesysteem gewoonlijk wordt beschreven, passen op het begrippenkader van de cas-theorie.

Centraal in de cas-theorie (en overigens ook in andere systeemtheorieën) is de notie dat het systeem wordt bevolkt door *agents*: autonome partijen die met elkaar tot transacties kunnen komen, daarbij resources (geld, grondstoffen) verbruiken en iets produceren wat nut heeft in het systeem. In het innovatiesysteem zijn dat bijvoorbeeld de partijen die kennis produceren: universiteiten en kennisinstellingen. Andere *agents* zijn organisaties die kennis en technologie benutten om producten en diensten te innoveren. Ook overheden zijn *agents*, omdat zij door middel van geld en faciliteiten andere *agents* helpen om hun doelen te bereiken. Al deze *agents* wisselen met elkaar kennis, geld, mensen en informatie uit. *Agents* die het niet goed doen, kwijnen weg; succesvolle *agents* worden groter, rijker en invloedrijker.

Wil een systeem echter een echt cas zijn, dan moet het vier kenmerkende eigenschappen hebben en drie kenmerkende mechanismen. De eigenschappen zijn: aggregatie, non-lineariteit, *flows* en diversiteit; de mechanismen zijn *tagging, internal models* en *building blocks*.

Tabel 1 geeft een korte omschrijving van deze eigenschappen en mechanismen en laat zien welke verschijnselen in het innovatiesysteem hiermee corresponderen. De conclusie is dat het innovatiesysteem een complex adaptief systeem is.

## cas-lessen voor het innovatiesysteem

Wat betekent de constatering dat het innovatiesysteem een cas is? Ten eerste zou dat kunnen voorkomen dat allerlei verkeerde maatregelen worden genomen en interventies worden gepleegd die tot doel hebben het systeem te verbeteren. Ingrijpen in een complex adaptief systeem zonder de mechanismen en spelregels te kennen, en zonder enig idee van de mogelijke reacties, is nauwelijks beter dan een blinde gok.

Enkele strategieën komen hardnekkig terug, die geen rekening houden met het complexe en adaptieve karakter van het innovatiesysteem. Ze hebben gemeenschappelijk dat ze weinig

| CAS-kenmerk | Omschrijving kenmerk | Fenomeen in innovatie-systeem |
|---|---|---|
| Aggregatie | Het aggregeren van *agents* tot verbanden waarin *agents* onderling transacties plegen dan wel als aggregaat transacties met de buitenwereld plegen | Faculteiten en universiteiten; gezamenlijke onderzoeksprojecten van kennisinstellingen Tijdelijke consortia van bedrijven en kennisinstellingen |
| Non-lineariteit | Systeem vertoont niet-berekenbaar gedrag en reageert onvoorspelbaar | Blijkt uit onverwachte reacties op ingrepen, zie tekst deze paragraaf |
| Flows | De uitwisseling van geld, producten, kennis, informatie e.d. tussen *agents* gedurende een transactie | Geld (financiering van onderzoek en innovaties), mensen (afgestudeerden en onderzoekers die van baan veranderen) en kennis (publicaties, precompetitieve kennis, beschermde kennis) |
| Diversiteit | Systeem heeft verschillende soorten *agents*, *flows* en *building blocks*, lokale variaties en concentratie | Veel soorten *agents* (overheden, bedrijven, universiteiten, GTI's, intermediairs) en aggregatievormen, *flows* en *building blocks* |
| Tagging | Het proces waarin *agents* elkaar herkennen door labels | Aanduidingen van kennisdomeinen, R&D-gebieden en beleidsspeerpunten |
| Internal model | De redenering die een *agent* volgt om keuzes te maken in zijn gedrag t.o.v. andere *agents* | Zichtbaar in researchagenda's, ondernemersplannen e.d. Vaak impliciet als het gaat om keuzes ten aanzien van samenwerking en researchagenda's |
| Building blocks | Stabiele patronen van transacties tussen *agents* die kopieerbaar zijn; variatie in *building blocks* is basis voor lerend gedrag | Vaste *building blocks* voor aggregatie, samenwerking met bedrijven, innovatie-instrumenten overheid |

*(linkermarge: eigenschappen — mechanismen)*

Tabel 1 Het innovatiesysteem als een complex adaptief systeem of niets veranderen aan de aggregaten, de *building blocks* of de *internal models* van het systeem, terwijl daar vermoedelijk de diepere oorzaak ligt van niet goed functioneren. Deze strategieën leiden daarom niet of nauwelijks tot structurele verbeteringen:

- Meer van hetzelfde. Men constateert een tekort aan iets en dat wordt aangevuld: meer geld naar wetenschappelijk onderzoek, meer contacten tussen bedrijven en universiteiten, meer kenniswerkers. Als de 'meer van hetzelfde' oplossing al werkt, werkt het tijdelijk, want het systeem verandert niet structureel.

- Institutionaliseren van het probleem. Om tot een oplossing te komen, richt men een platform, commissie of overlegorgaan op dat het probleem moet oplossen. In die nieuwe institutie zitten precies dezelfde grote partijen die de oorzaak zijn van het probleem, zodat alle belangentegenstellingen blijven bestaan en het systeemgedrag van de partijen zich in miniatuurformaat herhaalt.

- Snel oplossingen wisselen. Men lanceert in zo'n snel tempo steeds nieuwe oplossingen dat het systeem geen kans krijgt (aangenomen dat de oplossing op zich goed is) om de oplossing te absorberen. Het systeem moet zich aanpassen, en het vraagt tijd voordat een nieuw evenwicht is bereikt. Wie te snel evalueert, constateert dat de oplossing niet goed werkt – en introduceert de volgende oplossing. Zo wordt het doel nooit bereikt. De snelle wisselingen in het innovatie-instrumentarium zijn hiervan een voorbeeld.

- Overeind houden van zwakke systeemonderdelen. De Adviesraad voor Wetenschaps- en Technologiebeleid wijst in haar rapport *Innovatie zonder intentie* (AWT, 2005) op het verschijnsel 'overheidsfalen': innovatiebeleid dat weliswaar goed bedoeld is, maar waarvan de kosten uiteindelijk hoger zijn dan de opbrengsten van gemiste innovaties. Het compenseren van de natuurlijke risico's van ondernemers door vormen van schadeloosstelling vanuit de overheid leidt per saldo tot een minder concurrentiekrachtig bedrijfsleven.

## Het belang van stabiliteit

Kan de cas-theorie, behalve verkeerde ingrepen voorkomen, ook tot ideeën leiden van hoe het wel moet? Er zijn twee goede aanknopingspunten om te vermoeden dat dat inderdaad zo is. De eerste is dat een van de eerste inzichten uit de cas-theorie is dat succesvolle systemen veel stabiele *building blocks* bevatten die zichzelf door een natuurlijk selectieproces met kleine stapjes verbeteren. Systemen waarin steeds nieuwe typen *building blocks* worden geïntroduceerd, maken het geheel minder stabiel. Dat geldt in heel verschillende systemen, vanaf cellen tot en met maatschappelijke systemen. Verbetering ontstaat op een effectieve manier als de *building blocks* beschikken over een mechanisme om verschillende strategieën te testen om zich in het systeem te handhaven, als ze feedback krijgen op het succes van die strategie en als ze zichzelf kunnen verbeteren op zo'n wijze dat steeds de beste varianten van de *building blocks* in het systeem overblijven – en het systeem als geheel daarmee ook beter functioneert.

Kleinschalige precompetitieve samenwerkingverbanden tussen universiteiten en bedrijven zijn vermoedelijk een belangrijke *building block* in een innovatiesysteem. In de Verenigde Staten is daarvoor een succesvolle formule ontwikkeld, het iu-crc-model (zie ook thema 6). Dit model is zo succesvol geworden omdat het een stringent ingebouwd leer- en verbetermechanisme heeft. De huidige iucrc-programma's profiteren van meer dan twintig jaar leerervaringen en fouten van vorige versies van het programma. Het leidt tot het inzicht dat ook (of juist) in een innovatiesysteem stabiliteit en prestaties baat hebben bij beproefde formules en dat het van groot belang is om leer- en aanpassingsmechanismen in te bouwen.

Een tweede aanknopingspunt is dat de cas-theorie veel belang hecht aan *tags* (labels waarmee *agents* hun identiteit en bedoelingen aan andere *agents* duidelijk maken). In computersimulaties van cas treedt een grote versnelling van succesvolle transacties op als *agents* de juiste *tags* hebben. Vertaald naar het innovatiesysteem: goede omschrijvingen van kennisgebieden (in zulke bewoordingen dat partijen die kennis zoeken, de juiste aanbieders herkennen) maken dat kennisaanbieders en kennisvragers elkaar sneller vinden en dat hun ontmoetingen effectiever zijn. Dat is, zoals ook in thema 8 zal blijken, gezien de grote taalverschillen tussen arena's geen eenvoudige opgave.

## Vaccinaties voor het innovatiesysteem

Complexe adaptieve systemen leren begrijpen is spannend, maar met dat inzicht opzettelijk ingrijpen is veel spannender. Meer inzicht in cas maakt het niet alleen mogelijk om blokkades voor veranderingen in systemen op te sporen, maar zelfs om een oplossing uit een heel ander systeem te importeren. De laatste mogelijkheid, die aansluit bij de ambities om tot een generieke cas-theorie te komen die voor allerlei soorten systemen geldt, biedt fascinerende mogelijkheden voor heel andere vormen van innovatiebeleid en -instrumenten.

Het voorbeeld dat John Holland zelf graag gebruikt, is de vaccinatie. Dat is een ingreep in het immuunsysteem waardoor op kunstmatige wijze (namelijk door het toedienen van verzwakt antigeen) ons afweersysteem wordt gewapend tegen een infectie met een echte ziekteverwekker. Ons afweersysteem reageert op het verzwakte antigeen met de aanmaak van afweerstoffen zonder dat we ziek worden, en – belangrijker – deze reactie wordt in het geheugen van het afweersysteem opgeslagen. Zo kan bij een volgende infectie met de echte ziekteverwekker het afweersysteem sneller en effectiever reageren. Het lichaam weet namelijk al welke antilichamen moeten worden aangemaakt.

Werkelijk inzicht in complexe adaptieve systemen zou kunnen betekenen dat de oplossing 'vaccinatie' in algemene zin kan worden beschreven. Dan kunnen vaccinaties worden getransformeerd naar andere systemen. Het wordt dan misschien mogelijk om een innovatiesysteem te vaccineren tegen de verspilling van *venture capital* in een vroege fase van een innovatietraject, of een pc te voorzien van kennis van wat 'eigen' software en tekstbestanden zijn, zodat al het andere, zoals virussen en spam, automatisch wordt verwijderd.

## Vrijplaats voor nieuwe wetenschappen

Hoe komt het eigenlijk dat in het Santa Fe Institute, dat midden in een woestijn ligt, de vraag werd gesteld waarom een bos een bos blijft, en dat het een bron is van een voortdurende stroom onverwachte vragen? Het zijn bepaald geen vragen die beleidsmakers of bedrijven snel zullen formuleren, hoewel de antwoorden daarop (als de CAS-theorie verder is uitgebouwd) zeer relevant voor de arena's van het bedrijfsleven en de overheid zouden kunnen zijn.

Santa Fe is een vrijplaats waar dit soort vragen gesteld kan worden, niet gehinderd door de noodzaak om 'toepassingsgericht onderzoek' te doen – zoals in de begindagen van de universiteiten, die pure wetenschap omwille van de wetenschap bedreven. In de ogen van het grote publiek en veel beleidsmakers zijn wetenschappers tegenwoordig mensen die problemen oplossen, kant-en-klare kennis aandragen voor commercieel interessante innovaties en zorgen voor een wetenschappelijke onderbouwing van feiten, liefst zo solide en onomstreden dat daarop beleid kan worden gebouwd en beslissingen kunnen worden genomen. In de kern is wetenschap daar niet voor bedoeld, maar in het huidige innovatiesysteem is veel onderzoek expliciet gericht op enige vorm van economische of maatschappelijke relevantie, op de korte of langere termijn. In het Santa Fe Institute is bewust ruimte gecreëerd om tot onverwachte vragen te komen.

Een ander opvallend verschil met andere kennisinstellingen is dat het Santa Fe Institute niet werkt aan het uitbreiden en versterken van bestaande kennisdomeinen. Het gaat juist om het scherp formuleren van vragen die ontstaan bij het zoeken naar nieuwe verbindingen tussen kennisdomeinen. In het volgende thema wordt de metafoor gebruikt van de kennisboom, waarvan de takken (de wetenschappelijke disciplines) steeds verder uit elkaar groeien zodat er lege ruimten tussen de takken ontstaan. De wetenschappelijke vragen in zulke lege ruimten kunnen niet in de 'oude' begrippen van de bestaande kennisdomeinen worden uitgedrukt, maar vragen om een gezamenlijke taal. Die taal moet worden ontwikkeld en dat kost tijd. Een nieuw wetenschapsgebiedje dat tussen de takken ontstaat, is niet te etiketteren met de namen van de gevestigde kennisdomeinen, zoals 'biotechnologie', 'milieukunde' of 'economie'. Het krijgt vaak ook geen naam, tenzij het uitgroeit tot een afzonderlijk en algemeen erkend nieuw kennisdomein.

Cybernetica is een vroeg voorbeeld van een wetenschapsgebied dat is ontstaan uit verschillende takken van de kennisboom en uitgroeide tot een nieuwe tak. Het is de wetenschap van controle en feedbackmechanismen in systemen. Al vóór de Tweede Wereldoorlog beseften de wiskundige Norbert Wiener en de neurofysioloog Arturo Rosenbluth het grote belang van nieuwe kenniscombinaties. Zij vormden bij het Massachusetts Institute of Technology interdisciplinaire groepjes onderzoekers. Rond 1940 ontstond uit een daarvan een nieuw kennisgebied, de cybernetica. Het combineerde heel verschillende kennisdomeinen – wiskunde, elektrotechniek en neurofysiologie – en ging uit van de toen relatief nieuwe gedachte dat er zoiets als 'systemen' bestaan – en dat daarvoor eigen regels en wetten golden. In 1948 verscheen Wieners klassieke boek *Cybernetics*, waarmee hij in één keer het nieuwe kennisdomein stevig neerzette. Het boek bevatte een nieuw begrippenkader om controlesystemen te beschrijven, onafhankelijk van de aard van het systeem. Termen zoals 'zelfsturing', 'terugkoppeling' en 'homeostase' zijn universeel bruikbare begrippen gebleken.

Decennialang bleek de cybernetica een krachtig concept om opnieuw te kijken naar bestaande vraagstukken op vele gebieden. Het ontwerpen van robots, verkeers- en productiesystemen, kennis over de werking van het zenuwstelsel, bedrijfskunde, ontwerp van computers, politicologie en sociologie: deze systeembenadering was een nieuwe impuls voor bestaande kennisdomeinen. Vanuit de cybernetica ontstonden nieuwe *tools*, zoals systeemanalyse, numerieke simulatie en neurale netwerken. De historie van de cybernetica laat goed zien hoe vanuit een onverwachte, fundamentele vraagstelling talloze praktische toepassingen voortkomen. Het laat ook fraai de kracht van een universeel begrippenkader zien, die het mogelijk maakt om controlemechanismen van het ene systeem naar het andere te kopiëren.

# 2. 'Das gelingt nicht leicht und nicht sofort'

## Waarom Schumpeters ideeën na 100 jaar nog springlevend zijn

### De beste econoom van de wereld

In 1911 komt *Theorie der wirtschaftlichen Entwicklung* (Schumpeter, 1911) uit, het tweede boek van Joseph Alois Schumpeter (1883-1950), een jonge Oostenrijkse econoom die zich had voorgenomen om de beste minnaar van Wenen te worden, de beste ruiter van Europa en de beste econoom van de wereld. Op latere leeftijd verzuchtte hij dat slechts twee van zijn ambities waren verwezenlijkt.

Schumpeter opent in het eerste hoofdstuk met de meesterzet een beschrijving te geven van de economie als een systeem dat zich principieel in een toestand van evenwicht bevindt. In deze 'statische economie' komen verschillen tussen vraag en aanbod in balans, prijzen voegen zich volgens de regels, producten vinden hun weg naar consumenten, die op rationele gronden hun keuzes maken. De economie groeit in deze beschrijving langzaam maar gestaag en betrouwbaar, aangedreven door een geleidelijke toename van de bevolking, de benutting van natuurlijke hulpstoffen en gefinancierd door geleidelijk toenemende spaartegoeden en kapitaal. Producten en diensten worden geleidelijk en voorspelbaar verbeterd. Dit is een wereld waarin vraag- en aanbodcurven elkaar keurig vinden en waarin cijfers betrouwbaar geëxtrapoleerd kunnen worden tot prognoses in een verre toekomst.

Dan betoogt Schumpeter in het tweede hoofdstuk dat het in werkelijkheid helemaal niet zo gaat. In werkelijkheid gaat de economie schoksgewijs. Het 'oude' evenwicht wordt opeens verbroken en er ontstaat een nieuw evenwicht, met nieuwe verhoudingen tussen organisaties, met nieuwe soorten producten en met nieuwe markten. Die schokken zijn geen hinderlijke verstoringen van het evenwicht, maar integendeel juist de stimuli die de economie vooruit brengen en voor de *Entwicklung* zorgen. Hier noemt Schumpeter het woord innovatie, dat hij definieert als de commerciële of industriële toepassing van iets nieuws, wat leidt tot een schoksgewijze verandering. Schumpeter vat 'iets nieuws' ruim op: het kan een nieuw product zijn, een nieuw productieproces, een nieuwe markt, grondstof of halffabrikaat of nieuwe commerciële of financiële relaties tussen organisaties.

Innovaties zijn volgens Schumpeter noodzakelijke stimuli tot economische ontwikkeling. Zij ontstaan door nieuwe combinaties van productiemiddelen. Het is de functie van de ondernemer om zulke combinaties tot waarde te brengen en de benodigde productiemiddelen te (her)organiseren. Hij zal financiering moeten vinden om met deze combinaties nieuwe producten te maken. Ten slotte wacht hem de opgave zich een plaats te bevechten in bestaande of nieuwe markten, wat niet gemakkelijk is: 'Das gelingt nicht leicht und nicht sofort.' En passant merkt hij ook op dat het runnen van een bedrijf dat in de statische toestand opereert (en dus niet innoveert) geen echt ondernemen is, maar eerder het beheren van een oude, beproefde combinatie van productiemiddelen. Eigenschappen als visie en initiatief beschouwt hij als onmisbaar voor de echte ondernemer, maar als weinig zinvol voor iemand die routinematig een bedrijf leidt.

## Neue Kombinationen stimuleren de economie

Schumpeter vat zijn betoog samen in hoofdstuk 2 van *Theorie der wirtschaftlichen Entwicklung*. Hij geeft aan hoe innovaties een statische economie in beweging brengen en formuleert krachtig de noodzaak om met intelligentie en energie alles in het werk te stellen om nieuwe combinaties tot economische waarde te brengen – daarin ligt de rol van de echte ondernemer.

*'Fassen wir zusammen: Das Wesen der wirtschaftlichen Entwicklung liegt darin, daß die Produktionsmittel, die bisher bestimmten statischen Verwendungen zugeführt wurden, aus dieser Bahn abgelenkt und in den Dienst neuer Zwecke gestellt werden. Diesen Vorgang bezeichnen wir als die Durchsetzung neuer Kombinationen. Und diese neue Kombinationen setzen sich nicht gleichsam von selbst durch, wie die gewohnten Kombinationen der Statik, sondern es bedarf dazu einer Intelligenz und Energie, die nur einer Minorität der Wirtschaftssubjekte eigen ist. In der Durchführung dieser neuen Kombinationen liegt die eigentliche Funktion des Unternehmers.'*\*

Velen menen dat het Schumpeter om de 'Neue Kombinationen' ging, zijn twee meest geciteerde woorden. Maar Schumpeter was econoom, misschien toen al wel de beste van de wereld, en daarom benadrukt hij dat het niet gaat om het vormen van nieuwe combinaties, maar om het tot toepassing brengen daarvan ('das Durchsetzen'), waarbij hij ook constateert dat de functie van 'uitvinder' en 'ondernemer' in principe twee heel verschillende zijn.

*'Wir sehen nun, warum wir soviel Gewicht auf das Durchsetzen der neuen Kombinationen legten und nicht auf ihr 'Finden' oder 'Erfinden'. Die Funktion des Erfinders oder überhaupt des Tech-*

---

\* 'Laten wij dit samenvatten: het wezen van de economische ontwikkeling is dat de productiemiddelen die eerder werden ingezet voor specifieke toepassingen in de statische economie, een andere bestemming krijgen en in dienst van nieuwe doelen worden gesteld. Dit proces noemen wij het toepassen van nieuwe combinaties. En deze nieuwe combinaties komen niet vanzelf en gelijkmatig tot toepassing, zoals de gewone combinaties van de statische economie, maar dat vergt een intelligentie en energie die slechts een klein deel van de economisch actieve actoren bezit. In het tot toepassing brengen van deze nieuwe combinaties ligt de eigenlijke functie van de ondernemer.'

*nikers und die des Unternehmers fallen nicht zusammen. Der*
*Unternehmer kan auch Erfinder sein und umgekehrt, aber*
*grundsätlich nur zufälligerweise."*

Maar hoe bouw je zulke nieuwe combinaties in het innovatiesysteem? De sleutel ligt in het systematisch zoeken naar of vormen van nieuwe kenniscombinaties (het *Finden* en *Erfinden*). De
economische impact (het *Durchsetzen*) wordt echter bepaald
door het organiseren van netwerken van kennisinstellingen
met grote bedrijven en kleine bedrijven die met behulp van
deze kennis kwalitatieve innovaties realiseren.

Voordat echter dit formeren en tot exploitatie brengen van
kenniscombinaties aan de orde komen, moet eerst een sterk
complicerende factor worden benoemd. De ontwikkeling van
kennis in de wetenschappelijke arena gebeurt volgens de wetten die daar heersen. Juist deze wetten maken dat de groei van
wetenschappelijke kennis niet in de richting gaat van nieuwe
combinaties tussen disciplines, maar de neiging heeft tot
steeds verdergaande specialisatie.

## De vertakkende kennisboom

De ontwikkeling van de wetenschap is vanaf het begin van de
achttiende eeuw steeds sneller gegaan. De deductieve methoden van wetenschapsbeoefening, de explosieve uitbreiding van
het aantal actieve onderzoekers en de facultaire structuur van
de universiteiten met steeds meer leerstoelen en vakgroepen
leidden tot het ontstaan van duizenden specialisaties. Zodra in
een nieuw wetenschapsgebied een voldoende groot aantal we-
tenschapsbeoefenaren actief was, ontstonden als vanzelf sub-
gebieden. Zo is als het ware een 'kennisboom' gegroeid die be-

---

* 'Nu zien wij waarom wij zo veel nadruk hebben gelegd op het tot toepassing brengen van de nieuwe combinaties, en niet op het vinden of vormen
daarvan. De functie van degene die combinaties vormt (of algemeen die van
de technicus) valt niet samen met die van de ondernemer. De ondernemer
kan degene zijn die nieuwe combinaties vormt en omgekeerd, maar dat is
in beginsel slechts een toevalligheid.'

staat uit een aantal hoofdtakken die zich vertakten in een groot aantal verschillende disciplines en duizenden specialismen. Dit proces vond plaats aan alle fronten van de wetenschap en het meest explosief in de bètawetenschappen. De gangbare wijze van beoordeling van wetenschappelijke prestaties, publicaties in wetenschappelijke tijdschriften, begunstigt deze specialisatie: op een enkele uitzondering zoals *Science* na zijn de vele honderden wetenschappelijke tijdschriften inhoudelijk gespecialiseerd en vormen zij een nauwkeurige afspiegeling van de inhoudelijke segmentatie van wetenschappelijke activiteiten.

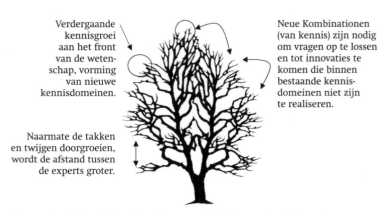

Verdergaande kennisgroei aan het front van de wetenschap, vorming van nieuwe kennisdomeinen.

Naarmate de takken en twijgen doorgroeien, wordt de afstand tussen de experts groter.

Neue Kombinationen (van kennis) zijn nodig om vragen op te lossen en tot innovaties te komen die binnen bestaande kennisdomeinen niet zijn te realiseren.

**Figuur 4 - de 'kennisboom' en nieuwe combinaties van kennisdomeinen**

De afstanden in de kennisboom zijn omgekeerd evenredig met het gemak van communicatie en samenwerking tussen onderzoekers. Naarmate de afstand tussen twijgjes, takjes en takken groter is, zullen onderzoekers minder van elkaar begrijpen, omdat tijdens de groei van de kennisboom elke specialisatie ook een eigen begrippenkader, jargon en onderzoeksmethoden ontwikkelt. De beruchte kloof tussen de alfa- en bètawetenschappen (twee lang geleden uit elkaar gegroeide hoofdtakken) laat zien dat de afstand zo groot kan worden dat het erg moeilijk wordt om te komen tot gezamenlijke definities, onderzoeksopzetten en interpretaties van resultaten.

Daar ligt ook de uitdaging van nieuwe combinaties. Wie

Het vakgebied van de chemie, een van de hoofdtakken van de kennisboom, is een goed voorbeeld van de manier waarop de wetenschap zich vertakt. De chemie specialiseerde zich in de achttiende eeuw langzaam als een aparte tak binnen de natuurwetenschappen. Gewone chemici negeerden levende organismen, omdat zij zich niet konden voorstellen dat daarin voor hen analyseerbare chemische verbindingen konden voorkomen. Omgekeerd waren biologen (in hun tak) vooral bezig met de vormen en functies van planten en dieren, waarbij zij zich niet konden voorstellen dat chemische verbindingen daarin enige rol zouden spelen. Aan het eind van de negentiende eeuw werd steeds duidelijker dat ook in levende organismen de wetten van de chemie gelden. In 1897 lukte het Buchner om suiker tot alcohol te vergisten in een 'dood' extract van gistcellen. In 1901 werd het hormoon epinefrine gezuiverd en het kon twee jaar later al synthetisch worden vervaardigd. Aan de kennisboom verscheen de nieuwe loot van de biochemie, een term die in 1903 voor het eerst werd gebruikt. De biochemie vertakte zich langzaam verder, met steeds meer eigen specialisaties. Toen Watson en Crick in 1953 de structuur van DNA beschreven, was dat de start van een nieuw kennisdomein dat tot de moleculaire genetica zou uitgroeien. Vanaf circa 1970 breidde dit domein zich snel uit en vormde vele specialisaties, zoals transcriptomics: de wijze waarop in de celkern de DNA-code wordt afgelezen, als eerste stap in de eiwitsynthese. Ongetwijfeld zullen in de toekomst ook vanuit de transcriptomics nieuwe zijscheuten ontstaan.

zoekt naar nieuwe kenniscombinaties, moet niet binnen een beperkt kennisgebied zoeken (waar combinaties op den duur ook wel spontaan zullen ontstaan), maar zich richten op de takken die zover uiteen zijn gelegen dat onderzoekers elkaar niet vanzelf zullen ontmoeten of begrijpen.

## Enzymen vastgeplakt in kanaaltjes

Op een zonnige zomerdag in 2002 passeert een delegatie onderzoekers de poort van een groot chemisch concern om daar de researchcoördinator te spreken. Zij hebben plannen bij zich, en wel voor PoaC. Dat is de afkorting voor Process on a Chip: een chemische fabriek op miniatuurformaat, met kanaaltjes, kleppen en mengvaatjes, aangebracht op een stukje silicium of plastic van één vierkante centimeter. De delegatie rijdt langs indrukwekkend grote installaties, reactorvaten en pijpleidingen, die een intensieve en massale productie van allerlei chemicaliën doen vermoeden. Men heeft zich goed voorbereid.

Jan van Hest, beoogd leider van het PoaC-programma dat binnenkort moet gaan starten, legt duidelijk uit wat de innovatieve aspecten daarvan zijn. Het gaat erom, zo begint hij zijn verhaal, dat dankzij PoaC chemische reacties onder zeer gecontroleerde condities en op kleine schaal kunnen worden uitgevoerd. Dit levert grote besparingen op aan oplosmiddelen en minder synthesestappen. Bovendien zijn chips heel snel af te koelen en op te warmen, veel sneller dan een groot reactorvat. Door enzymen in de goede volgorde in de kanaaltjes van de chip vast te plakken kan men op een heel kleine oppervlakte toch ingewikkelde chemicaliën synthetiseren. PoaC, zo wordt benadrukt, is ontstaan omdat de expertise van drie vakgroepen is gecombineerd tot een nieuw concept dat geen van hen afzonderlijk zou kunnen realiseren. De vakgroep van Van Hest, werkzaam bij (toen nog geheten) de Katholieke Universiteit Nijmegen, weet alles van organische chemie (en is dus kind aan huis bij het chemische concern). De Universiteit Twente levert de kennis om chips te maken en de Universiteit van Wageningen de procestechnologische kennis. Deze unieke kenniscombinatie is de basis voor het PoaC-programma.

Het woord is aan de researchcoördinator van het chemische concern. Het blijft even stil en de delegatie kijkt onwillekeurig even uit het raam – het verschil tussen de minieme afmetingen van de chip en de installaties buiten is nog nooit zo opvallend geweest. Dan vertelt de researchcoördinator dat hij zelf is gaan rekenen. Met 500 parallelle chips is er genoeg capaciteit voor serieuze productie, zo blijkt. En er zijn andere voordelen. Nu is het vaak zo dat de synthese van een ingewikkelde verbinding op laboratoriumschaal prima kan verlopen, maar om tot commerciële productie te komen moet in feite het hele proces opnieuw worden ontworpen en uitgetest, wat veel tijd kost.

Maar als de ontwikkelingsfase op een chip gebeurt, is de daaropvolgende opschaling slechts een kwestie van méér chips maken. Dat scheelt al gauw zes tot negen maanden in de *time to market*. Dat verschil is bij de omzetten en investeringen van een groot chemisch concern heel interessant. Na twee uur staat de delegatie opgewekt weer buiten.

## Een kaart van nieuwe kenniscombinaties

Het initiatief van Process on a Chip is niet toevallig ontstaan. Het is het resultaat van een bewuste zoektocht in Oost-Nederland naar complementaire kenniscombinaties tussen de universiteiten van Twente, Nijmegen en Wageningen (maar elke combinatie van nabij gelegen en in karakter verschillende kennisinstellingen zou een aantal van zulke combinaties kunnen opleveren). Deze zoektocht werd in het jaar 2000 uitgevoerd. Opzettelijk werd niet gestart vanuit een analyse van de kennisvraag, maar vanuit een inventarisatie van vakgroepen van de universiteiten van Twente, Nijmegen en Wageningen die naar het eigen oordeel van deze universiteiten tot de toplaag van het onderzoek behoorden. De betrokken onderzoeksleiders werd gevraagd naar hun plannen, hun ambities en de belangrijkste trends die zij binnen hun eigen vakgebieden zagen. Bovendien werd in kaart gebracht met welke bedrijven zij al samenwerkten (in precompetitieve programma's of in de vorm van contractresearch).

Vervolgens werd gezocht naar combinaties van steeds drie onderzoeksgroepen die níét met elkaar samenwerkten en elkaar niet of nauwelijks kenden. In termen van de kennisboom: er werden drie taken bij elkaar gebogen die uiteen waren gegroeid. De opstellers van de kenniskaart, met een langdurige ervaring in het analyseren van de kennisvragen van het bedrijfsleven en de overheid, richtten zich met opzet niet op specifieke toepassingen, maar op de generieke mogelijkheden van zulke kenniscombinaties. Stel eens, zo redeneerden zij, dat chiptechnologie wordt gecombineerd met technologieën om biologisch actieve moleculen nauwkeurig op zo'n chip te plaatsen, wat zou dat kunnen betekenen voor farmaceutische bedrijven? Of stel dat kennis op het gebied van domotica wordt gecombineerd met gerontologie en gedragswetenschappen, wat zou dat betekenen voor de wijze waarop de zorgsector omgaat met het probleem van vergrijzing?

De NEW Kenniskaart, het resultaat van de zoektocht, telde vijftien van zulke nieuwe, complementaire kenniscombinaties, met een breed spectrum van commerciële en/of maatschappelijke toepassingen. Dit was een concrete kans voor Oost-Nederland om door onderscheidende kenniscombinaties invulling te geven aan het beleid om de regionale kennisinfrastructuur te versterken.

## Homogene en heterogene netwerken

Met de opmerking van Schumpeter in gedachten dat het niet gaat om het *Erfinden* van nieuwe combinaties, maar om de *Durchführung*, is het goed om hier te wijzen op het feit dat de groeiende kennisboom niet alleen lastig is voor onderzoekers, maar nog meer voor ondernemers. Met de groei van het aantal specialisaties wordt het voor bedrijven steeds moeilijker om precies die kennis uit de kennisboom te verkrijgen die nodig is voor innovaties of voor het oplossen van problemen.

In de praktijk ontstaan daarom vooral zogenoemde homogene netwerken: netwerken van organisaties die hetzelfde kennisdomein delen en een historie van samenwerking binnen dat kennisdomein hebben. Homogene netwerken bestaan tussen onderzoekers (bijvoorbeeld celbiologen onder elkaar of sociologen onder elkaar) en worden daar gevormd door wetenschappers in één discipline. Ze bestaan ook tussen bedrijven (bijvoorbeeld machinebouwers met een aantal toeleveranciers uit de metaal- en mechatronicasector). Ten slotte bestaan er ook homogene netwerken tussen universiteiten en bedrijven, bijvoorbeeld chemiebedrijven die (via hun R&D-afdeling) contacten hebben met onderzoekers in de verschillende chemiespecialisaties bij universiteiten.

In tegenstelling tot homogene netwerken bestaan er ook heterogene netwerken: een geheel van onderling verbonden homogene netwerken. In dat soort netwerken ontstaan nieuwe verbindingen tussen eerder gescheiden kennisdomeinen met nieuwe kansen op doorbraken en innovatie. Deze verbindingen worden concreet door wetenschappers die hun blikveld willen verruimen en zich andere kennisdomeinen eigen willen maken, of door bedrijven die beseffen dat zij andere kennis nodig hebben dan hun homogene netwerk kan leveren. Van heterogene netwerken kan een grote innovatieve kracht uitgaan. Process on a Chip is daar een goed voorbeeld van. Het is ontstaan vanuit een bewust gecreëerde kenniscombinatie en groeide tot een consortium waarin naast kennisinstellingen kleine en grote bedrijven participeren en meefinancieren.

Het belang van heterogene netwerken reikt verder dan alleen het specifieke werkterrein van het netwerk. Het leidt ook tot een versterking van het innovatiesysteem als geheel. Een verkenning (AWT, 2001) van de Adviesraad voor Wetenschaps- en Technologiebeleid adviseert om in te zetten op excellentie en op het stimuleren van persoonsgebonden interactie om het functioneren van het innovatiesysteem te verbeteren. Het rapport, een van de vele rapporten die zich hebben gebogen over de als teleurstellend ervaren prestaties van het Nederlandse innovatiesysteem, constateert als een van de oorzaken daarvan 'een gebrek aan vanzelfsprekendheid in het elkaar opzoeken'.

Het vormen van heterogene netwerken is een goed mechanisme om zulke nieuwe contacten op te bouwen. Sterke homogene netwerken bestaan vaak rond topwetenschappers in één discipline. Door toponderzoekers, met hun bestaande contacten in de arena's, bijeen te brengen op nieuwe thema's, ontstaan heterogene netwerken. Zulke netwerken, die in hoge mate van persoonlijke kwaliteiten afhangen en veel minder van de organisaties die zij vertegenwoordigen, kunnen uitstijgen boven disciplinaire grenzen. Zo vormen zij de basis voor baanbrekende industriële en maatschappelijke innovaties. Het koppelen van bestaande homogene netwerken tot nieuwe heterogene netwerken, verbonden door de persoonlijke inzet van toponderzoekers, is beleidsmatig nog nauwelijks onderkend als een essentieel verschil tussen het stimuleren van méér van het bestaande, en het stimuleren van werkelijke vernieuwing van de kennisinfrastructuur.

## Bouwen van heterogene netwerken

Het vormen van heterogene netwerken is niet eenvoudig. Ten eerste zijn er slechts weinigen die als voortrekkers de brugfunctie tussen homogene netwerken kunnen vervullen – het is een gespecialiseerd beroep geworden. Ten tweede is er de natuurlijke neiging van de mens om binnen de vertrouwde omgeving te blijven. Maar er zijn wel enkele goed bruikbare ingrediënten voor het bouwen van heterogene netwerken:

- Begin met het in kaart brengen van bestaande en goed functionerende netwerken en hun belangrijkste deelnemers. Dit kunnen zowel netwerken van onderzoekers zijn als netwerken van bedrijven en andere kennisafnemers, of gemengde netwerken. Veel van zulke netwerken functioneren al op nationaal, regionaal of lokaal niveau en verenigen de innovatieve spelers in het betreffende kennisdomein.

- Zet mensen in die de kennis en vaardigheden hebben om sleutelspelers te herkennen en bestaande netwerken aaneen te knopen. Zij kunnen dit bijvoorbeeld doen door nieuwe kenniscombinaties op te sporen. Zij kunnen in bestaande netwerken verkennen of daar kansen voor bestaan. Zij kunnen (pilot)projecten initiëren waarin kennisvragen (van bedrijven of van de overheid) worden beantwoord en waarin partijen al doende leren hoe samenwerking tussen hun netwerken gerealiseerd kan worden.

- Stimuleer en ondersteun de nieuwe bedrijvigheid die zich ontwikkelt vanuit zulke kenniscombinaties. Dat kan bijvoorbeeld door coaching van startende ondernemers, door het beschikbaar stellen van faciliteiten (zoals *facility sharing* van apparatuur of laboratoria) en door financiële ondersteuning of garantiestelling in de risicovolle eerste fase van een nieuw bedrijf.

De vorming van heterogene netwerken kan door overheden en intermediair worden geïnitieerd en gestimuleerd, maar het hangt van de deelnemers in de arena van de wetenschap en het bedrijfsleven af of het echt werkt. Waar dat lukt, zijn ze een krachtig middel om de nadelen van specialisatie te compenseren en kunnen zij de bron vormen van vele nieuwe innovaties – die niet voorspeld kunnen worden.

Nog eenmaal is het woord aan Schumpeter, die opmerkt dat innovaties vanuit *Neue Kombinationen* vaak niet kunnen ontstaan vanuit de 'oude technologie'. Zet zo veel postkoetsbouwers op een rij als je wilt, zegt Schumpeter, maar zij zullen geen spoorweg uitvinden. Dat betekent dat een innovatie vaak geheel onverwacht komt voor diegenen die in de statische modus hun onderneming runnen:

*'Während in dem Verhalten jedes statischen Wirtschaftssubjektes das Verhalten aller anderen statischen Wirtschaftssubjekte berücksichtigt und vorausgesetzt wird, tritt das Tun der nichtstatischen Wirtschaftssubjekte als unvorhergesehenes Ereignis auf, dem der Wirtschaftsplan der ersteren nicht Rechnung getragen hat\*.'*

Schumpeter beschrijft in deze laatste zin niets minder dan de *disruptive technology*, de sluipmoordenares van het volgende thema, die bedrijven met bestaande technologieën bedreigt en pas zichtbaar wordt als het (bijna) te laat is ...

---

\*  'Terwijl in het handelen van actoren in de statische economie het eerdere handelen van alle andere actoren verdisconteerd is, en op hun toekomstig handelen wordt geanticipeerd, is het handelen van niet-statische actoren een onvoorspelbare gebeurtenis, waarmee in de plannen van de statische actoren geen rekening is gehouden.'

# 3. Sluipmoordenaressen uit de kelder

## Disruptive technologies *bedreigen gevestigde bedrijven en oude technologieën*

### Stil oprukkende technologieën

De theorie en de praktijk van innoveren in het bedrijfsleven hebben de afgelopen decennia een schat aan methoden en hulpmiddelen opgeleverd. Bedrijven die het strategische belang van innoveren onderkennen en daarin investeren, hebben hun zaakjes op orde. Zij hebben, als zij eigen R&D-activiteiten uitvoeren, deze goed georganiseerd in hun laboratoria. Zo niet, dan besteden zij onderzoek uit aan universiteiten, onderzoeksorganisaties zoals (in Nederland) TNO en de grote technologische instellingen, of aan hun toeleveranciers. Zij hebben contacten met een kring van universitaire onderzoekers in de wetenschappelijke arena in de kennisdomeinen die voor hen interessant zijn. Zo houden zij voeling met de laatste technologische ontwikkelingen. Waar dat opportuun is, nemen zij samen met andere bedrijven deel aan precompetitief onderzoek om tegen relatief lage kosten op de hoogte te blijven van de ontwikkelingen. Zij organiseren regelmatig marktonderzoek, vragen hun klanten wat zij verder nog zouden wensen en laten de trends in hun markten analyseren. Zij optimaliseren periodiek hun portfolio van researchprojecten. Achter de zetels van hun R&D-managers staat een kast vol innovatieliteratuur. Wat kán hier nog fout gaan?

Clayton M. Christensen geeft in zijn boek *The Innovator's Dilemma* (Christensen, 1997) het antwoord: de gevaarlijkste dreiging komt van onderaf. Niet van de bestaande concurrenten, niet vanuit de kennisdomeinen die het bedrijf zo strategisch observeert. Aan de onderkant knaagt de *disruptive technology*. De aanloop kan langdurig zijn, maar opeens verschijnt zij, aanvankelijk vermomd als een inferieure technologie op een kleine, onbelangrijke markt. Op het moment dat de *disruptive technology* zichtbaar wordt, is het eigenlijk al te laat ...

## De opmars van de liquid crystals

De Oostenrijkse botanicus Friedrick Reinitzer ontdekte in 1888 een merkwaardige organische verbinding, cholesterylbenzoaat, die twee verschillende smeltpunten had: de vaste stof veranderde bij 145 °C in een troebele vloeistof, en bij 179 °C veranderde dit in een heldere vloeistof. Dit type verbinding werd een *liquid crystal* genoemd. Decennialang was dit niet meer dan een buitenissig natuurverschijnsel dat verder geen aandacht trok.

Pas in 1963 bedachten de Amerikaanse onderzoekers Richard Williams en George Heilmeier dat zulke verbindingen konden worden gebruikt om een display te maken, een *liquid crystal display* (LCD), om informatie te presenteren. In 1968 wist Heilmeier een stabiel LCD te fabriceren dat met een elektrisch veld kon worden omgeschakeld van troebel naar helder en andersom. En daarmee startte een nieuwe cyclus van vraaggestuurde innovatie om de optimale *liquid crystal* te vinden. Na veel zoeken werd zo'n tien jaar later de synthetische verbinding MBBA ontwikkeld (p-methoxybenzylideen-p-n-butylaniline), die bij kamertemperatuur (dat was praktischer dan schakelen bij 179 °C) van helderheid kan veranderen. Commerciële toepassingen braken toen snel door, overal waar kleine, energiezuinige en stevige displays nodig waren, zoals in horloges en zakrekenmachines. De conventionele tv-beeldbuizen leken onaantastbaar, want LCD's waren daarvoor te onhandig en hadden maar één kleur. Maar de ontwikkeling van LCD's ging in hoog tempo verder. Ze werden kleiner en ze werden steeds goedkoper. Begin jaren negentig braken ze door op de markt voor laptops. Slechts een paar jaar later startte hun opmars op de consumentenmarkt van televisies. De ouderwetse beeldbuizen worden nauwelijks meer verkocht in westerse landen. Begin 2005 was de prijs van LCD-beeldschermen ruim veertig procent gedaald ten opzichte van begin 2004. Philips maakte in het eerste kwartaal van 2005 voor het eerst een verlies op zijn LCD-divisie (een joint venture met het Koreaanse bedrijf LG) van 66 miljoen euro – een duidelijker teken was er niet dat het technologiegebied van de LCD volwassen was geworden.

Dit is de nachtmerrie van gevestigde bedrijven en vooral van hun R&D-managers – een doorbraak met een groot potentieel op innovatieve toepassingen die pas laat wordt herkend. Veertig jaar na Reinitzers vondst, in 1927, bouwde Philo T. Farnsworth al de eerste werkende tv met een kathodebuis (Schwarz, 2002). Maar geen van de tientallen en later honderden onderzoekers die vanaf die tijd werkten aan het verbeteren van deze beeldbuizen, kwam op de gedachte om het onderzoek van een botanicus te bestuderen. Zeker niet van een botanicus die zijn ontdekking verstopte onder de titel 'Beiträge zur Kenntnis des Cholesterins' in het Oostenrijkse *Monatshefte für Chemie*. Het troebele goedje bleef volstrekt onbekend in de wereld van de beeldbuizen, tot 75 jaar later de sluipmoordenares ontwaakte.

### Inferioriteit als vermomming

Christensen onderzocht hoe de opmars van *disruptive technologies* ('ontwrichtende technologieën' in het Nederlands) verloopt. Zij beginnen op kleine markten, waar hun handicap juist een voordeel is. Maar hun inferioriteit is schijn, want zij bezitten minstens één eigenschap die maakt dat zij het uiteindelijk gaan winnen van de oude technologie. Producten die voortkomen uit *disruptive technologies* hebben een troef die op de lange termijn beslissend wordt: zij zijn goedkoper, zuiniger, gemakkelijker in gebruik, steviger of flexibeler; niet met tien of twintig procent, maar minstens een factor tien. In het begin kunnen ze echter in prestaties nog niet op tegen de gevestigde producten en daarom is er nog geen grote markt voor te vinden. Hun ogenschijnlijke zwakte maakt hen onzichtbaar voor de concurrentie. De

LCD's wonnen het door hun lage energieverbruik en kleine afmetingen. Er moest veel gebeuren om ze in kleur te maken, aan te sturen op een groot scherm en goedkoop te produceren – maar dat was een kwestie van tijd. Ander voorbeeld: de eerste hydraulische graafmachines begonnen in het kleinere greppelwerk. Zij hadden één voordeel: hydraulische aandrijving was veel veiliger en betrouwbaar dan de kettingen van draglines, die regelmatig braken, wat veel oponthoud opleverde. Langzaam werd de hydraulische techniek geschikt om steeds grotere graafmachines te maken. Toen die de omvang van draglines hadden bereikt, verdrongen zij door hun superieure veiligheid en betrouwbaarheid hun concurrenten snel uit de markt.

Bij de Amerikaanse diskdrivefabrikant Seagate kwam de *disruptive technology* uit de kelder van het eigen bedrijf. Ingenieurs van Seagate ontwierpen in 1985 de eerste $3^{1}/_{2}$ inch diskdrive, terwijl het bedrijf op dat moment de grotere $5^{1}/_{4}$ inch uitvoering produceerde en daar succesvol zijn brood mee verdiende. De vondst van de kleine diskdrive werd aan de marketingafdeling gemeld, die vervolgens een onderzoek deed onder de bestaande klanten van Seagate. Deze hadden geen behoefte aan een kleine diskdrive, want zij waren heel tevreden met de op dat moment superieure grotere diskdrives die meer opslagcapaciteit boden. De marketingafdeling beschouwde het nieuwe product daarom als kansloos. Geschraagd door dit onderzoek besloot het management van Seagate de ontwikkeling van de $3^{1}/_{2}$ inch diskdrive te beëindigen.

De bedenkers van de kleine diskdrive verlieten daarop Seagate en startten een nieuw bedrijf, Conner Peripherals, gespecialiseerd in $3^{1}/_{2}$ inch diskdrives. Conner Peripherals richtte zich op de net opkomende markt voor laptops. Daar waren kleine afmetingen en laag energieverbruik van diskdrives nuttige eigenschappen. De omzet nam toe en zo ontstond een bescheiden *cash flow* die het Conner Peripherals mogelijk maakte om de eigen technologie langzaam te verbeteren – tot de $3^{1}/_{2}$ inch diskdrives in prestaties superieur waren aan de $5^{1}/_{4}$ inch diskdrives. Conner Peripherals drong door op de hogere markt van de pc's en verdreef uiteindelijk Seagate uit de markt voor pc's. Seagate had in de jaren daarvoor noest verder gewerkt aan het verbeteren van de $5^{1}/_{4}$ inch diskdrive, maar slaagde er niet bijtijds in het tij te keren.

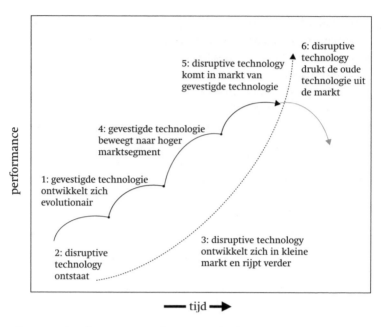

Figuur 5 - de opkomst van een *disruptive technology*

De markten waarin *disruptive technologies* aanvankelijk rijpen, zijn niet interessant voor grote bedrijven. Anders gezegd: zij zijn wél aantrekkelijk voor nieuwe bedrijven. In zulke beschutte niches krijgen *disruptive technologies* de kans. Zij zoeken een kleine markt – en ontdekken daarna vaak heel nieuwe markten waar hun voordelen ook tot hun recht blijken te komen. Kleine diskdrives bleken, behalve in laptops, ook bruikbaar in andere kleine apparatuur. De eigenschap 'klein', in de pc-markt synoniem met 'geringe opslagcapaciteit', was in deze nieuwe markten (waarvan Conner Peripherals aanvankelijk het bestaan evenmin vermoedde) juist van beslissende betekenis.

## Vluchten of zelf commercialiseren?

Waarom plaatst een *disruptive technology* de innovatoren van een bedrijf voor een dilemma, zoals de titel van het boek van

Christensen suggereert? Het gaat om het kritieke moment dat een gevestigd bedrijf opeens het gevaar van de *disruptive technology* ontdekt. De eerste en meest gebruikelijke reactie is even reflexmatig als begrijpelijk. Het bedrijf gaat verder met waar het goed in was: het ontwikkelen van nieuwe producten voor steeds hogere marktsegmenten. Concurreren in de lagere marktsegmenten, waar de *disruptive technology* zijn geld verdient, is niet aantrekkelijk vanwege de kleine volumina en kleine marges. Maar het gevestigde bedrijf kan wel grotere en ingewikkelder varianten maken waar de oude eigenschappen nog wel een meerwaarde voor hun klanten hebben. Er komen grotere beeldbuizen en draglines met grotere grijparmen. Daar zijn nog (bij de bestaande klanten!) de omzetten en marges te halen die het bedrijf nodig heeft om te kunnen voortbestaan en groeien. De bestaande klanten, die op dat moment evenmin de toekomstige voordelen van de *disruptive technology* inzien, reageren op dit nieuwe aanbod met de aanschaf van grotere beeldbuizen en draglines. Zo bevestigen beide partijen impliciet de juistheid van deze strategie. De paradox is hier: hoe beter een bedrijf is in deze manier van innoveren, hoe langer het goed gaat ... en hoe kwetsbaarder het voor de *disruptive technology* wordt.

Het probleem is dat deze vlucht naar de zolder eindig is: er is een grens aan deze groei. De *disruptive technology* heeft een steilere ontwikkelcurve en haalt vroeg of laat de oude technologie in. Waar de beide curven elkaar raken, krijgen afnemers de keus uit de concurrerende technologieën tegen dezelfde prijs; dan speelt de *disruptive technology* haar beslissende troeven uit.

Is er een tweede reactie mogelijk, behalve de vlucht naar boven? Sommige bedrijven die worden geconfronteerd met een *disruptive technology* kiezen voor een heel andere strategie: zij gaan deze technologie zelf commercialiseren. Zij beschikken doorgaans over genoeg kapitaal om de nieuwe technologie simpelweg op te kopen. Dat betekent een potentiële concurrent minder en zicht op interessante winsten op de langere termijn. Het is tot nu toe echter weinig bedrijven gelukt om deze weg met succes te volgen. De reden is dat het ontwikkelen van een *disruptive technology* een heel andere cultuur, manier van innovatiemanagement en marktbenadering vraagt dan het gevestigde bedrijf gewend is.

Bedrijven die een *disruptive technology* zelf willen commercialiseren, doen er goed aan, aldus Christensen in zijn vervolgboek *The Innovator's Solution* (Christensen, 2003), om dat proces resoluut te scheiden van andere innovatieprocessen. Zij kunnen het beste een aparte omgeving creëren (fysiek, managerial en cultureel), binnen of liever nog buiten het bedrijf, zodat de kansen op succesvolle ontwikkeling en commercialisatie zo groot mogelijk zijn. Daarmee is een derde optie ontstaan voor de keuze tussen het negeren of zelf ontwikkelen van de *disruptive technology* – waarmee het dilemma ook is opgelost.

## Laboratorium bij de patiënt thuis

De oude draglines en $5^1/_4$ inch diskdrives staan veilig in musea, maar de lessen van Christensen hebben meer waarde dan ooit tevoren. Er komen nog veel meer kandidaat-*disruptive technologies* aan. Bij veel daarvan reiken de consequenties verder dan de pure techniek; zij kunnen ook leiden tot veranderingen in de manier waarop mensen werken, tot heel andere bedrijfsprocessen en tot andere businessmodellen.

Een van de voorbeelden is de opkomst van op chips gebaseerde meetapparatuur: simpele, kleine apparaten die de concentratie van chemische verbindingen kunnen meten. Dit in tegenstelling tot de bestaande technologie, die leidt tot grotere en duurdere apparaten die steeds sneller massaal analyses kunnen uitvoeren. De vermomming van deze meetapparatuur is effectief: de apparatuur is nog in een halfexperimenteel stadium. Een van de toepassingsgebieden is de gezondheidszorg, waar goedkope *point of use*-metingen mogelijk worden bij de patiënt thuis. Zulke metingen kunnen worden ingezet voor controle van medicatie, controle op bloedsuikerspiegel en tientallen andere metingen, en zelfdiagnose. Troeven: comfort voor de patiënt, lage kosten en (gekoppeld aan een voorziening voor direct dataverkeer) grote snelheidswinst. Het laboratorium wordt naar de patiënt toe gebracht en dat leidt tot grote voordelen.

Bij de behandeling van bipolaire stoornissen (afwisseling van manische en depressieve perioden) wordt als belangrijkste medicatie lithium ingezet. Een juiste dosering lithium luistert nauw: iets te weinig heeft geen effect, iets te veel is giftig. Regelmatige controle van de hoeveelheid lithium in het bloed is daarom noodzakelijk. Deze meting is nu duur, kost veel tijd en vraagt een gespecialiseerde infrastructuur: bloedmonsters van patiënten worden in het ziekenhuis afgenomen en naar een laboratorium gebracht om de lithiumconcentratie te meten.

Twente Analysis Systems is een in 2005 gestart bedrijf dat portable apparatuur ontwikkelt en commercialiseert waarmee patiënten zelf de lithiumconcentratie in hun bloed eenvoudig kunnen meten. De nieuwe methode verlaagt de prijs per meting, maar belangrijker is dat met deze apparatuur overal en direct kan worden gemeten én dat het resultaat direct zichtbaar is. Thuis, maar bijvoorbeeld ook tijdens het consult bij de psychiater, zodat deze de medicatie kan aanpassen – iets wat in de oude situatie pas bij het volgende consult gebeurt.

Omdat de prijs per meting daalt en thuis kan plaatsvinden, wordt het ook mogelijk om vaker te meten. Nu is dat gemiddeld acht keer per jaar, wat eigenlijk te weinig is om adequaat te reageren op afwijkende lithiumconcentraties, en zeker te weinig tijdens de instelperiode aan het begin van de medicatie.

De technologie opent echter ook geheel nieuwe markten. In ontwikkelingslanden is toepassing van lithium voor bipolaire stoornissen te duur. Niet vanwege het lithium (dat nauwelijks iets kost), maar vanwege de kostbare meetapparatuur. De eenvoud van de meting maakt het mogelijk om ook in deze landen een effectieve medicatie te bieden.

*Point of use*-metingen door patiënten thuis zullen grote gevolgen hebben voor de manier waarop de gezondheidszorg is gestructureerd. Patiënten die drie kwartier moeten reizen, alleen omdat in een ziekenhuis een apparaat staat dat iets kan meten, waarna zij na een week kunnen opbellen wat de uitslag is, en nog eens twee weken later drie kwartier moeten reizen om bij de specialist te horen dat de medicatie verhoogd moet worden – dat alles zal verdwijnen en plaatsmaken voor nieuwe organisatievormen van gezondheidszorg en informatieverkeer.

## Nieuwe kandidaten, bedreigingen ... en kansen

De volgende technologieën zijn slechts een greep uit tientallen kandidaten voor *disruptive technologies*. Zij hebben gemeen dat zij nu nog (half) vermomd zijn door hun inferioriteit of experimentele stadium. Zij hebben de belofte in zich om met één of meer ijzersterke troeven binnen te dringen in omvangrijke bestaande markten en daar grote veranderingen te veroorzaken. In aflopende volgorde van rijpheid:

- Digitale fototechniek. Vermomming: de eerste digitale fotocamera's werden uitgelachen vanwege de lage resolutie en beroerde optiek. Inmiddels zijn zij vrijwel gelijkwaardig aan de chemische camera. Belofte: de prijzen gaan verder omlaag, de foto's worden onvermijdelijk videofilmpjes en in combinatie met mobiele telefoons en draadloos dataverkeer ontstaat een heel nieuw aanbod van beeld, wereldwijd en door de digitalisatie direct bruikbaar voor vele doeleinden. Troef: direct communiceren met beelden zonder de kosten en de vertraging van het afdrukken van foto's. Nieuwe diensten worden mogelijk, de rol, werkwijze en invloed van de gevestigde media, entertainment- en reclamesector zullen sterk veranderen. Rijpheid: kruist nu de oude technologie.
- GPS (Global Positioning Systeem). Vermomming: was relatief onnauwkeurig en het vereist relatief dure apparatuur. Belofte: alle oude manieren om de plaats van voorwerpen te lokaliseren zijn onnauwkeurig, fysiek beperkt, duur of reageren te langzaam op bewegingen van het voorwerp. GPS kan een voorwerp, waar ook ter wereld, actueel en tot op de centimeter nauwkeurig lokaliseren. GPS is gebaseerd op tweerichtingsverkeer. Troef: auto's, containers (en als de apparatuur kleiner wordt: bijna alles) kan *real time* onderweg worden gevolgd. De markten van beveiliging, telecommunicatie, toerisme, transport en logistiek, mobiliteitsdiensten en verkeerssystemen liggen open voor geheel nieuwe diensten en

producten. Rijpheid: commercialisatie is begonnen.

- MRAM's (Magnetic Random Access Memory). Vermomming: geringe capaciteit. Belofte: MRAM's zijn een andere loot van de nanotechnologie. MRAM's zullen andere dataopslagtechnieken gaan verdringen, waardoor het mogelijk wordt om een dataprocessingsysteem (geheugen, processor, verbindingen daartussen) op één chip te zetten. Troef 1: het systeem kan binnen een fractie van een seconde worden aangezet, net als een gloeilamp. In 2010 verwachten optimisten compacte driedimensionale dataopslag en sterk versnelde toegangstijden tot opgeslagen informatie. Troef 2: dataopslag wordt veel goedkoper, toegangstijden wat sneller. Dat zal alle harde schijven in het museum doen belanden. Rijpheid: over vijf jaar concurrerend.
- Multisensorsystemen. Vermomming: lijkt een wetenschappelijk experiment in de radioastronomie. Belofte: een radiotelescoop van 350 km doorsnede te maken is niet mogelijk, maar het LOw Frequency Array-project (LOFAR) in Drente bouwt het equivalent daarvan met een netwerk van tienduizenden kleine antennes. Om de massale stroom signalen te verwerken, van ruis te ontdoen en te interpreteren is speciale software en veel rekencapaciteit nodig. Dezelfde innovatieve techniek wordt bruikbaar gemaakt voor andere netwerken van vele kleine, verspreide sensoren. Toepassingen zijn onder andere continue bodembewaking, precisielandbouw, waterbeheer en het lokaliseren van vliegtuigen. Troef 1: een honderdmaal grotere meetgevoeligheid. Troef 2: lagere kosten en zeer geringe kwetsbaarheid van het sensornetwerk. Rijpheid: eerste experimenten worden gestart in de precisielandbouw, over tien jaar meerdere operationele toepassingen.
- Nanocapsules voor medicijnen. Vermomming: vraagt nog veel wetenschappelijk onderzoek. Belofte: de huidige toediening van medicijnen is van een middeleeuwse simpelheid. De patiënt krijgt pillen mee; de arts verwacht dat dit leidt tot de juiste hoeveelheid medicijn in het lichaam van de patiënt. Veel chronisch zieken houden zich echter niet aan de voorschriften: negentig procent van de astma-ontste-

kingsremmers, tachtig procent van de antidepressiva en 79 procent van de anti-osteoporosemiddelen wordt na één jaar niet of nauwelijks meer geslikt. Nanotechnologie kan leiden tot gecontroleerde en geïndividualiseerde toediening van medicijnen door implanteerbare of in te slikken capsules met ingebouwde slimheid. Dat zorgt voor een geleidelijke toediening, signalering van een te hoge of lage dosering en automatische aanpassing van de dosering aan de individuele situatie van de patiënt. Troef 1: een veel stabielere en nauwkeurigere medicatie. Troef 2: omdat veel patiënten door 'therapieontrouw' in het ziekenhuis belanden, voorkomt een gecontroleerde toediening onnodige ziekenhuisopnames en kosten. Rijpheid: over tien tot twintig jaar breed toepasbaar.

- *In vitro* kweek van vlees. Vermomming: is nog in prille laboratoriumfase. Belofte: vleesproductie op de oude manier (het produceren van kalfjes en opfokken daarvan, die gras en veevoer eten, daarmee heel langzaam spierweefsel opbouwen en eerst moeten worden geslacht voordat het vlees na een ingewikkeld proces beschikbaar is voor consumptie) is erg omslachtig, een verspilling van energie en grondstoffen en vatbaar voor veeziekten en bederf. *In vitro* kweek van vlees uit dierlijke cellen is een veel sneller en beter controleerbaar proces. Troeven: kost veel minder energie, is veel veiliger en geeft volledige controle over de eiwitsamenstelling en de aard en hoeveelheden van vetzuren van het vlees. Deze technologie zal de bestaande veeteeltsector en de vleesindustrie grondig veranderen. Rijpheid: duurt nog 25 tot 30 jaar.

### Een nieuwe boekenplank

Moet iedereen die in de drie arena's met het vak innoveren bezig is, hun vak nu opeens heel anders gaan uitoefenen? Nee, de kast vol innovatieliteratuur achter hen kan blijven staan. Maar misschien is het verstandig als zij een plank leegmaken voor aanvullend materiaal en in hun hoofd ruimte maken voor enige nuancering.

- De sterke focus op toepasbaarheid en vraagsturing van onderzoek heeft een gevaarlijke beperking vanwege het geringe vermogen van de vraagkant om baanbrekende innovaties te formuleren. *Disruptive technologies* ontwikkelen zich sluipend, op nieuwe markten waarvan klanten in andere markten geen besef hebben. De opkomst van dit soort technologieën wordt niet voorspeld, niet door de marketingafdeling van bedrijven en niet door consumentenpanels. Het voorbeeld van Seagate kent tientallen vergelijkbare gevallen in allerlei sectoren. Zoals Christensen zegt: 'Markets that don't exist can't be analyzed.'

- De veelgebruikte strategie van *backing winners* houdt in dat die sectoren, technologieën en/of bedrijven worden ondersteund die het nu goed doen. Ook dit een gevaarlijke beperking. Op langere termijn is voor een natie (of voor een regio) een betere strategie om een portfolio van prille maar potentieel kansrijke technologieën te ontwikkelen. Om dezelfde reden is het niet verstandig om vanuit de arena van de overheid speerpunten van nationaal of regionaal innovatiebeleid te benoemen in termen van technologieën. Dat heeft een groot gevaar: het legt *a priori* beperkingen op aan het toetreden van heel andere technologieën en maakt blind voor het opkomen van *disruptive technologies*.

- Zowel het negeren van een *disruptive technology* als het ontwikkelen daarvan in hetzelfde innovatieproces als bestaande producten is een verkeerde optie. Bedrijven moeten dus over andere businessmodellen beschikken om goed met *disruptive technologies* om te gaan. Dat kan door ze zelf te ontwikkelen, maar ook door het toepassen van businessmodellen waarmee het bedrijf wel geld verdient aan een technologie, maar deze niet zelf in de vorm van producten of diensten vermarkt.

- In technologieverkenningen moet men alert zijn – naast de aandacht voor de technologie die het onderwerp van de verkenning is – op concurrerende technologieën. Die mag men niet afdoen als technologisch inferieur en/of onbelangrijk omdat het om kleine markten gaat. Integendeel: dat zijn juist aanwijzingen dat zulke concurrenten zich kunnen ontwikkelen tot een *disruptive technology*.

Er is nog een algemene les te trekken uit de confrontatie tussen *disruptive technologies* en oude technologieën. Het is een van de voorbeelden van het grote belang van onderscheid en snelheid bij het realiseren van concurrentievoordeel. Binnen de 'statische economie' van Schumpeter (zie vorig thema) zijn deze kenmerken niet relevant, want iedereen doet ongeveer hetzelfde in een markt die slechts geleidelijk en gradueel verandert. Maar een nieuwe technologie is wél onderscheidend en brengt producten en diensten voort die significant beter zijn (goedkoper, sneller of comfortabeler) dan die van hun concurrenten. Dat leidt tot een wezenlijk ander type concurrentiestrijd. Dat geldt al binnen een bestaande markt, maar wordt nog veel pregnanter op nieuwe, niet-geëxploreerde markten die door een *disruptive technology* worden ontsloten – niet zelden ook tot verrassing van hun uitvinders.

# 4. De onzichtbaar groeiende kloof

*Waarom wetenschap niet vanzelf leidt tot meer welvaart*

## Falsificeren brengt vooruitgang

Karl Popper, de belangrijkste wetenschapsfilosoof van de twintigste eeuw, ziet wetenschappers als probleemoplossers. In zijn visie op wetenschap staan problemen centraal en voorop. Voor Popper vloeit de groei van menselijke kennis voort uit hun problemen en pogingen die op te lossen. Dat houdt in dat theorieën worden geformuleerd die, als ze zijn bedoeld om tegenstrijdigheden in eerdere theorieën te verklaren, verder moeten gaan dan de bestaande kennis: nieuwe theorieën vereisen een sprong in de verbeelding. Popper legt dan ook een grote nadruk op de rol van onafhankelijke creatieve verbeeldingskracht in het formuleren van theorieën.

De kern van Poppers benadering is het principe van falsificatie. Wetenschappelijke vooruitgang vindt plaats bij gratie van verstrekkende hypotheses of stellingen gevolgd door oprechte pogingen deze te falsificeren. Alleen hypotheses waarvoor experimenten kunnen worden bedacht met als doel ze te falsificeren, gelden als wetenschappelijk. Zo is de stelling 'goud is oplosbaar in zoutzuur' wetenschappelijk (omdat deze experimenteel kan worden weerlegd) maar niet juist; de stelling 'sommige homeopathische middelen werken' is niet wetenschappelijk (omdat er geen experiment is om deze te weerleggen), maar zou wel juist kunnen zijn.

De visie op wetenschap van Popper bouwt direct voort op de

ideeën van Leonardo da Vinci en op de wetenschapsbeoefening die is ontstaan na Newton.

## Het oog dat weet hoe het moet kijken

'Begrip komt tot stand,' zei Leonardo da Vinci aan het eind van de vijftiende eeuw, 'door het oog dat weet hoe het moet kijken en door de hand die weet hoe het intellect te volgen.' Met andere woorden: onderzoek met je zintuigen en pas met je handen toe wat je hebt geleerd.

Voor Da Vinci waren onderzoek en toepassing tweelingkinderen van twee menselijke drijfveren: nieuwsgierigheid en de wens om te creëren en problemen op te lossen. De wetenschapper Da Vinci wilde de werking van dingen uit de natuur kennen; de kunstenaar Da Vinci gebruikte die kennis om beter te kunnen schilderen, beeldhouwen en ontwerpen.

Leonardo da Vinci wordt wel gezien als de eerste moderne wetenschapper. Hij was een experimentator. Hij vroeg zich af waarom iets was zoals hij het zag, stelde een hypothese op hoe dat verklaard kon worden, verzon het experiment om de hypothese te toetsen en trok vervolgens conclusies uit het experiment voor de geldigheid van de hypothese.

Da Vinci was de eerste die systematisch en gedocumenteerd experimenten uitvoerde om hypotheses te toetsen. Hij deed dat tweehonderd jaar voordat Newton met zijn *four Rules of Reasoning* de wetenschappelijke methode introduceerde die aan de basis lag van de reputatie die de wetenschap zich in de achttiende en negentiende eeuw verwierf in het doorvorsen van de wetten van de natuur, zoals die zich manifesteerden in de werking van natuurverschijnselen, technieken en gereedschappen.

De huidige wetenschapsbeoefening ontstond in feite in de Verlichting. Een van de wegbereiders van de Verlichting was Francis Bacon (1561-1626). Hij was het die voor de mensheid de goddelijke opdracht formuleerde om de wetten van de natuur te achterhalen, opdat hij de natuur naar zijn hand kon zetten. De uitspraak 'kennis is macht' staat op zijn naam. Van Francis Bacon is ook het eerste innovatiemodel, ook wel aangeduid als het lineaire innovatiemodel.

generextren van kennis          benutten van kennis

**Figuur 6 - Bacons lineaire model voor investeren in onderzoek**

De goddelijke opdracht en het lineaire model vatten het dominante kenmerk van het achttiende-eeuwse verlichtingsdenken kort samen: de mens heeft een eigen rol in het vooruitbrengen van de mensheid. Het bevorderen van die vooruitgang was het doel van de wetenschap en is dat nog steeds. In de loop van de tijd is 'vooruitgang' vertaald in verhoogde welvaart en verhoogd welzijn. Welvaart is daarbij een aanduiding van relatieve rijkdom, welzijn van relatief geluk. Opbouw van kennis door wetenschappelijk onderzoek levert de bron voor welvaart en welzijn in de toekomst. Vanaf de Verlichting was dat een vanzelfsprekendheid en daarmee de legitimatie voor het investeren van publieke middelen in wetenschappelijk onderzoek.

Naast Francis Bacon zijn de grondleggers van de grote wetenschappelijke revolutie van de Verlichting Rene Descartes (1596-1650) en Galileo Galileï (1564-1642). Bacon introduceerde de inductieve methode van waarheidsvinding. Hij stelde dat zintuiglijke waarneming en feiten (*senses and particulars*) de basis vormen voor algemeen geldende waarheden of axioma's. Hoe meer feiten en waarnemingen, hoe algemener geldig de axioma's kunnen zijn. Descartes introduceerde de deductieve methode. Hij zocht de waarheid in het ontleden van een probleem in deelproblemen. De combinatie van de oplossing van deze deelproblemen leidt dan tot de oplossing van het oorspronkelijke probleem. Descartes noch Bacon hechtte waarde aan experimentele verificatie van de relatie tussen theorie en feiten. Descartes verwierp deze zelfs op religieuze gronden. Galileï hechtte wel waarde aan verificatie en bewees als eerste dat kwantificering van natuurkundige verschijnselen essentieel is voor het doorgronden van de wetten van de natuur, waarmee hij in het voetspoor van Da Vinci trad.

Newton voegde aan de ogen en handen van Da Vinci en de opdracht van Bacon een methode toe om kennis te verwerven. De wetenschappelijke methoden van Newton omvatten de methoden van Bacon en Descartes en stelden het experiment centraal.

De vier *Rules of Reasoning in Philosophy* van de methode van Newton:
- We are to admit no more causes of natural things than such as are both true and sufficient to explain their appearances.
- Therefore to the same natural effect we must, as far as possible, assign the same causes.
- The qualities of bodies, which admit neither intensification nor remission of degrees, and which are found to belong to all bodies within the reach of our experiments, are to be esteemed the universal qualities of all bodies whatsoever.
- In experimental philosophy we are to look upon propositions inferred by general induction from phenomena as accurately or very nearly true, notwithstanding any contrary hypotheses that may be imagined, till such time as other phenomena occur by which they may either be made more accurate, or liable to exceptions.*

De methode van Newton werd de basis voor de decodering van de natuurwetten in de achttiende eeuw en daarna. De goddelijke opdracht om deze wetten te achterhalen plaatste de wetenschap op een voetstuk. Vanaf dat voetstuk kon zij haar eigen

* 1 Wij moeten niet méér oorzaken voor natuurlijke zaken toelaten dan die welke zowel waar zijn als voldoende om het verschijnsel te verklaren.
2 Wij moeten daartoe voor hetzelfde natuurlijke gevolg, zover als mogelijk, dezelfde oorzaken toewijzen.
3 De eigenschappen van objecten, die in generlei mate kunnen worden versterkt of verzwakt en waarvan wordt vastgesteld dat zij de eigenschappen zijn van alle objecten binnen de grenzen van ons experiment, moeten worden geacht de algemeen geldende eigenschappen te zijn van al zulke objecten.
4 In de experimentele filosofie moeten wij beweringen die door middel van algemene inductie zijn afgeleid van natuurlijke verschijnselen als (bijna) waar beschouwen, ook al zijn er tegengestelde hypotheses denkbaar, tot het moment dat andere verschijnselen optreden die deze beweringen hetzij aan precisie doen winnen dan wel uitzonderingen daarop noodzakelijk maken.

doelen stellen, doelen die geen nadere toelichting behoefden. De deductieve methode leidde daarbij als vanzelf tot het belonen van specialisatie. Zo groeide de kennisboom, zoals beschreven in thema 2, tot een groot aantal verschillende disciplines en duizenden specialismen. Dit proces vond plaats op alle fronten van de wetenschap.

## De wetenschap haalt de praktijk in

Het model van Francis Bacon onderscheidde twee functies: het genereren van kennis en het benutten van kennis. In de eerste eeuwen van de moderne wetenschap waren die functies niet gescheiden. De scheiding ontstond pas aan het eind van de negentiende eeuw.

Een van de oorzaken was dat de groei van het aantal wetenschappelijke specialismen de balans tussen praktijk en wetenschap veranderde. Tot ver in de negentiende eeuw volgden wetenschappelijke theorieën de praktijk waarin nieuwe technologieën werden ontwikkeld om acute problemen op te lossen. Zulke problemen konden bijvoorbeeld zijn de wens om de werking van een gereedschap of machine te begrijpen, om deze daarna te kunnen verbeteren. De stoommachine is daarvan een voorbeeld. Die machine was er al en werkte. Het wetenschappelijke onderzoek om te begrijpen waarom deze werkte, leidde tot de wetten van de thermodynamica. Die wetten hebben een veel groter bereik dan alleen de stoommachine, maar de decodering ervan en de theorievorming werden gedreven door vragen uit de praktijk, en niet omgekeerd.

Maar tegen het einde van de negentiende eeuw begon theorievorming vóór te lopen op de praktijk. De relatie tussen wetenschap en praktijk werd steeds meer bepaald door disciplinaire verdieping en specialisatie. Het was niet meer de vraag uit de praktijk die vorm en richting gaf aan de ontwikkeling van wetenschappelijke kennis, maar het waren de wetenschappelijke disciplines die richting begonnen te geven aan de praktijk. Dat was de periode waarin er twee werelden ontstonden: die waarin kennis wordt gegenereerd en die waarin kennis wordt benut.

Wetenschap was tot het eind van de negentiende eeuw voor een groot deel een zaak van rijke individuen. Ongehinderd door zorgen over financiering van onderzoek of universitaire regels beoefenden zij hun hobby's. Een beroemd voorbeeld is Sir Henry Cavendish (1731-1810), die als eerste water synthetiseerde uit de samenstellende elementen waterstof en zuurstof, maar ook degene is die de zwaartekrachtconstante ontdekte en met grote nauwkeurigheid de waarde ervan bepaalde. Cavendish was in zijn tijd van de rijkste mensen in Engeland en kon zijn leven wijden aan wetenschappelijke experimenten in de chemie en de natuurkunde. Maar ook Charles Darwin, de schrijver van de *Origin of Species* (1859) en grondlegger van de evolutietheorie, en William Parsons, die in 1845 een grote spiegeltelescoop bouwde waarmee hij voor het eerst de spiraalnevels in het heelal ontdekte, waren mensen die geheel voor eigen rekening tot grote wetenschappelijke prestaties kwamen.

Die verandering in de balans ontstond ook omdat de groeiende industrieën van de negentiende eeuw steeds complexere technologieën nodig hadden en dus steeds meer mensen die waren opgeleid om die technologieën te ontwikkelen. Om in die behoefte te voorzien, werden in Engeland in de tweede helft van de negentiende eeuw universiteiten gesticht door industriëlen. Voorbeelden zijn de Universiteit van Manchester (1851) en de Universiteit van Newcastle in Tyne (1852), Birmingham (1900) en Leeds (1904). Zo ging wetenschappelijke vooruitgang bijna als vanzelfsprekend hand in hand met de ontwikkeling van de industrie. Die vanzelfsprekendheid lag ook aan de basis van de grote industriële laboratoria die vanaf het begin van de twintigste eeuw werden gesticht (zie kader volgende bladzijde).

### Laat wetenschappers kiezen, sprak Bush

Ondanks de gemeenschappelijke bron en de nauwe verwevenheid van de wereld waarin kennis werd gegenereerd en die waarin kennis werd benut, ontstond in de afgelopen eeuw een kloof tussen deze beide werelden. Langzaam, als grote aardschollen onder het aardoppervlak, begonnen deze werelden van elkaar af te bewegen – maar het zou zeventig tot tachtig

In de vs was het General Electric Research Lab het eerste industriële researchlaboratorium waar echt wetenschappelijk onderzoek werd uitgevoerd. De eerste directeur was Willis R. Whitney. Het bedrijf begon in 1900 met drie onderzoekers in Schenectady NY. Het team groeide snel omdat het onderzoek zijn waarde voor het bedrijf bewees. Topmensen van het vroege GE Lab waren William D. Coolidge, een natuurkundige die met zijn ontdekkingen zorgde voor een revolutie in de verlichting en in de geneeskunde, Irving Langmuir, een chemicus en de eerste industriële wetenschapper in de vs die de Nobelprijs won, en de chemicus Saul Dushman, die een wereldleider was op het gebied van vacuümtechnologie.

Philips Natlab, het natuurkundige laboratorium van Philips, startte in 1914, nadat Gerard en Anton Philips aan het begin van de twintigste eeuw tot de conclusie waren gekomen dat Philips een eigen onderzoekslaboratorium nodig had. Dat had twee redenen. De eerste was dat in 1910 in Nederland de octrooiwet van kracht werd, waardoor het voor Philips niet langer mogelijk was nieuwe technologie van anderen over te nemen. De tweede reden was dat Gerard Philips onder de indruk was van het werk in de laboratoria van General Electric, waar zowel de wolfraamgloeidraden als de met gas gevulde lampen waren ontwikkeld.

De wereldberoemde Bell Labs, waar in 1947 de transistor werd uitgevonden door John Bardeen en William Shockley, die daarvoor in 1956 de Nobelprijs kregen, werd opgericht in 1925. In datzelfde jaar al vond de eerste demonstratie plaats van de fax.

jaar duren voordat de tektoniek aan de buitenkant zichtbaar werd. De oorzaak was, paradoxaal genoeg, de grote bijdrage van wetenschappelijke kennis aan de bloei van het industriële tijdperk. Vooral de prominente rol van de natuurwetenschappen bij het winnen van de Tweede Wereldoorlog was hierbij van betekenis.

De opbrengsten van de investeringen om de Tweede Wereldoorlog te winnen waren enorm geweest. Het leverde vele innovaties op, vanaf radar en straalmotoren tot aan de atoombom, de eerste computer en nieuwe medicijnen. Dat succes bracht de Amerikaanse regering ertoe het als haar taak te zien om fundamenteel onderzoek aan universiteiten te gaan financieren. De basis daarvoor was het rapport *Science, the endless frontier* van Vannevar Bush uit 1945, dat van universiteiten partners maakte die gelijkwaardig waren aan de overheid en het bedrijfsleven, in de missie om wetenschap toe te passen voor het lenigen van militaire en civiele noden.

*'There must be a stream of new scientific knowledge to turn the wheels of private and public enterprise. There must be plenty of men and women trained in science and technology for upon them depend both the creation of new knowledge and its application for practical purposes.'*\*

Op advies van Bush werd in 1950 de National Science Foundation opgericht met als missie 'de wetenschap te stimuleren, de nationale gezondheid, welvaart en welzijn te verbeteren en de nationale veiligheid te verzekeren'. Het beleid dat Bush formuleerde en de activiteiten om dat beleid uit te voeren, kregen brede navolging in de rest van de westerse wereld. Door deze beweging werden universiteiten de hoofdleveranciers van kennis uit fundamenteel onderzoek en werd de financiering van de universiteiten nog meer een zaak van de overheid. In feite betekende dit dat er omvangrijke hoeveelheden geld werden gesluisd naar het genereren van wetenschappelijk kennis, in de verwachting dat dit zou leiden tot grote maatschappelijke opbrengsten. De keuze welk onderzoek nodig was om die opbrengsten ook daadwerkelijk te oogsten, werd grotendeels aan de wetenschappers overgelaten. Hun reputatie was gebouwd op de successen van de industriële revolutie en de rol daarvan in het winnen van de Tweede Wereldoorlog, en stond borg voor het maken van de goede keuzes. Wie zou zulke keuzes beter kunnen maken dan wetenschappers? De praktijk was dat er een kloof ontstond tussen de wereld waarin kennis wordt gegenereerd en de wereld waarin deze wordt benut:

---

\* 'Er is een stroom van nieuwe wetenschappelijke kennis nodig om publieke en private organisaties draaiend te houden. Er moeten ruim voldoende mannen en vrouwen zijn, geoefend in wetenschap en technologie, want zij zorgen zowel voor het creëren van nieuwe kennis als voor de toepassing daarvan voor praktische doeleinden.'

- Aan de ene kant van de kloof wordt kennis gegenereerd die voldoet aan de kwaliteitseisen die door wetenschappers zelf zijn ontwikkeld. Hun middel om die kwaliteit te bewaken is de *peer review*. Hun methoden om de kwaliteit te meten zijn publicaties en de mate waarin deze worden geciteerd.
- Aan de andere kant van de kloof wordt de kennis benut. De eis aan die kennis is dat deze snel en effectief kan worden gecombineerd met andere kennis om problemen op te lossen of om nieuwe producten (processen of diensten) te ontwikkelen. De toets of kennis aan die eis voldoet, is de betekenis die de oplossingen en producten krijgen in de samenleving. Een belangrijk speelveld waarop die betekenis wordt bepaald, is de markt.

De kloof is lang onzichtbaar geweest. Totdat in de jaren tachtig een aantal bedrijven met ongekend succes nieuwe innovatieve producten op de markt bracht – terwijl zij niet of nauwelijks investeerden in eigen onderzoek ... dat ging tegen alle logica van het lineaire model in. Het was de voorbode van een grote paradigmaverschuiving in het denken over de relaties tussen wetenschap, kennis, innoveren en markten. Over die ingrijpende verschuiving, die ook tegenwoordig nog niet ten volle wordt onderkend, gaat het volgende thema.

# 5. Als kennis in overvloed beschikbaar is...

*De paradigmaverandering van gesloten naar open innovatie*

## Winnen zonder fundamenteel onderzoek

Meer dan driekwart eeuw was het vanzelfsprekend voor bedrijven als IBM, Motorola, AT&T, DuPont, General Electric, Siemens, Hewlett-Packard, Xerox en Philips dat een maximale concurrentievoorsprong werd verkregen als fundamenteel wetenschappelijk onderzoek binnen de muren van de eigen onderneming werd gedaan. De resultaten daarvan werden binnen diezelfde muren vertaald in nieuwe producten en diensten, waarmee deze bedrijven hun winsten behaalden. Daarmee werd hun continuïteit verzekerd, de aandeelhouders werden tevredengesteld en er konden onderzoek en productontwikkeling in de eigen R&D-laboratoria worden gefinancierd. Het was een gesloten systeem waarmee deze bedrijven decennialang hun positie konden behouden en versterken.

Maar in het begin van de jaren tachtig veranderde dat stabiele patroon. Nieuwe bedrijven als Microsoft, Oracle, Cisco, Genentech, Genzyme, Intel en Sun tastten de posities van de gevestigde bedrijven aan met nieuwe producten voor nieuwe markten die de oude bedrijven niet kenden. De nieuwkomers deden dat met een snelheid waarop de gevestigde bedrijven in eerste instantie geen antwoord hadden. De continuïteit van de oude bedrijven kwam ernstig in gevaar en hun R&D-laboratoria boden geen antwoord op de bedreiging, want het meest opvallende van de bedrijven die hun posities dreigden over te nemen was dat ze (vrijwel) geen eigen fundamenteel onderzoek deden.

De nieuwe bedrijven zijn de exponenten van wat Chesbrough 'open innovatie' heeft genoemd (Chesbrough, 2003): een nieuwe relatie tussen kennis en innoveren en tussen kennis en het creëren van economische waarde die in de afgelopen 25 jaar tot ontwikkeling is gekomen. Dit thema behandelt de achtergronden en implicaties van de paradigmaverschuiving van gesloten naar open innovatie. Die verschuiving verklaart voor een groot deel waarom de Verenigde Staten sinds de jaren tachtig zo'n grote en groeiende voorsprong op Europa hebben genomen.

In het vorige thema is al kort aangegeven dat de industriële researchlaboratoria die in het begin van de twintigste eeuw opkwamen, plaatsen waren waar de ontwikkeling van wetenschap en industrie hand in hand gingen. Die laboratoria werden bemand door de allerbeste onderzoekers, die volop de ruimte kregen om het onderzoek te doen dat zij als veelbelovend zagen. Tot het beleid van Vannevar Bush zijn uitwerking begon te krijgen, vond op die manier een belangrijk deel van de wetenschappelijke kennisontwikkeling in de wereld plaats binnen die laboratoria. Bedrijven met zulke laboratoria domineerden de wijze waarop werd gedacht over de relatie tussen kennis en innoveren en tussen kennis en het genereren van economische waarde. Die wijze van denken wordt aangeduid als het paradigma van de gesloten innovatie.

Dat paradigma verloor zijn betekenis toen Microsoft en andere bedrijven oprukten en toen bleek dat er heel andere manieren waren om kennis om te zetten in innovaties.

## De erosie van de gesloten innovatie

Bij gesloten innovatie wordt kennis gezien als de onderscheidende factor in het vinden en veroveren van nieuwe markten. Zelf kennis genereren is dan gelijk aan het verhogen van het potentieel om inkomsten te genereren.

Het zelf ontwikkelen van nieuwe technologieën en producten en het zelf op de markt brengen van die producten past daar als vanzelfsprekend in. *Venture capital* speelt bij gesloten

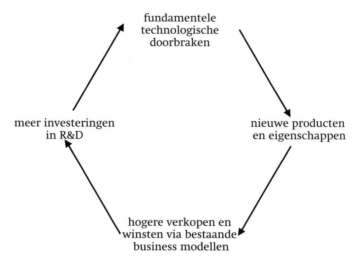

fundamentele
technologische
doorbraken

meer investeringen
in R&D

nieuwe producten
en eigenschappen

hogere verkopen en
winsten via bestaande
business modellen

**Figuur 7 - het paradigma van de gesloten innovatie**

innovatie geen rol: bedrijven ondernemen zelf alle activiteiten en financieren alle kosten die nodig zijn om kennis van het laboratorium naar de markt te krijgen. Het management van intellectueel eigendom is erop gericht anderen uit te sluiten van het gebruik van de kennis of technologie, zodat concurrenten altijd een achterstand hebben in de strijd om nieuwe markten.

Het paradigma van de gesloten innovatie hield zichzelf lang in stand. Dat kon omdat kennis, als motor van innovatie, lange tijd een schaars goed was. Wie meer kennis had dan een ander, kon de motor harder en langer laten lopen. Wie kennis had die een ander niet had, kon een voorsprong opbouwen. Het ontwikkelen, bewaken en exploiteren van die voorsprong vormde de kern van het innovatieproces. Controle over de hele keten vanaf het genereren van kennis, ideeën en technologische doorbraken, het op basis daarvan ontwikkelen van nieuwe producten en het op de markt brengen, verkopen en servicen van die producten, was een vereiste en werd gezien als de belangrijkste voorwaarde voor succesvol innoveren. Die controle kon het best worden uitgeoefend door alles in eigen huis te doen. De logica die het denken rondom gesloten innovatie inspireerde, was intern gericht. Formele regels waren er niet, maar stilzwijgend stond het voor iedereen vast dat dit de enige juiste manier van innoveren was. Gesloten innovatie heeft het grootste deel van de twintigste eeuw goed gewerkt. Laboratoria als die van AT&T (Bell Labs), General Electric, de grote chemische bedrijven in Duitsland, Philips (Natlab) en (wat later) IBM (Watson Labs), HP en Xerox (Palo Alto Research Park) waren hotspots van innovatie. Zij genereerden een continue stroom baanbrekende nieuwe technologieën en producten (zoals halfgeleiders, plastics, de laser, composietmaterialen, computers, nieuwe geneesmiddelen en vele andere) en een indrukwekkend aantal Nobelprijswinnaars.

Maar de laatste 25 jaar van de vorige eeuw begon het verval van gesloten innovatie als de juiste manier van innoveren. Vier factoren droegen daaraan bij:

- De groeiende beschikbaarheid en mobiliteit van vakkundige mensen. Eén oorzaak daarvan was de explosieve groei van het aantal mensen dat na 1945 een universitaire of andere hogere beroepsopleiding volgde, daartoe aangemoedigd door wetten en stimuleringsprogramma's van de Amerikaanse regering. Veel van de meest getalenteerden onder hen werden in dienst genomen door de industriële R&D-laboratoria, want ook de grote bedrijven investeerden extra in eigen R&D, maar een snel groeiend aantal vakmensen vond elders emplooi. Daarnaast zorgde de autonoom toenemende mobiliteit in de arbeidsmarkt ervoor dat mensen met kennis die ze hadden opgedaan in de interne R&D-organisaties, gingen werken bij toeleveranciers, klanten, grote en kleine bedrijven in allerlei sectoren, startende bedrijven, universiteiten, adviesbedrijven enzovoort. Er ontstond een markt voor mensen met bijzondere vaardigheden, die hun talenten konden verkopen aan de hoogste bieder.
- De na 1980 snel toenemende betekenis van *venture capital*. *Venture capital*-firma's legden zich toe op het tot bloei (en waarde) brengen van nieuwe bedrijven. Veel van die bedrij-

ven startten met het commercialiseren van de resultaten van research in industriële R&D-laboratoria. R&D-laboratoria boden de onderzoekers de beste apparatuur, een grote vrijheid om het onderwerp voor onderzoek te kiezen en een intellectueel stimulerende omgeving. *Venture capital*-firma's boden uitzicht op grote rijkdom.

● De groei van het aantal externe (dat wil zeggen: buiten de R&D-laboratoria) mogelijkheden om ideeën tot ontwikkeling te brengen. Karakteristiek voor het management van de industriële R&D onder het regiem van gesloten innovatie was dat maar een klein deel van de onderzoeksresultaten doorstroomde van onderzoek via ontwikkeling naar de markt. Veel resultaten en ideeën uit het laboratorium bleven korter of langer op de plank liggen, omdat de Raad van Bestuur van het bedrijf ze niet zag als kansrijk of passend bij de *core business*. Er was daardoor altijd spanning tussen de onderzoeksgroepen en de ontwikkelafdelingen. De toenemende mobiliteit van vakmensen gekoppeld aan de groeiende beschikbaarheid van *venture capital* leidde ertoe dat gefrustreerde onderzoekers steeds vaker buiten het eigen bedrijf zochten naar mogelijkheden om hun ideeën te realiseren. Dat verschijnsel werd nog versterkt door het gegeven dat nieuwe ideeën steeds korter houdbaar waren door de steeds hogere *time to market* van producten en diensten.

● De toenemende deskundigheid van externe toeleveranciers. De vorige drie factoren hadden ook als gevolg dat steeds meer externe toeleveranciers dezelfde of betere kwaliteit konden leveren dan de interne toeleveranciers van de bedrijven. Daardoor konden de resultaten van R&D-investeringen op een grotere variëteit van gebieden en in veel minder tijd worden toegepast dan wanneer het bedrijf elke functie van de waardeketen zelf zou invullen. De grote bedrijven konden daardoor sneller bewegen en meer marktkansen benutten. Daar stond tegenover dat deze toeleveranciers aan iedereen kunnen leveren, waardoor de druk op bedrijven met veel ideeën op de plank toeneemt om deze tot ontwikkeling te brengen. De kans werd groter dat ideeën de weg naar de markt zouden vinden zonder participatie van het bedrijf dat de oorspronkelijke research had gefinancierd.

De eroderende werking van deze vier factoren verzwakte de verbinding tussen investeringen in fundamenteel onderzoek en technologische ontwikkelingen. De gesloten omgeving voor innovatie transformeerde naar een open omgeving. De concentratie van kennis in de centrale R&D-faciliteiten verschoof naar een wijdverspreide verzameling zeer diverse bronnen en verzamelpunten van kennis. Bedrijven die hun ideeën niet snel en enthousiast ontwikkelden, verloren ze aan anderen. Tegen het eind van de twintigste eeuw werd duidelijk dat de intern gerichte logica achter de gesloten innovatie niet langer houdbaar was. De nieuwe logica werd die van de open innovatie.

## Innoveren in een overvloed aan kennis

Open innovatie staat in scherp contrast met gesloten innovatie. Waar gesloten innovatie uitgaat van een tekort aan kennis, gaat open innovatie juist uit van een overvloed. Waar *venture capital* bij gesloten innovatie geen rol speelt, is die juist van grote betekenis bij open innovatie. Waar bij gesloten innovatie het management van intellectueel eigendom erop is gericht anderen uit te sluiten van het gebruik van de kennis, is het er bij open innovatie juist op gericht om een maximale waarde uit die kennis te halen. Dat heeft grote consequenties voor de wijze waarop de waarde van kennis wordt gerealiseerd:

- Bij gesloten innovatie wordt de waarde van kennis gegenereerd in een gesloten en strikt gecontroleerde omgeving waarin de eigen kennis centraal staat op basis van één, bij het bedrijf passend, businessmodel. Zo'n businessmodel groeit mee met de succesvolle introducties van producten van het bedrijf. Het vormt tegelijkertijd de mal waarbinnen introductie van nieuwe producten wordt gegoten en is daarmee een ingebouwde beperking om flexibel te reageren op een veranderende omgeving.
- Bij open innovatie wordt de waarde van kennis gegenereerd in een open omgeving. Niet de eigen kennis en technologie

staan centraal, maar de problemen die daarmee kunnen
worden opgelost en vooral de waarde die dat heeft voor de
gebruikers. Oplossing van die problemen vereist combinaties van kennis. Die kennis wordt gezocht buiten het eigen
bedrijf en daarbinnen. De sleutel zit in het systeem om de
juiste combinaties te vinden en het juiste businessmodel om
de waarde daarvan te realiseren. Het businessmodel is telkens anders, want de problemen die met de technologie
kunnen worden opgelost zijn telkens anders.

| Gesloten innovatie | Open innovatie |
|---|---|
| Alle slimme mensen in ons gebied werken voor ons | Niet alle slimme mensen werken voor ons. We moeten samenwerken met slimme mensen binnen en buiten het bedrijf |
| Om profijt te trekken van R&D moeten we zelf de kennis en technologieën ontwikkelen en zelf de producten op de markt brengen | Externe R&D kan belangrijke waarde creëren. Interne R&D is nodig om een deel van die waarde te vangen |
| Als we zelf de ontdekkingen doen, zijn we als eerste op de markt | Wij hoeven onderzoek niet te initiëren om er profijt van te hebben |
| Als we de innovatie als eerste op de markt brengen, winnen we | We kunnen beter een goed business-model hebben dan als eerste op de markt te zijn |
| Als we vooroplopen in R&D-investeringen, ontdekken we de beste en meeste ideeën en worden we vanzelf marktleider | We winnen als we optimaal gebruik-maken van ideeën van binnen en van buiten de organisatie |
| We moeten ons intellectueel eigendom beschermen zodat onze concurrenten niet kunnen profiteren van onze ideeën | We moeten anderen gebruik laten maken van ons intellectueel eigendom en daar profijt uit halen, en we moeten het intel-lectueel eigendom van anderen kopen als dat gunstig is voor ons eigen business-model |

Tabel 2 – Gesloten en open innovatie

In 1922 behandelen vier Canadese onderzoekers voor het eerst diabetespatiënten succesvol met dierlijke insuline. Zo ontstond een grote, gloednieuwe markt voor insuline. Maar omdat insuline werd geëxtraheerd uit gemalen alvleesklieren van koeien en varkens, was het verhogen van de zuiverheid (uitgedrukt in *parts per million* (ppm), de hoeveelheid verontreiniging) van de insuline kritisch voor het verminderen van risico's en de kans op de bijwerkingen. Alle R&D-inspanningen van Eli Lilly, wereldleider in de productie van insuline, waren erop gericht om die zuiverheid te verhogen – vanuit het concept van gesloten innovatie. Als gevolg van de investeringen in R&D verbeterde de zuiverheid van de insuline van 50.000 ppm in 1925 naar 10.000 ppm in 1950 en naar 10 ppm in 1980. Ondanks deze verbeteringen bleven er diabetespatiënten die weerstand opbouwden tegen dierlijke insuline. Eli Lilly zocht de oplossing in genetisch gemanipuleerde bacteriën die insuline konden produceren die structureel identiek was aan de menselijke insuline. Het kreeg de naam Humuline (*Human Insuline*). Het R&D-project was technisch een succes. In het begin van de jaren tachtig bracht Eli Lilly, na een miljard dollar in het project te hebben geïnvesteerd, de Humuline op de markt. Maar de verkopen van Humuline waren teleurstellend laag. De markt bleek zeer tevreden met de insuline van varkens en zag geen toegevoegde waarde in nog betere insuline. Gesloten innovatie had een product opgeleverd dat weliswaar technologisch superieur was, maar waar de gebruiker geen extra waarde in zag.

Extra waarde bleek wel te liggen in een nieuwe manier van insuline toedienen. Traditioneel had iedere diabetespatiënt een injectiespuit bij zich plus een aantal capsules met elk één dosis insuline. Voor elke injectie moest de patiënt zijn spuit vullen door de insuline uit de capsule te zuigen en dan de naald luchtvrij maken om de insuline in te spuiten. Elke injectie kostte een paar minuten. Novo Nordisk, een (in 1980 nog) kleine producent van insuline, ontwikkelde met conventiele technieken de insulinepen, met een reservoir voor een paar weken insuline. De diabetespatiënt kan met een wijzertje de dosis instellen die hij per keer nodig heeft, de pen onder zijn huid prikken en met een druk op de knop de insuline injecteren. De totale duur van deze procedure is minder dan tien seconden. De gebruikers zagen grote toegevoegde waarde in dit product. Terwijl Eli Lilly grote moeite had iets te verdienen met zijn product, groeiden het aandeel en de winst van Novo Nordisk in de insulinemarkt.

Het verschil tussen een gesloten en open benadering van innoveren blijkt goed uit een voorbeeld in de farmaceutische industrie (bladijde 156), waarbij de waarde van een innovatie werd gecreëerd op de markt, en niet vanuit technologische superioriteit.

## Businessmodel bepaalt waarde technologie

In principe kan een bedrijf op drie manieren geld verdienen met nieuwe technologie.

De eerste is door deze technologie onderdeel te maken van hun lopende zaken, de tweede is door aan andere bedrijven licenties op het gebruik van de technologie te verlenen en de derde is door nieuwe bedrijven te starten die de technologie exploiteren in nieuwe markten.

Gesloten innovatie concentreert zich typisch op de eerste manier, waarbij de technologie dan ook nog in eigen huis wordt ontwikkeld. Open innovatie zoekt combinaties van deze drie manieren om de maximale waarde uit een technologie te kunnen halen.

Essentieel is dat die technologie op zichzelf geen waarde heeft. Die waarde krijgt het pas als de technologie is gecommercialiseerd, dat wil zeggen is vertaald naar een product, een dienst of een oplossing van een probleem en waarde heeft voor een gebruiker, die daar geld voor wil betalen. De wijze waarop de technologie waarde krijgt, wordt bepaald door het businessmodel.

Verschillende manieren om dezelfde technologie te commercialiseren zullen leiden tot verschillende opbrengsten. Daarom is het juiste businessmodel bepalend voor het succes van een technologie. Een middelmatige technologie naar de markt gebracht met een superieur businessmodel levert meer op dan een superieure technologie die naar de markt wordt gebracht met een middelmatig businessmodel.

Businessmodellen vervullen dus een essentiële rol in het creëren van waarde uit kennis of technologie, ongeacht of er sprake is van open of gesloten innovatie, maar er zijn wel grote verschillen tussen beide:

- Bij gesloten innovatie ligt de gehele waardeketen binnen het eigen bedrijf. Het bedrijf heeft volledige controle over elke stap binnen de keten. Alle waarde uit eigen ideeën wordt gecreëerd binnen het eigen bedrijf. Voor ideeën van buiten het eigen bedrijf is geen plaats in het proces van waardecreatie. De invulling van elke stap binnen de keten wordt in belangrijke mate bepaald door de cultuur van het bedrijf en zijn vroegere successen. Een businessmodel is daar een exponent van. Successen en cultuur versterken elkaar. Successen vormen het bewijs van de kracht van de cultuur, die vervolgens weer richting geeft aan het creëren van nieuwe successen. In dat proces wordt informatie die van belang zou kunnen zijn voor het businessmodel gefilterd en verworpen als deze niet past binnen de cultuur (en het model). Als gevolg hiervan gaat gesloten innovatie bijna als vanzelf samen met inflexibele businessmodellen. Binnen gesloten innovatiebedrijven wordt voor elke nieuwe ontwikkeling, met kleine variaties, hetzelfde businessmodel gebruikt.

- Bij open innovatie gebruikt men kennis en ideeën van binnen en buiten het eigen bedrijf om waarde te creëren. Daartoe moet een bedrijf interne mechanismen definiëren om een deel van die waarde te kunnen opeisen. Bij open innovatie kunnen ideeën van binnen het bedrijf ook door externe partijen in economische waarde worden omgezet en kunnen kennis en ideeën van buiten worden gecombineerd met eigen ideeën om waarde te creëren. De sleutel voor succes is: weten wat het bedrijf moet toevoegen aan de interne en externe ideeën om deze tot een succesvol waardeaanbod te integreren. Bedrijven moeten de juiste combinaties van kennis van binnen en buiten het bedrijf kunnen vinden om waarde te creëren voor alle partijen in de waardeketen. Omdat die combinatie telkens weer anders is, is ook het businessmodel telkens weer anders.

## Kennisbronnen buiten de deur

Bij open innovatie wordt geld verdiend door kennis van het eigen bedrijf te gebruiken als hefboom voor het ontwikkelen en naar de markt brengen van eigen technologie of die van anderen. De interne R&D van een bedrijf is erop gericht om die kennis te ontwikkelen. In een wereld met een overvloed aan kennis heeft een bedrijf vier redenen voor interne R&D:

- om de enorme rijkdom aan externe kennis te identificeren, deze te begrijpen, daaruit een selectie te kunnen maken en verbindingen te kunnen leggen met eigen kennis;
- om zelf ontbrekende kennis te ontwikkelen;
- om interne en externe kennis te integreren in meer complexe kenniscombinaties en nieuwe architecturen en systemen te creëren om die combinaties te vormen;
- om extra inkomsten en winst te genereren uit de verkoop van onderzoeksresultaten aan andere bedrijven.

Eigen fundamenteel onderzoek is niet langer essentieel voor het ontwikkelen van nieuwe producten en markten. Maar goede contacten met de universiteiten waar die kennis wel wordt gegenereerd en management van intellectueel eigendom dat is gericht op het maximaliseren van de waarde des te meer. Intel is een bedrijf dat al lang bewust zoekt naar verbindingen met de wetenschappelijke arena.

Intel deed zelf geen fundamenteel onderzoek naar nieuwe technologieën, maar ontwikkelde zich door zich te concentreren op de toepassing van technologie die door anderen werd ontwikkeld. De twee belangrijkste laboratoria daarvoor waren die van AT&T en IBM. Maar in 1996 werd Intel gedwongen tot een andere strategie, omdat AT&T en IBM ontdekten dat ze veel te weinig terugkregen voor de dollars die ze in fundamenteel onderzoek investeerden en dus besloten ze drastisch te snijden in de budgetten daarvoor. Intel richtte eigen onderzoeksfaciliteiten op, maar niet in één centraal R&D-laboratorium. Intel koos voor drie laboratoria, elk met een specialisatie die aansloot bij de waardeketen achter Intels businessmodel voor microprocessoren. De activiteiten van deze laboratoria zijn erop gericht om zo veel mogelijk toegang te krijgen tot kennis van buiten. Daarnaast is Intel zeer actief in het leggen van verbindingen tussen zijn eigen laboratoria en de externe onderzoeksgemeenschap. Intel doet dat door promovendi te ondersteunen

– niet door geld te geven en af te wachten wat daarmee gebeurt, maar door werknemers aan te wijzen die nauw contact
onderhouden met onderzoekers.

Intel is opgericht in 1968, toen de gesloten innovatie nog heerste. Intel
was de uitvinder (begin jaren zeventig) van de eerste computerchip (de
4004 microprocessor). De eerste chip werd gevolgd door een lange reeks
nieuwe chips (waaronder de Pentium-reeks), die allemaal een grote nieuwe innovatie-inspanning vereisten. Intel heeft zijn positie weten op te
bouwen in een zeer competitieve omgeving, maar zonder zelf ooit veel
fundamenteel onderzoek te doen. Intel opereerde in deze dynamische
markt door veel gebruik te maken van de resultaten van onderzoek van
anderen. Intel deed wel eigen onderzoek, maar op basis van het principe
van minimuminformatie. Volgens dat principe wordt een gok gedaan
naar het antwoord op een probleem en wordt vervolgens onderzoek gedaan om te zien of de gok juist was of niet. Als de gok niet juist blijkt te
zijn, wordt een nieuwe gok gedaan en zo verder. Een groot voordeel van
deze methode was dat er nauwelijks meer ideeën werden gegenereerd
dan konden worden gebruikt. Anders gezegd: de verhouding van gebruikte ideeën tot nieuwe ideeën was veel hoger dan in de klassieke R&D-
gedreven bedrijven. Innovaties gebaseerd op deze ideeën kwamen direct
voort uit de problemen die zich voordeden bij de overdacht van technologie naar het productieproces. Deze manier van innoveren bleek buitengewoon effectief en kon plaatsvinden zonder interne R&D-laboratoria.

## Open innovatie en de drie arena's

Het paradigma van open innovatie is nog betrekkelijk jong. De
eerder genoemde eroderende factoren zijn al enkele decennia
aanwezig, maar dat er sprake is van een nieuwe paradigma
wordt pas sinds kort erkend. De werkelijkheid van dat nieuwe
paradigma is:
- Kennis is geen schaars goed meer; strategieën voor het versterken van innoveren die uitgaan van zo'n schaarste zijn
  bij voorbaat gedoemd te falen.
- Het op de markt brengen van nieuwe technologieën en de

daarvan afgeleide producten gebeurt niet meer vanuit één enkele organisatie, maar vanuit een keten van organisaties die elk een deel van de waarde opeisen die in de keten wordt gegenereerd.

Deze werkelijkheid zal de komende tien jaar alleen maar duidelijker worden en dat heeft consequenties voor elk van de drie arena's.

Veel bedrijven die groot zijn geworden onder het paradigma van gesloten innovatie, zoeken nu een weg om onder het paradigma van open innovatie te kunnen overleven. Zij moeten blijven concurreren. Zij kunnen dat echter niet meer doen door hun eigen kennis te koesteren, maar moeten dat doen door hun klanten een waarde te bieden waar zij graag voor willen betalen. Daartoe moeten ze combinaties van eigen kennis met kennis van buiten vinden om die waarde te realiseren.

Universiteiten zijn de hoofdleveranciers geworden van kennis uit fundamenteel onderzoek. Ze werden dat in de tijd dat gesloten innovatie door iedereen werd gezien als de enige juiste manier van innoveren. Praktisch betekende dit dat universiteiten daadwerkelijk het beginpunt werden van het lineaire innovatietraject zoals beschreven in het vorige thema.

Universiteiten hebben door hun sterk vergrote productiecapaciteit van kennis de val van het gesloten innovatiemodel ingeleid, maar zij hebben zelf nooit aan de krachten blootgestaan die die val hebben veroorzaakt. Binnen de universitaire wereld bestaat daardoor nog steeds de conceptie dat technologieontwikkeling afhankelijk is van fundamenteel onderzoek. De praktijk is anders. Onder anderen Terence Kealey beschrijft dat niet meer dan tien procent van de industriële technologieontwikkeling afhankelijk is van fundamenteel onderzoek. De andere negentig procent is doorontwikkeling van bestaande technologie (Kealey, 1996).

In 1930 werd het kennisdomein vastestoffysica slechts aan twee Amerikaanse universiteiten gedoceerd, het MIT en Princeton. Er bestond zo weinig belangstelling voor dat Bell Labs op dat gebied tot eind 1940 geen onderzoekers kon vinden. Tot 1948, toen W. Shockley, zelf afgestudeerd aan het MIT, met zijn co-onderzoekers bij Bell Labs de transistor ontwikkelde. Fysici aan de universiteiten haastten zich daarna om het nieuwe gebied te gaan onderzoeken. Shockley gaf in de Bell Labs cursussen voor die onderzoekers en zijn boek *Electrons and Holes in Semiconductors* werd het cursusmateriaal bij universiteiten. Nog vele jaren later was het in semi-conductors *hotspots* zoals Silicon Valley gebruikelijk dat universitaire cursussen op het gebied van vastestoffysica werden gegeven door parttime hoogleraren uit de lokale industrie. Zo wisselde de stroom van theoretische kennis in de vastestoffysica van richting. Het startte als een klein kennisgebied in de wetenschappelijke arena. De kennisontwikkeling kwam vervolgens echt in beweging in de industriële laboratoria. Daarna stroomde de kennis 'terug' van bedrijven naar universiteiten. De Nobelprijs voor de fysica van 1956 ging naar Shockley en zijn industriële collega's.

Hoewel er vele voorbeelden zijn van wederzijdse beïnvloeding, vinden in de dagelijkse praktijk fundamenteel onderzoek en technologieontwikkeling onafhankelijk van elkaar plaats. Het eerder geschetste lineaire model moet dan ook worden uitgebreid om die werkelijkheid weer te geven.

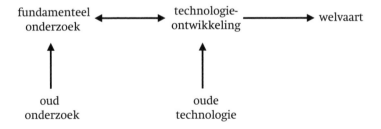

Figuur 8 - de praktijk van innoveren

Open innovatie bij bedrijven wordt steeds meer gezien als de juiste manier van innoveren. Universiteiten doen er goed aan niet langer de illusie te koesteren dat zij rijk kunnen worden door het commercialiseren van onderzoek dat binnen hun muren wordt uitgevoerd. Universiteiten ontlenen hun bestaansrecht aan het opleiden van mensen en het oprekken van de grenzen van wat de mensheid weet en begrijpt, niet aan het gecontroleerd naar de markt brengen van de resultaten van onderzoek.

De werkelijkheid van open innovatie heeft ook consequenties voor de rol die de overheid kan spelen in het verbeteren van het innovatieklimaat:

• De eerste consequentie is dat de overheid fundamenteel onderzoek niet langer moet zien als een voorwaarde voor meer innovatie en universiteiten niet moet dwingen met elkaar te concurreren op kennis.

• De tweede consequentie is dat een antwoord nodig is op de vraag of de overheid bedrijven kan helpen bij de ontwikkeling van technologie door onderzoek te financieren. Het antwoord daarop is nee. Om te beginnen impliceert het feit dat circa negentig procent van de nieuwe technologie voortkomt uit oude technologie dat investeringen in onderzoek slechts effect hebben op maximaal tien procent van alle nieuwe ontwikkelingen. Maar nog wezenlijker is de vraag of de overheid voor de resterende tien procent betere keuzes kan maken dan bedrijven – en ook die vraag moet met nee worden beantwoord.

# 6. Slim kopiëren is niet dom

*Beproefde buitenlandse concepten*
*helpen beter te innoveren*

## Afkijken is geoorloofd

Begin 2000 spraken de Europese leiders in Lissabon af dat de
EU-landen in 2010 de 'meest concurrerende en dynamische
kenniseconomie ter wereld' moesten vormen. In aanvulling
daarop sprak de Nederlandse overheid de ambitie uit dat Nederland (in 2000 een redelijke middenmoter in innovatie) in
2010 bovenaan de Europese ranglijst zou staan.

Nederland heeft de afgelopen jaren een grote activiteit ont-
plooid om die podiumplaats te bereiken, onder andere door het
ontwikkelen van nieuwe structuren, financieringsmodellen en
innovatie-instrumenten. De vraag is of die vernieuwingsdrang
effectief is. De keerzijde is namelijk dat er geen tijd wordt genomen om bestaande hulpmiddelen volwassen te laten worden
vanuit de ervaringen die ermee worden opgedaan. Landen met
een goed werkend innovatiesysteem besteden veel aandacht
aan het steeds verder verbeteren van methoden en instrumenten en beseffen terdege het belang van het professionaliseren
van de uitvoering.

Een achterstand in innoveren wordt niet ingehaald door zelf
antwoorden te bedenken op vragen die anderen al eerder en beter hebben beantwoord. Gelukkig is afkijken geoorloofd. Goede
voorbeelden zijn er te over: het Finse innovatiemodel, de Belgische IMEC-formule, de toplaag van het Amerikaanse onderwijssysteem, de hoge investeringen in Denemarken in hightech *ven-*

*ture capital*. Door slim concepten te kopiëren die elders succesvol werken, kan een land een achterstand inlopen. Het is een benadering die iedereen die wil innoveren zou moeten hebben: de vraag of er elders al een kant-en-klaar concept is dat kan worden gebruikt, in plaats van zelf het wiel opnieuw uit te vinden. Kopiëren wordt veel gedaan, maar vaak niet goed. Soms wordt alleen de naam overgenomen van een concept dat elders goed werkt. Soms wordt onder dat etiket een nieuw instrument ontworpen dat niets te maken heeft met de naamgever. Dit soort kopiëren leidt voorspelbaar tot een mislukking en tot verdere achterstand.

De term *venture capital* is ontstaan in de Verenigde Staten. De naam staat sinds het begin van de jaren tachtig van de vorige eeuw voor een bijzondere en succesvolle manier om nieuwe bedrijven te bouwen. Die manier kristalliseerde zich uit in de decennia daarvoor, toen honderden Small Business Investment Companies (SBIC's) werden opgezet om te voorzien in de kapitaalbehoefte van kleine, innovatieve bedrijven. Het beschikbaar stellen van kapitaal in ruil voor aandelen is één ingrediënt van *venture capital*, maar zeker niet het belangrijkste. Het gaat bij *venture capital* om een langdurige en actieve betrokkenheid van investeerders bij de ontwikkeling van de onderneming, niet om een passieve belegging. Centraal bij *venture capital* staan *venture capital*-fondsen. Zo'n fonds kan in grootte variëren van enkele tientallen tot meer dan 250 miljoen dollar en wordt volgestort door institutionele beleggers. Investeringen in nieuwe bedrijven worden gedaan vanuit dit fonds, altijd op basis van de overname van een pakket aandelen. Zo worden de beleggingen van de institutionele investeerders door het fonds omgezet in een portfolio van aandelen in nieuwe bedrijven. De opbouw en het management van de portfolio bepalen in hoge mate het rendement van het fonds. Fondsmanagement gaat enerzijds om de actieve begeleiding van nieuwe bedrijven (met als doel een maximale waardestijging van die bedrijven) en anderzijds het kiezen van het juiste moment om die aandelen te gelde te maken. De opbrengst voor de belegger in het fonds bestaat uit de gekapitaliseerde meerwaarde van de aandelen op het moment dat het fonds wordt geliquideerd.
Een fonds heeft een looptijd van vijf tot tien jaar. In principe kan de be-

legger al die tijd niet aan zijn geld komen. In de praktijk wordt een deel van de investeringen echter al voor het verstrijken van de looptijd geliquideerd en ontvangt de belegger al gedurende de looptijd van het fonds inkomsten uit zijn belegging.

In de Verenigde Staten werd de term *venture capital* het etiket voor een breed concept van *business building*. In de Amerikaanse context was de inhoud achter het etiket aan iedereen duidelijk. In Nederland, evenals in de rest van Europa (met Engeland als een gedeeltelijke uitzondering), werd de naam *venture capital* overgenomen zonder dat Amerikaanse inhoud van het concept mee werd gekopieerd. De term kreeg een zeer beperkte invulling, namelijk het verschaffen van kapitaal in ruil voor aandelen. Al spoedig ontstond in Europa de woordspeling *vulture capital* ('gierenkapitaal'), duidend op kapitaalverstrekkers die weliswaar geld aan startende bedrijven verschaffen, maar vooral snel een hoog rendement willen behalen en verder geen ondersteuning bieden aan het bedrijf.

## De voordelen van slim kopiëren

Slim kopiëren is het overnemen van goed functionerende concepten uit een buitenlands innovatiesysteem, op zo'n manier dat deze ook werken in de Nederlandse situatie en hier snel een probleem of knelpunt in het innovatiesysteem oplossen.

Slim kopiëren levert een aanzienlijke tijdwinst op vergeleken met het zelf bedenken van nieuwe concepten. Nieuw ontwikkelde concepten lijden aan hetzelfde euvel als elk ander innovatief idee: ze zijn nooit in één keer perfect. Het kost tijd voordat het effect van een nieuw concept in de praktijk zichtbaar wordt (afhankelijk van het doel op zijn vroegst na een tot twee jaar) en er zijn meerdere verbetercycli nodig. Het duurt minimaal vier tot vijf jaar voordat een nieuw concept tot rijping komt. Dat is in normale omstandigheden al lang, en zeker is dat lang voor landen die zich in een achterstandspositie bevinden. Slim kopiëren van goed werkende concepten, inclusief de daarin al ingebouwde verbeteringen, levert daarom een grote tijdwinst op.

Het tweede grote winstpunt van slim kopiëren is dat het rendement van het gekopieerde concept vanaf het begin hoog is. Een in de praktijk beproefd concept is de kinderziekten voorbij. Dat is aantrekkelijk, omdat in de arena's van de overheid en het bedrijfsleven geen van de partijen zich kan permitteren om bij innoveren vertraging op te lopen of verkeerde keuzes te maken. Voor de overheid betekent dat namelijk een achterblijvende economie en een afkalvende concurrentiepositie van Nederland. Voor bedrijven betekent het dat zij strategische kennis niet of te laat verwerven en een achterstand oplopen in innoveren.

Slim kopiëren kan alleen tot resultaat leiden als er aan drie voorwaarden is voldaan:

- Het is duidelijk wat de essenties zijn, waarom het concept in zijn eigen omgeving een succes is.
- De kopie is zo aangepast dat deze in de context van het ontvangende innovatiesysteem past, met behoud van de essenties, en daar iets toevoegt wat een knelpunt oplost. Die context kan anders zijn vanwege een andere wetgeving, of vanwege de specifieke financieringsstructuur of omdat in het Nederlandse innovatiesysteem partijen voorkomen die in het buitenland geen counterpart hebben.
- Er is professionele expertise om het gekopieerde concept in het nieuwe innovatiesysteem meteen goed uit te voeren. Er moet een team mensen zijn die daarmee praktijkervaring heeft, niet vanuit een ambtelijke positie werkt en het concept meteen kan operationaliseren.

Vaak wordt bij het kopiëren de context van het innovatiesysteem van oorsprong niet begrepen, als gevolg van een onvolledige analyse van het waargenomen succes. Het resultaat is dat het gekopieerde concept als het ware wordt losgerukt en in het ontvangende systeem niet leidt tot het gewenste effect.

Ook bij het Nederlandse Innovatieplatform is dit verschil in context veronachtzaamd. Het Innovatieplatform werd in 2003 ingesteld, naar voorbeeld van de Finse Science and Technology Policy Council, die een met het Innovatieplatform vergelijkbare zware samenstelling heeft met de Finse premier, de ministers van Onderwijs en Handel & Transport en andere vertegenwoordigers uit het Finse innovatiesysteem. In Finland bestaat echter een directe verbinding tussen deze Science and Technology Policy Council en de praktijk van het innovatiesysteem via TEKES (Teknologian Kehittämiskeskus, het Nationale Finse Technologie Agentschap). TEKES heeft een centrale positie in de planning en financiering van technologisch onderzoek en industriële R&D. TEKES had in 2003 een budget van circa 380 miljoen euro. Er was een portfolio van tweeduizend grote en kleine projecten waarbij ongeveer tweeduizend bedrijven betrokken waren. TEKES heeft een duidelijke focus met twee prioriteiten: het financieren van projecten en het stimuleren van bedrijven om in R&D te investeren. In Nederland ontbreekt zo'n slagvaardige uitvoeringsorganisatie met eigen budget nog, die de ideeën en plannen van het Innovatieplatform direct kan uitvoeren. Het Innovatieplatform is als structuur goed gekopieerd, maar komt hier in een context waardoor de vertaling van ideeën en plannen naar de praktijk stokt.

### Dom kopiëren is niet slim

Dom kopiëren is het op een verkeerde manier kopiëren van buitenlandse concepten naar het Nederlandse innovatiesysteem. Dit proces heeft een aantal herkenbare patronen. Uit metingen blijkt dat een of meer onderdelen van ons innovatiesysteem minder goed zijn dan in de best presterende landen, of zelfs minder dan het gemiddelde. Dit soort metingen is tegenwoordig via de European Scoreboard on Innovation geïnstitutionaliseerd; het is een permanente meetlat waarmee de innovativiteit van EU-landen wordt gevolgd. Vervolgens wordt onderzoek gedaan naar de reden waarom het elders beter gaat. Uiteraard richt men zich dan op het land waar het op dat moment het best gaat. Dan blijkt dat het buitenlandse innovatiesysteem een concept heeft (zoals een innovatie-instrument, financieringsmechanisme, institutie of wetgeving) dat Nederland mist. Als de situatie in Nederland als voldoende ernstig wordt ervaren, en de buitenlandse oplossing lijkt veelbelovend, gaat een Nederlandse delegatie met eigen ogen bekijken hoe het ook in Nederland zou kunnen. Het bezoek is goed voorbereid; de delegatie wordt enthousiast en adviseert het concept in Nederland over te nemen. Vervolgens wordt het proces in gang gezet, zonder dat de context waarin het concept werkt of de vereiste operationele ervaring goed zijn doordacht. De gevolgen kunnen desastreus zijn.

Rond 1960 heerste bij de overheid de overtuiging dat het Nederlandse onderwijs toe was aan een grondige herziening. Het Nederlandse systeem was te schools en moest meer rekening houden met de leerling. Men keek naar het buitenland en ontdekte dat de Verenigde Staten het beter deden. Daar konden leerlingen het vakkenpakket kiezen dat bij hun talenten past. En men zag ook het verschil in de output van de beide onderwijssystemen: het Amerikaanse systeem produceerde meer Nobelprijswinnaars per hoofd van de bevolking dan het Nederlandse. Het was dus ook béter. Ambitie en aanleiding vonden elkaar toen snel: kopieer het Amerikaanse systeem van keuzevrijheid, dan zal ook hier het aantal Nobelprijswinnaars toenemen. Echter, men zag de context over het hoofd. Het Amerikaanse onderwijssysteem was (en is nog steeds) ingebed in een samenleving die dynamisch is, kent een grote variëteit in kwaliteit en financiering en benadrukt dat iedereen zijn succes in eigen handen heeft. Presteren was en is daar geen verdacht woord, maar iets om trots op te zijn. Keuzevrijheid hoort daarbij, maar is niet de oorzaak. De Nederlandse overheid zag het Amerikaanse onderwijssysteem echter door een bril van Nederlandse verhoudingen. Men isoleerde het onderwijssysteem van de samenleving waarin dat systeem functioneerde. De Amerikaanse context raakte zoek. Maar 'keuzevrijheid' werd wel de hoeksteen van het nieuwe onderwijssysteem: de Mammoetwet. De uitwerking en invoering daarvan leidde een periode in van grote verwarring en opeenvolgende veranderingen van het Nederlandse onderwijs en resulteerde in het teloorgaan van een wereldwijd benijd onderwijssysteem.

Het tegenovergestelde van dom kopiëren is even schadelijk: het bij voorbaat afwijzen van enig buitenlands concept. Dit is het *Not Invented Here* (NIH)-syndroom. Het NIH-syndroom is een typisch kernmerk van de gesloten innovatie van het vorige thema. Het is een symptoom van de gedachte dat alle kennis in eigen beheer moet worden ontwikkeld en dat alleen wat in eigen hand wordt ontwikkeld en onder volledige eigen controle wordt geproduceerd, de vereiste kwaliteit kan hebben. Het syndroom leidt tot een enorme vooringenomenheid ten aanzien van alles wat van buiten komt. Uiteindelijk leidt het tot het missen van belangrijke ontwikkelingen en een groeiende achterstand op de rest van de wereld. Onder het open innovatieparadigma heeft NIH een heel andere betekenis gekregen. Het betekent daar: kijk eens hoe verstandig dat ik het wiel niet opnieuw heb uitgevonden, maar slim gebruik maak van wat er elders al is gedaan!

## Analyse van de SBIR-essenties

Het succesvolle Small Business Innovation Research-programma (SBIR) in de Verenigde Staten is in Engeland en recentelijk in Nederland gekopieerd. In Engeland is het SBIR geen succes geworden. De reden is dat het niet goed is gekopieerd. Het blijkt lastig om de essenties van het succes van het SBIR-programma goed te begrijpen. Het geheim van het SBIR zit in het accepteren van risico's én het onderscheid naar twee geheel verschillende aspecten van risico:

● Het eerste aspect van risico is de kans dat een gewaagd idee helemaal niet kan of te veel kost om te realiseren en dat het geld dat wordt geïnvesteerd in het uitzoeken daarvan verloren gaat.
● Het tweede aspect betreft de hoeveelheid geld die verloren kan gaan.

Het risico verbonden aan het eerste aspect is het grootst als een idee net is geboren. Dan kan alleen maar worden vermoed dat het tot grote opbrengsten voor de samenleving zal leiden. Om dat te beoordelen is haalbaarheidsonderzoek nodig. Is een idee haalbaar, dan moet onderzoek worden gedaan om het in een product te kunnen vertalen waarmee die grote opbrengsten zijn te realiseren. De resultaten daarvan maken het private partijen mogelijk te investeren in het commercialiseren.

Private financiers (waaronder ook de klassieke *venture capitalists*) investeren niet in onderzoek, ook geen kleine bedragen. Zij kunnen de kans van slagen niet beoordelen en vertalen dat in een hoge kans dat hun geld verloren gaat. De overheid kan wél beoordelen – via haar agentschappen – of onderzoek kans van slagen heeft, maar kan niet kiezen welke ideeën de hoogste opbrengst voor de belastingbetaler leveren. Private partijen kunnen dat wél en investeren in commercialisering als de kans dat hun geld verloren gaat klein is en de opbrengst groot genoeg is.

In het SBIR zijn haalbaarheidsonderzoek en commercialiseren aan elkaar gekoppeld met het vervolgonderzoek als tussenschakel. De overheid roept – via haar agentschappen – voorstellen op voor een haalbaarheidsonderzoek naar grensverleggende ideeën met een potentieel grote opbrengst voor de samenleving. De overheid selecteert de beste voorstellen en financiert het haalbaarheidsonderzoek. Private partijen zoals *venture capitalists*, grote bedrijven en *launching customers* financieren de commercialisering van de ideeën die een hoge opbrengst kunnen opleveren. Daartussen ligt het vervolgonderzoek, dat de sleutel is van het succes van het SBIR.

Voor dat vervolgonderzoek komen alleen gewaagde ideeën die haalbaar zijn gebleken in aanmerking. De overheid financiert in principe de beste voorstellen, maar de private sector bepaalt of een voorstel geld krijgt. Dat gebeurt doordat ten minste één private partij zich, voordat het vervolgonderzoek start, contractueel vastlegt om het commercialiseren te financieren, onder voorwaarde dat het onderzoek de beoogde resultaten oplevert binnen de afgesproken tijd. Voorstellen zonder een betrokken private partij krijgen dus geen geld van de overheid.

Het SBIR houdt op een natuurlijke manier rekening met de kenmerken van de arena's en het innovatieproces:
- De markt is niet geïnteresseerd in kennis of onderzoek, maar in producten.
- Als de kans voor een ondernemer te groot is dat hij zijn geld verliest, stopt hij er geen geld in.

- Investeringen in grensverleggende ontwikkelingen hebben een grote kans verloren te gaan.
- De overheid heeft geen verstand van het marktmechanisme in de arena van het bedrijfsleven.

Deze essenties zijn leidend geweest voor het vormgeven van het SBIR als instrument en hebben daarin een natuurlijke plaats gekregen. SBIR werkt niet als een of meer van die essenties worden vergeten.

## Europese kopieën van het IUCRC

Het Industry University Cooperative Research Center (IUCRC) Program is een voorbeeld van een goed kopieerbaar concept dat kleinschalige, langlopende programma's voor precompetitieve kennisontwikkeling tussen universiteiten en bedrijven

Het IUCRC is in 1973 gestart in de Verenigde Staten als een experiment van de National Science Foundation (NSF). In een IUCRC-programma werken steeds drie partijen samen: bedrijven die actief participeren en meefinancieren, universiteiten die excellent onderzoek doen en de overheid, die optreedt als katalysator en integrator. Sinds de jaren tachtig zijn meer dan tachtig programma's binnen het IUCRC-programma opgestart. In totaal zijn daar nu per jaar circa zeshonderd bedrijven, vijfhonderd universiteitsmedewerkers en zevenhonderd studenten bij betrokken. De overall *leverage* van overheidsbijdrage op private bijdrage is 15. Daarnaast heeft een IUCRC-programma een *leverage* van gemiddeld 1,66 op *(in-house)* private R&D-uitgaven en hebben veel private bedrijven aanvullend contractresearch laten uitvoeren aan universiteiten met een *leverage* van minstens 10 ten opzichte van hun basisbijdrage. Vele programma's zijn na beëindiging van de NSF-subsidie voortgezet en worden geheel uit private middelen gefinancierd, een bewijs van hun levensvatbaarheid. De NSF heeft vanaf het begin veel aandacht besteed aan het opbouwen van een evaluatiesysteem en expertise voor het opzetten van succesvolle samenwerking tussen universiteiten en bedrijven. Elk nieuw IUCRC-programma profiteert zo van de geaccumuleerde kennis uit het verleden. De formule is sinds het begin identiek gebleven.

stimuleert. Het is in de innovatiesystemen van Ierland, Zweden, Engeland en Nederland met succes gekopieerd. Het illustreert ook het grote belang van het opbouwen van professionele ervaring met de uitvoering.

Het IUCRC-concept werd al in de jaren tachtig in Nederland gebruikt om programma's op te zetten voor het Nederlandse Informatica Stimulerings Plan; ook bij het programma Process on a Chip (zie thema 2) is van deze ervaring gebruik gemaakt.

Bij dit kopiëren zijn de essenties van het financieringsmechanisme, de belangrijke rol van de trekker en de sterke invloed van bedrijven op de researchagenda behouden gebleven. Maar er waren ook aanpassingen nodig aan de Nederlandse context. Eén aanpassing was nodig omdat er in de Verenigde Staten via de NSF een open inschrijving is waar partijen die een IUCRC willen opzetten aan mee kunnen doen. In Nederland bestond en bestaat deze route niet en moet het IUCRC-model elke keer door een andere partij tot uitvoering worden gebracht. Een tweede aanpassing was nodig vanwege een cultureel verschil: in de Verenigde Staten wordt ondernemerschap van hoogleraren sterker gewaardeerd dan hier. De NSF is scherp gericht op het stellen en handhaven van de regels en laat het aan de vele ondernemende hoogleraren over om hun onderwerp inhoudelijk uit te werken. In Nederland is zowel in het Informatica Stimulerings Plan als bij Process on a Chip een initiërende en begeleidende rol geweest van intermediairs om dit aspect van ondernemerschap sterker in te brengen.

### Rijpende innovatie-instrumenten

Naarmate een onderdeel van een buitenlands innovatiesysteem langduriger operationeel is, wordt het meer de moeite waard om het te kopiëren. Mits regelmatige evaluaties worden gehouden en de bevindingen daarvan ook daadwerkelijk worden benut, worden innovatie-instrumenten steeds beter naarmate ze ouder worden. Dit proces gaat vaak gepaard met een verdergaande versimpeling en stroomlijning van de uitvoering. Een analyse van buitenlandse voorbeelden leert dat langdurig succesvolle innovatie-instrumenten vier gemeenschappelijke kenmerken hebben:

- Vanaf het eerste ontwerp van het instrument en gedurende de verdere ontwikkeling is het instrument steeds gericht op de kern van het probleem dat ermee wordt aangepakt en het doel dat ermee wordt beoogd. Het instrument doet recht aan de belangen van partijen in de drie arena's en geeft hun voldoende greep op de uitvoering van de activiteiten.
- Het instrument wordt voortdurend verbeterd door onafhankelijke evaluaties. Daaruit blijkt of het instrument oplevert wat ermee wordt beoogd en hoe het kan worden verbeterd. De resultaten daarvan worden gebruikt voor procesmatige en operationele aanpassingen.
- Er is één persoon die zich sterk maakt voor het instrument. Hij wordt erkend als de *Mister Instrument*. Hij bepaalt hoe hoog de lat wordt gelegd, houdt iedereen scherp en bewaakt met ijzeren hand de formule van het instrument. Het gaat niet om een steeds wisselende ploeg ambtenaren of adviseurs, maar om iemand met gezag die zijn sporen met innoveren heeft verdiend en zich met hart en ziel inzet om het instrument tot een succes te maken.
- Het instrument is bescheiden van omvang waardoor het niet in politiek vaarwater komt of ongewenste aandacht trekt bij bezuinigingsrondes.

Het belang van een goede periodieke evaluatie van instrumenten kan nauwelijks worden overschat. Het eerder genoemde IUCRC is als experiment gestart en kende in het begin een aantal varianten. De beste is behouden en deze doorliep een meer dan twintig jaar durend proces van perfectionering. Vanaf de start van het IUCRC wordt een gestandaardiseerde set vragen aan alle deelnemers van alle startende en lopende programma's voorgelegd. Deze enquêtes meten periodiek de tevredenheid van de deelnemers over het verloop van het programma en de resultaten. Zo is een database ontstaan met duizenden meetresultaten, die waardevoller wordt naarmate er meer nieuwe IUCRC-programma's starten.

Toen er in het IUCRC voldoende enquêtegegevens uit evaluaties van de lopende programma's beschikbaar waren, werd het mogelijk om statistische analyses te gaan gebruiken. Een van de vragen was of er verschillen bestonden tussen programma's die na enkele jaren verkeerd waren gegaan (doorgaans omdat bedrijven afhaakten) en programma's die het wel goed bleven doen. Daaruit kon worden gereconstrueerd welke signalen al heel vroeg een significante correlatie hadden met afhakende bedrijven. Het was ook voor de evaluators een verrassing dat de vroegste indicator daarvoor was ... ontevredenheid over de *red tape*, het gedoe met formulieren en administratie.

Dit gegeven wordt nu benut om tijdig bij te sturen. Zodra in een nieuw gestart programma de klacht over *red tape* in een evaluatie voor het eerst opduikt, zorgt de programmamanager dat hij tijdig een gesprek regelt met het bedrijf dat dreigt af te haken. Zo probeert hij de schade te herstellen. Deze terugkoppeling tussen enquêtes en praktijk is mogelijk dankzij een systematische evaluatie én een professionele begeleiding van startende programma's.

## Slim kopiëren onder intermediair

Eind 2004 organiseerde zich een groep mensen die in Nederland professioneel bezig is met 'meervoudige samenwerking': samenwerking tussen partijen uit minstens drie verschillende arena's, gericht op innovatie. Het ging aanvankelijk om zo'n veertig organisaties: de meeste kleine adviesbureaus, netwerkorganisaties of individueel werkende adviseurs. Bij elkaar een goede doorsnede van de intermediair die centraal staat in thema 8. De groep noemde zich People in Communication, Networking, Innovation en Cooperation: PICNIC.

De aanleiding voor deze bijeenkomst was te danken aan het Innovatieplatform dat in 2004 de Nederlandse kennisinfrastructuur uitdaagde om te melden in welke 'sleutelgebieden' Nederland goed is en hoe de Nederlandse samenleving daarvan kan profiteren. Het leverde een oogst van 113 van zulke sleutelgebieden op, voor de overgrote meerderheid uit de bètawetenschappen en veelal technologie- en toepassingsgericht. Eén van de uitzonderingen was de PICNIC-groep. Zij realiseerden

zich dat in een ingewikkelde maatschappij het tot stand brengen van meervoudige samenwerking tussen overheden, burgers, kennisinstellingen, bedrijven en belangenorganisaties een professionele benadering vraagt – het is in feite een afzonderlijk kennisdomein. De waarde van dit kennisdomein voor de samenleving werd gestaafd met de redenering dat de kans op het opzetten en slagen van samenwerking (uiteindelijk leidend tot de oplossing van economische en/of maatschappelijke problemen) mede afhankelijk is van intermediair. In de startbijeenkomst bleek echter dat uitgerekend deze intermediairs zelf niet of nauwelijks samenwerken of hun kennis en ervaring met elkaar delen ...
De vraag rees natuurlijk of dat niet beter kon. En om meteen een bekend obstakel van meervoudige samenwerking te overwinnen (de overgang van plannen maken naar praktische uitvoering) besloot een aantal PICNIC'ers een demonstratieproject op te zetten op het gebied van regionaal landschapsbeheer. Dat voornemen werd alleen maar versterkt door de inmiddels ontvangen afwijzende reactie van het Innovatieplatform, die het kennisdomein Meervoudige Samenwerking als 'interessant' beoordeelde maar daaraan geen consequenties verbond.

In de PICNIC-demo nemen vijf intermediairs deel die in verschillende uithoeken van het innovatiesysteem actief zijn. Er zijn er die vooral werken in het wetenschappelijk-technologische deel van het innovatiesysteem. Andere werken met innovaties op het gebied van landschapsinrichting en ruimtelijke ordening, weer andere houden zich bezig met meer sociaal gerichte (netwerk)innovaties op lokale en regionale schaal. Het blijken drie vormen van specialisatie van het intermediairschap, die behoorlijk verschillend zijn. Op een abstract niveau zijn zij weliswaar met hetzelfde proces bezig, maar op het concrete niveau van het demonstratieproject moet er heel wat worden gepraat, doorgevraagd en gediscussieerd. Ten eerste, heel basaal, om elkaar goed te begrijpen. Begrippen als 'interventie' en *exit strategy* vragen over en weer om een nauwkeurige definitie of nadere uitleg. Ten tweede om de opdrachtgever van het demonstratieproject daadwerkelijk te helpen en hem geen onbegrijpelijke waaier van methoden en benaderingen te presenteren.

De PICNIC-demo ambieert (nog) niet om een nieuwe methodiek te ontwikkelen of uit te groeien tot een nieuw bureau. Maar het is wel duidelijk geworden dat intermediairs veel kunnen winnen door het combineren van heel verschillende gezichtspunten op samenwerking en het bundelen van de benaderingen en ervaring uit allerlei sectoren.

# 7. Met vreemden op pad

*Gezamenlijk programmeren tussen verschillende arena's*

## Samenwerking over de grens

Samenwerken om tot innovaties te komen kan binnen één organisatie al lastig zijn, maar samenwerking tussen organisaties, en vooral organisaties uit verschillende arena's, is nog veel lastiger. Cultuur- en taalverschillen en deels strijdige belangen maken het moeilijk de inhoud van de samenwerking zo te definiëren dat alle partijen die onderschrijven. De complexiteit wordt vergroot omdat vaak ook de ambities, de ideeën over de aanpak en de verwachtingen waarmee partijen deelnemen aan een gezamenlijk project niet hetzelfde zijn. Er moet, vanuit de kenmerken van elk van de arena's, een gemeenschappelijke basis worden gevonden, zowel voor de inhoud als voor het proces en de organisatorische en financiële invulling. Ook tijdens de uitvoering blijft deze spanning bestaan.

Er zijn geen vaste procedures voor het programmeren van kennisontwikkeling, gericht op innovatie, in netwerken van bedrijven, overheden en onderzoeksinstellingen. Een aantal lessen is inmiddels wel geleerd. Zo is er lering getrokken uit het mislukken van het industriebeleid, waarbij bedrijven of bedrijfstakken werden gesteund die gezien de omstandigheden in hun eigen arena al ten dode waren opgeschreven (*backing the loosers*). Een andere benadering, het selecteren en specifiek steunen van kampioenen (*picking the winners*) heeft alleen zin als dat gebeurt door partijen met een ruime ervaring in de arena van het bedrijfsleven. Gebeurt deze selectie door de overheid, dan is de kans groot dat er verkeerde keuzes worden gemaakt. Tegenwoordig overheerst de gedachte dat alleen de tucht van de mondiale markt de selectieve werking biedt die bepaalt of een innovatie succesvol is en kan blijven. Vanuit die laatste gedachte is de laatste jaren een benadering ontstaan die wordt aangeduid met *backing the winners* (AWT, 2003). Hierbij gaat het er eerst om de competitieve sterkten te identificeren, en vervolgens om de overheid een beperkte rol te geven waar de markt zijn werk (nog) niet doet. Dit principe van *backing the winners* vraagt om een aanpak om winnaars te identificeren. Meestal kiezen overheden voor een procedure waarbij ingediende programmavoorstellen worden beoordeeld.

### Het lastige pad van multi-arenasamenwerking

In deel I is beschreven dat universiteiten, bedrijven en overheden actief zijn in heel verschillende arena's: de omgevingen waarin zij opereren, waarin zij hun legitimatie vinden en waarin zij met hun eigen leveranciers, klanten en concurrenten transacties uitvoeren en relaties aangaan. Partijen binnen één arena zullen alleen samenwerken als dat (op de korte of langere termijn) wederzijds voordeel oplevert. Samenwerking met autonome andere partijen is lastiger dan dezelfde activiteiten binnen de eigen organisatie uitvoeren. Daarom zal in het algemeen samenwerking pas ontstaan als partijen hun doel niet op eigen kracht kunnen bereiken, of als samenwerking betekent dat zij deze doelen sneller, goedkoper en/of op beter beheersbare wijze kunnen bereiken. Samenwerking tussen arena's is verre van vanzelfsprekend en heeft hogere transactiekosten dan samenwerking binnen één arena, omdat de barrières hoger zijn. Anderzijds staat er een aanzienlijke bonus op samenwerking tussen arena's: daarmee namelijk worden kennis en competenties toegankelijk die niet binnen de eigen arena beschikbaar zijn en kunnen (door gezamenlijke financiering en inspanningen) doelen worden bereikt die nooit binnen één arena zijn te realiseren. Het is deze beloning die zo veel partijen ertoe zet om toch het lastige pad van de multi-arenasamenwerking te betreden.

| | Kennisinstellingen | Bedrijfsleven | Overheid |
|---|---|---|---|
| **Arena**<br>**Currency** | **Wetenschap**<br>**Erkenning** | **Markt**<br>**Bottom-line** | **Politiek**<br>**Macht** |
| Financiële belangen | • meer geld voor research<br>• betere verhouding tussen publieke en private financiering van onderzoek | • minder kosten per innovatie<br>• vermenigvuldigingsfactor voor eigen onderzoek<br>• kennis op afroep<br>• geen noodzaak om te 'winkelen' naar kennis | • effectief en efficiënt gebruik van belastinggeld<br>• vermenigvuldigingsfactor voor belasting geld<br>• beter gebruik van R&D-faciliteiten |
| Strategische belangen | • sterkere octrooipositie<br>• meer publicaties<br>• beter onderzoek<br>• meer aantrekkingskracht op toponderzoekers, hoogleraren en studenten | • meer octrooieerbare producten<br>• kortere cyclustijden bij productontwikkeling<br>• meer commerciële doorbraken<br>• beter onderzoek<br>• personeelswerving<br>• antwoorden op strategische vragen<br>• *second mover advantage* | • betere universiteiten<br>• meer technologische innovatie<br>• meer R&D in de industrie<br>• herkenbaar platform van experts<br>• inzicht in (strategische) kennisontwikkeling op de lange termijn<br>• beleidsondersteuning |
| Andere belangen | • betere interactie metde vraagzijde<br>• interdisciplinaire impulsen<br>• betere kennisbasis | | • betere focus van universitair onderzoek<br>• interactie tussen universiteiten en bedrijven |

Tabel 3 Belangen van partijen in multiarena-samenwerking

In de situatie waarin universiteiten, bedrijven en overheden (gaan) samenwerken om kennis te ontwikkelen, zijn de volgende uitgangspunten te geven om de multi-arenaproblematiek te overwinnen:

● Succesvolle samenwerking tussen bedrijven en universiteiten kan alleen ontstaan waar onderzoekers wetenschappelijke uitdagingen zien en waar de industrie kennis zoekt voor innovaties. Dat helpt deze partijen immers het best om hun posities in hun arena's te versterken. Onderzoek op niet-interessante kennisgebieden levert onderzoekers geen A-publicaties en geen aanzien bij hun *peers* op; bedrijven die middelmatige kennis inkopen, zullen snel een achterstand oplopen ten opzichte van hun concurrenten.

● Samenwerking op zo'n gemeenschappelijk kennisgebied kan alleen langdurig worden als het onderzoek wetenschappelijk van topkwaliteit is en als de resultaten daarvan relevant zijn voor de innovatiestrategie van de industrie. Zonder hoge kwaliteit is de kans op continuïteit gering en zullen de *decision makers* van universiteiten én bedrijven concluderen dat zij zich beter kunnen richten op ander onderzoek of op andere kennisleveranciers.

● Langdurige samenwerking vereist bijdragen in de financiering van het onderzoek door alle participanten. Als de overheid een eigen belang heeft bij het ontwikkelen van kennis (bijvoorbeeld omdat deze een maatschappelijk doel dient, omdat de overheid haar eigen kennisvragen heeft of omdat zij economische doelen nastreeft die door kennis- en technologieontwikkeling worden bereikt), moet zij bijdragen aan de financiering.

● De besturing en controlemechanismen van een samenwerkingsverband moeten zo zijn ingericht dat de *decision makers* van alle partijen de vereiste informatie krijgen en kunnen ingrijpen als de verhouding tussen investeringen (tijd, geld, faciliteiten) en opbrengsten (uitgedrukt in hun eigen *currency*) onder een kritische grens komt of dreigt te komen.

Samenwerking kan alleen succesvol worden als deze rekening houdt met de verschillende belangen die participanten hebben bij de samenwerking. Hoe duidelijker die belangen zijn, hoe gemakkelijker het is om te onderhandelen en tot goede afspraken te komen.

## Netwerkprogrammering zonder overheid ...

Er zijn talloze manieren om gezamenlijke programmering van kennisontwikkeling in te vullen. In de praktijk zijn enkele karakteristieke typen van gezamenlijke programmering tussen arena's ontstaan, die nauw samenhangen met de organisatorische vorm van het (toekomstige) samenwerkingsverband. Deze typen onderscheiden zich naar de omvang, de partij die het initiatief neemt, de rol van intermediaire organisaties en het doel van de programmering (*Werkdocument systeeminnovatie*, 2000).

In vier typen samenwerking speelt de overheid geen of nauwelijks een rol bij de programmering:

● In het sectortype behoren de private partijen tot één economische sector. Afhankelijk van de structuur van de sector kan er één groot bedrijf of veel kleinere bedrijven (kleine nationale ondernemingen of MKB) betrokken zijn. In beide gevallen is de basis voor deelname van bedrijven om de positie van de sector als geheel te versterken, met kennisopbouw als een belangrijke factor. Bij dit type zijn relatief veel kennisinstellingen betrokken, op uiteenlopende kennisgebieden. De programmering is deels gericht op fundamentele kennis, maar vaak (bij kleinere private partijen) meer toepassingsgericht. De intermediaire organisatie heeft een in de sector geaccepteerde rol als makelaar, vertaler en (soms) financier. Het initiatief ligt bij dit type vaak bij de intermediaire organisatie, soms bij het bedrijfsleven. Het proces van programmering verloopt relatief snel.

● Bij het aanbodtype ligt het initiatief bij kennisinstellingen; samenwerking en programmering worden gestuurd door het aanbod van kennis. Deze samenwerking heeft net als het sectortype relatief veel en uiteenlopende kennisinstellingen, die samenwerken om aan een beperkt aantal private partijen fundamentele kennis te bieden. De *currency* is hier uitgesproken fundamentele kennis en de waarde daarvan is in beide arena's geheel duidelijk. De bedrijven hier hebben ervaring met innoveren en R&D. De partijen kennen elkaar voldoende om snel tot programmering te komen. Overheid noch maatschappelijke organisaties spelen hier een rol van betekenis.

- In het regiotype zoeken geografisch bij elkaar gelegen bedrijven naar samenwerking, binnen en soms buiten de sector, ondersteund door de lokale overheden. Dit type heeft deels de kenmerken van het sectortype, maar op een kleinere schaal. De samenwerking richt zich op innovaties die vooral een economisch karakter hebben en zich uiten zich als product- of marktinnovatie. Daarnaast is het innoveren van de samenwerking op zich een expliciet resultaat van dit type arrangement. De gemeenschappelijke doelstelling heeft een regionale afbakening. Deze afbakening en de nabijheid van partijen maken de programmering relatief eenvoudig. De betrokken private partijen zoeken niet zozeer nieuwe kennis, maar eerder reeds bestaande toepasbare kennis. Een regionale intermediair of regionale overheid heeft een bemiddelende en soms initiërende rol. Het initiatief ligt bij een intermediair, regionale overheid of het bedrijfsleven.
- In het intermediairtype neemt een intermediaire organisatie het voortouw bij samenwerking en programmering. Dit type samenwerking omvat een beperkt aantal kennisinstellingen, die geconcentreerd zijn op een goed afgebakend kennisgebied en een relatief groot aantal bedrijven, die geen of weinig ervaring hebben met samenwerking buiten hun arena. De private partijen zijn kleine nationale ondernemingen of het MKB. Vergaande samenwerking is mogelijk zonder dat dit conflicteert met de onderlinge concurrentiepositie. De samenwerking speelt op niet-competitief niveau (bijvoorbeeld bij standaardisatie of certificering) en het genereren van kennis daarvoor. Private partijen en/of de overheid financieren de intermediaire organisatie.

Ten slotte zijn er in de arena van het bedrijfsleven veel losse samenwerkingsvormen tussen bedrijven, vaak kleinschalig, geografisch beperkt en tijdelijk. Zij ontduiken de grote institutionele partijen en investeren met elkaar (in keten- of regionaal verband) in beperkte mate in gezamenlijke innovatie. Er is hier geen echte expliciete programmering, maar het gaat om het ad hoc zoeken naar direct toepasbare kennis, die bijvoorbeeld van nabije kennisinstellingen of van innovatieve toeleveranciers wordt betrokken. Deze samenwerkingsverbanden, waarbij vaak het mkb is betrokken (van hen werkt ruim zeven procent, meer dan 45.000 bedrijven, ad hoc of structureel met kennisinstellingen samen), blijven vaak onzichtbaar omdat zij niet zijn verbonden aan de grote geïnstitutionaliseerde innovatie-inspanningen van de overheid; hun gezamenlijk innovaties hebben echter een grote betekenis voor de economie.

## En netwerkprogrammering met de overheid

Ging het in de vorige paragraaf om programmering waar de overheid geen inhoudelijke (maar soms wel een ondersteunende financiële) rol had, twee andere vormen van programmering kenmerken zich door een sterke rol van de overheid, een complexe wijze van programmering en vaak een rol voor maatschappelijke organisaties:

● Het kis-type kenmerkt zich door deelname van veel en uiteenlopende partijen die samen grootschalige innovaties nastreven. Het versterken van de kennisinfrastructuur (kis) is hier een belangrijk doel en reden van financiering door de overheid. Voor maatschappelijke organisaties kan een duidelijke rol bestaan. De private partijen zijn grote en kleine nationale ondernemingen, soms het mkb. Hun ervaring met innoveren en onderlinge samenwerking wisselt sterk. De kennisinstellingen zijn zowel gti's als universiteiten. Een sterke intermediaire organisatie is nodig, in elk geval om de samenwerking te initiëren, en vaak ook om deze in goede banen te houden. De intermediaire organisatie wordt in het begin grotendeels door de overheid gefinancierd, vaak met de bedoeling deze later (geheel of gedeeltelijk) privaat te financieren. Bij dit type ligt het natuurlijke initiatief bij de overheid. Het proces van programmering verloopt mede

door de rol van de overheid (zie thema 11) vaak langzaam.
- Het programmatype omvat veel en uiteenlopende kennisinstellingen op verschillende kennisgebieden en een groot aantal private partijen. Bindend en beslissend voor de samenwerking is de mate waarin private partijen zich kunnen scharen onder het belang van een gemeenschappelijk inhoudelijk thema, waarvoor in de beginfase nog onvoldoende belangstelling en draagvlak bestaat en waarvoor private partijen (dus) nog geen producten of diensten op de markt brengen (bijvoorbeeld milieuvriendelijke producten). De aansturing van de samenwerking is programmatisch en gefundeerd op langetermijndoelstellingen van de overheid, die daarmee een sterke rol heeft in dit type arrangement. Er is vaak een intermediaire organisatie die vooral draagvlak en een *sense of urgency* moet zien te bereiken. De overheid financiert structureel, omdat de natuurlijke vraagsterkte onvoldoende is. Waar het onderzoeksthema raakt aan maatschappelijke onderwerpen, kunnen maatschappelijke organisaties helpen bij het invullen van het programma. Het initiatief ligt hier niet bij het bedrijfsleven, maar (via de intermediair) bij de overheid.

Voorafgaande aan deze vormen van programmering kan er een vorm van preprogrammering bestaan. Die treedt op bij grote strategische vraagstukken, vaak van maatschappelijk-economische aard, die op een nationaal niveau spelen. In de preprogrammering wordt op globaal niveau en op de lange termijn in kaart gebracht welk fundamenteel onderzoek nodig is om problemen te lijf te gaan of om uitdagingen op te pakken. Vanwege het maatschappelijke belang heeft de overheid hier een grote rol.

Een geïnstitutionaliseerd voorbeeld van het tripartiet (overheid, kennisinstellingen, maatschappij) voorbereidend programmeren van fundamenteel strategisch onderzoek is het stelsel van Sectorraden van de Nederlandse overheid. Dat stelsel bestaat uit vier raden en een koepelorganisatie, de Commissie van Overleg Sectorraden. De raden hebben tot taak om strategisch onderzoek te programmeren op basis van ontwikkelingen in de maatschappij, de wetenschap en beleid.

## De maatschappij spreekt mee

Een belangrijke drijfveer voor multi-arenasamenwerking bij innoveren ligt op het raakvlak tussen economisch gewin en de ecologische of maatschappelijke schade die ontstaat door schadelijke effecten van innovaties die bij aanvang niet werden voorzien. Veel technologieën die in de jaren vijftig en zestig van de vorige eeuw zijn ontwikkeld en aanvankelijk louter voorspoed leken te brengen, bleken later ernstige schaduwzijden te hebben, met pesticiden zoals DDT als een bekend voorbeeld. Andere innovaties zijn schadelijk omdat zij zo succesvol zijn dat zij leiden tot ongewenste neveneffecten. Het autoverkeer is daarvan een voorbeeld: hoewel auto's dankzij innovaties steeds zuiniger worden met brandstof, hebben innovaties in de productiewijze ertoe geleid dat auto's relatief steeds goedkoper zijn geworden. Hun massale aanwezigheid leidt tegenwoordig tot problemen in de vorm van files, emissie van $CO_2$ en verminderde luchtkwaliteit.

Jan Verloop, van 1998 tot 2003 innovatiemanager van Shell Global Solutions, onderscheidt drie vormen van programmering ('innovatiemodellen') (Verloop, 2004). De oudste vorm is het cascademodel waarbij wetenschappelijke kennis direct vertaalbaar is in nieuwe technologie, die op haar beurt weer direct kan worden omgezet in nieuwe producten en diensten. In dit model vinden wetenschappelijk onderzoek, techniekontwikkeling en vermarkting vaak binnen een bedrijf plaats – het is het lineaire model, als het ware 'geprogrammeerd' door de autonoom groeiende hoeveelheid wetenschappelijke kennis, zoals in thema 4 is beschreven. Dit model faalt als er (te veel) kennis wordt geproduceerd die geen waarde creëert op markten.

Het brugmodel is ontstaan als reactie op het falen van het cascademodel. Het brugmodel is *opportunity driven*: deze programmering wordt gedreven door kansen die bedrijven in de markt zien. Deze kansen worden vertaald naar kennisvragen die door wetenschappelijk onderzoek moeten worden beantwoord. Door de interactie tussen kennisvraag en kennisaanbod is er een interactieve programmering. Dit model, dat vanaf de jaren zeventig oprukte, produceert innovaties die zijn gericht op toepassing in de markt. Dit model faalt echter als de gevolgen van toepassing van kennis tot ongewenste of onzekere effecten in de maatschappij leiden.

De laatste tien tot twintig jaar is volgens Verloop uit het brugmodel het *tripod*-model geëvolueerd, een vorm van programmeren waarbij 'de maatschappij' (de derde poot van het model) een directe invloed uitoefent omdat zij andere en hogere eisen stelt aan innovaties dan strikt technologisch of economisch nodig zou zijn. Deze eisen betreffen duurzame ontwikkeling: naast de wisselwerking tussen kennisvraag en kennisaanbod wordt de randvoorwaarde gesteld dat het resultaat niet alleen economisch, maar ook vanuit een maatschappelijk en ecologisch perspectief waarde moet hebben.

De rol van vertegenwoordiger van de maatschappij wordt in deze vorm van programmering door verschillende partijen ingevuld:

- De overheid, bijvoorbeeld door in het kader van energiebeleid boetes op te leggen voor emissies van $CO_2$ (en zo indirect innovaties stimuleert gericht op het verminderen van $CO_2$-uitstoot) of financiële beloningen te geven voor innovaties die aansluiten bij beleidsdoelstellingen gericht op het aanpakken van maatschappelijke vraagstukken (zoals bescherming van het milieu of oplossingen voor de fileproblematiek).

- Maatschappelijke organisaties die druk uitoefenen op bedrijven en overheid om bepaalde onderzoeksrichtingen niet te stimuleren of zelfs te blokkeren (genetische modificatie van diervoeding) of juist wel te stimuleren (onderzoek naar milieuvriendelijke productiemethoden of duurzame energieopwekking).

- Bedrijven die het voortouw nemen om op zo'n wijze te innoveren en hun bedrijfsvoering zo te organiseren dat zij hun verantwoordelijkheid nemen voor de samenleving en het milieu (*people, planet, profit*). Bovendien worden hiervoor in toenemende mate richtlijnen opgesteld, zoals de OESO-richtlijnen voor multinationale ondernemingen. Die vormen een belangrijk normatief kader voor ondernemingen, zowel voor multinationals als voor het MKB.

## Programmeren is niet dichtspijkeren

Er bestaan enkele gevaren die het proces van netwerkprogrammering en de kwaliteit van de uitkomst kunnen bedreigen. Het eerste gevaar is de neiging om het programma bij aanvang al helemaal dicht te timmeren door te eisen dat alle activiteiten vooraf worden beschreven en gepland. Innovatie, zo werd in deel I al gesteld, is per definitie iets nieuws. Het werkelijke verloop van meerjarige researchprogramma's kan niet vooraf tot in detail worden gepland – als dat wel kan, is het eigenlijk geen innoveren te noemen. In het proces van het programmeren, maar ook in de afspraken die de partijen met elkaar maken over de mijlpalen en doelen, moet voldoende vrijheid zijn ingebouwd om af te wijken als dat nodig is.

Het tweede gevaar is dat niet goed wordt omgegaan met belangentegenstellingen. Die worden, gedurende een proces van programmering door partijen uit verschillende arena's, steevast zichtbaar. Zo'n tegenstelling kan niet worden gebagatelliseerd, of weggedefinieerd: het is geen ongelukkig toeval, maar

---

Een van de natuurlijke belangentegenstellingen begint bij de noodzaak voor wetenschappers om te publiceren. Daarop worden zij immers afgerekend. Die noodzaak kan strijdig zijn met de belangen van bedrijven, zowel wat betreft het ontwikkelen van patenteerbare producten als wat betreft de timing van commerciële doorbraken. Door 'voortijdig' te publiceren ligt de potentiële innovatie op straat en kan de concurrentie er gratis gebruik van maken. Maar niet publiceren is voor de universitaire deelnemers in een samenwerking geen optie. In de praktijk wordt onderhandeld om de publicatie gedurende een periode van bijvoorbeeld zes maanden op te schorten. Dat geeft het bedrijf de mogelijkheid om de kansen en beschermbaarheid van het innovatieve idee nauwkeuriger te beoordelen en eventueel het intellectuele eigendom te beschermen; de universiteit kan, zij het wat later, toch zonder beperkingen publiceren.

---

een symptoom van de verschillende aard van arena's. Zulke tegenstellingen moeten dus worden opgelost, en wel voordat de feitelijke uitvoering van het programma begint.

Een derde gevaar is de onderschatting van het grote belang van snelheid in de arena van het bedrijfsleven. Voor grote multinationals, die een serieuze kans hebben op baanbrekende innovaties, is het hemeltergend dat het ruim twee jaar zou moeten duren voordat daadwerkelijk zou kunnen worden begonnen met de eerste laboratoriumproeven. In de chemie is dat bijna een halve eeuw achterstand. Geen enkele R&D-manager stapt in een innovatietraject als hij vooraf weet dat het twee of drie jaar duurt voordat er financiering is om een veelbelovend idee verder uit te werken. Een programmeringsproces waarbij (doorgaans door invloed van de overheid) zorgvuldig maar langdurig wordt geoordeeld over projectvoorstellen of toekenning van geld, is niet aantrekkelijk voor bedrijven. In thema 11 komt dit grote belang van snelheid terug.

Een vierde gevaar is de grote onderschatting van de waarde van ervaring met het proces van netwerkprogrammering. In de praktijk is dat bijvoorbeeld zichtbaar geworden in de wijze waarop de overheid de drie opeenvolgende rondes van ICES/KIS heeft opgezet. Elke nieuwe ronde werd begonnen met het opnieuw ontwikkelen van het proces waarvoor mensen werden ingezet die niet actief betrokken waren bij de vorige ronde of op andere wijze ervaring hadden opgedaan met het programmeren in netwerken.

Als bedrijven (het geldt ook in de andere arena's) al meerdere malen deelnemen aan het opzetten van complexe samenwerkingsverbanden, dan accumuleert de ervaring doorgaans niet bij dezelfde mensen en wordt deze zeker niet systematisch vastgelegd. Dit is een belangrijke reden, versterkt door de verschillen tussen de arena's, dat de ontwikkeling van methodieken en *tools* voor multi-arenasamenwerking nog ver achterloopt bij de wijze waarop het innovatieproces binnen bedrijven wordt georganiseerd en gemanaged (zie ook thema

11). Uit de eerdere voorbeelden, in het bijzonder het sector-, intermediair- en KIS-type, bleek al dat een intermediaire organisatie belangrijk is als het gaat om initiatieven nemen, verschillen tussen arena's overbruggen en net zo lang 'makelen en schakelen' tussen de partijen tot er goede afspraken zijn. Daar kan deze ervaring wel accumuleren: ze hebben er hun vak van gemaakt.

Over deze laatste groep, reizigers tussen de arena's, gaat het volgende thema.

# 8. Reizigers tussen de arena's

*Intermediairs als versnellers en initiators van samenwerking*

## Samenwerking als vak

Deel I beschrijft een geïdealiseerd innovatiesysteem met de drie grote arena's: wetenschap, bedrijfsleven en overheid. Daaruit komt naar voren dat de drie arena's grote verschillen kennen in belangen, afrekenmechanismen en cyclustijden. Weliswaar hebben zij een gemeenschappelijk belang bij een goed functionerend innovatiesysteem, maar dat is geen garantie dat partijen uit de arena's snel en gemakkelijk tot samenwerking komen of dat de samenwerking zodanig is opgezet dat deze tot succes (en dat betekent: succes voor alle partijen!) leidt.

Intermediairs zijn onafhankelijke professionals die individueel, in netwerken of in adviesbureaus werken. Zij hebben er hun vak van gemaakt om een initiërende, verbindende en faciliterende rol te spelen in het innovatiesysteem, in het bijzonder tussen arena's. Intermediairs bevinden zich weliswaar in de arena van de markt – zij moeten doorgaans op commerciële basis werken – maar hun succes is sterk afhankelijk van de mate waarin zij de andere arena's kennen. Intermediairs kunnen zich niet te veel vereenzelvigen met een arena, maar moeten objectief blijven en de wetmatigheden en spelregels in elke arena begrijpen en respecteren. Zij moeten kritisch kunnen zijn over de kwaliteit van kennisproducenten, maar ook over de bruikbaarheid van beleidsinstrumenten of het absorptievermogen van kennisafnemers.

Intermediairs kunnen door hun ervaring, beweeglijkheid en overzicht van de activiteiten en karakteristieken van andere partijen snel contacten initiëren en versterken tussen de grotere partijen in het systeem, die dat zelf niet of veel langzamer kunnen. Deze activiteiten leunen sterk op het opbouwen van operationele ervaring. Die wordt het snelst opgebouwd door iets vaak te doen, met voldoende intensiteit en variatie. Veel mensen bij overheden, universiteiten en bedrijven maken misschien een of twee keer in hun loopbaan het proces mee van het bouwen van een groot samenwerkingsverband. Zij hebben te weinig gelegenheid om dat goed te oefenen; vaak krijgen ze ook geen feedback op het resultaat daarvan. En zij krijgen al helemaal niet de kans om ervaring op te doen in andere sectoren of kennisdomeinen. Weinig ervaring heeft nadelige effecten die verder gaan dan het mislukken van samenwerking of een suboptimaal verlopende samenwerking. Het gaat hier namelijk om een subtiel proces. Door onervarenheid kan grote schade ontstaan. Als het fout gaat, is er ten eerste directe schade omdat een project niet doorgaat of omdat bijvoorbeeld octrooirechten niet goed worden geregeld. Maar wat erger is: de relatie is dan verstoord geraakt. De volgende keer wordt het moeilijker om tot gezamenlijke activiteiten te komen. Deze schade is lastig zichtbaar te maken, maar uit zich in de vorm van stereotypen over mensen in andere arena's (bijvoorbeeld: 'Die onderzoekers doen toch wat ze zelf willen') en blijkt onder andere in de vorm van achterdocht bij contractonderhandelingen.

Intermediairs hebben als professie het opbouwen van samenwerking tussen verschillende typen organisaties, aangeduid met termen als: makelen, bruggen bouwen, vertolken en schakelen. Zij hebben hetzelfde proces al meermalen meegemaakt, in verschillende sectoren en soms zelfs in heel verschillende kennisdomeinen. Zij zijn genoodzaakt om goed werk te leveren, want de consequenties van een mislukking zijn voor hen ernstiger dan voor anderen. Als, bij wijze van voorbeeld, een hoogleraar er zelf niet in slaagt om een succesvol project met bedrijven op te zetten, levert dat voor hem persoonlijk weinig schade op in financiële zin of voor zijn wetenschappelijke loopbaan. Het moet niet te vaak gebeuren, maar bij een mislukte poging kan hij de schuld geven aan de tegenpartij en zich vervolgens wijden aan de andere taken van het hoogleraarschap. Maar voor intermediairs ligt dat anders. Zij worden ten eerste op commerciële basis betaald voor dit werk en kunnen worden aangesproken op falen. Mislukken hun activiteiten echter vaker, dan zullen hun opdrachtgevers vroeg of laat andere intermediairs zoeken voor zulke opdrachten. Dat maakt het voor intermediairs noodzakelijk om heel scherp te kijken naar de kansen van haalbaarheid van de projecten waarvoor zij worden gevraagd. Als het risico te groot blijkt, zullen zij afzien van een vervolg van hun opdracht.

In de theorie van de complexe adaptieve systemen (zie thema 1) ligt een sterke nadruk op het lerend vermogen van *agents*. Een systeem waarin *agents* niet leren, kan weliswaar complexiteit vertonen en in de loop van de tijd evolueren, maar het zal geen adaptief gedrag vertonen. Het ligt voor de hand dat de leersnelheid van *agents* evenredig is met hun vermogen om effectieve varianten van hun gedrag te genereren en met het aantal malen dat zij hun gedrag kunnen uittesten in het systeem. Beide mechanismen, zeker als ze worden gecombineerd, geven een grote voorsprong op *agents* die bepaalde transacties zelden of nooit uitvoeren. In dit perspectief bezien vormen intermediairs een nuttig type *agent* in het innovatiesysteem. Bij hen stapelen zich in versneld tempo leerervaringen op, zodat zij veel sneller dan andere *agents* kunnen leren wat goed werkt en wat niet goed werkt. Door hun beweeglijkheid binnen en tussen de arena's verspreiden hun nuttige ervaringen zich in versneld tempo in het innovatiesysteem.

## De meerwaarde van intermediairs

Er zijn vier belangrijke functies waarbij intermediairs een meerwaarde kunnen bieden ten opzichte van mensen die zelf in een van de drie arena's werken:
• Door hun relatieve onafhankelijkheid, hun contacten en ervaring en hun besef van het grote belang van snelheid bij in-

novatie, kunnen zij een versnelling teweegbrengen in processen die anders vertraging oplopen.

- Door hun ervaring met het proces van het opbouwen van samenwerking en de vorming van op innovaties gerichte programma's kunnen intermediairs effectiever allianties en consortia bouwen.
- Door hun inhoudelijke kennis van uiteenlopende kennisdomeinen in de arena van de wetenschap en hun inzicht in de kennisvragen in de arena's van overheid en bedrijfsleven kunnen zij sneller komen tot een goede matching van kennisvragen met het kennisaanbod.
- Door hun netwerk en overzicht van het kennisaanbod en de kennisvraag kunnen zij zelf initiatieven nemen tot samenwerking tussen partijen die elkaar niet kennen of die niet van elkaar weten dat zij tot profijtelijke samenwerking kunnen komen.

In het vervolg van dit thema wordt verder ingegaan op deze vier functies van intermediairs. In thema 6 kwam al een andere functie van intermediairs aan de orde, namelijk het kopiëren van succesvolle mechanismen uit buitenlandse innovatiesystemen.

## Verloren tijd is nooit in te halen

Intermediairs hebben doorgaans haast, veel haast. Dat komt doordat zij weten dat snelheid van wezenlijk belang is voor het succes van innoveren en doordat zij uit ervaring weten dat vertraging overal op de loer ligt. Er zijn in innovatieprocessen vele soorten oorzaken van vertraging: een onduidelijke formulering van kennisvragen, uitstel van een vergadering, een *decision maker* die even andere prioriteiten heeft, additionele vragen over een subsidieaanvraag, gedoe over contracten, enzovoort. Maar er is geen enkele manier om die verloren tijd in te halen. Het is daarom zaak om vertraging vóór te zijn. Ervaren intermediairs kunnen dat zien aankomen en proactief handelen. In hun opdrachten wordt het nooit zo benoemd, maar een belangrijk, onzichtbaar deel van hun taak is het op tempo houden van de voortgang. Zij zullen op tijd contacten leggen om belangrijke beslissingen bij grote organisaties in de week te leggen. Zij zorgen dat alle partijen goed geïnformeerd blijven. Zij proberen vragen over informatie vóór te zijn. Zij vertalen ideeën, plannen en argumenten steeds in bewoordingen die in elk van de arena's begrijpelijk zijn, zodat misverstanden of onduidelijkheden niet leiden tot het tijdelijk afhaken van partijen en alle *decision makers* weten waar zij aan toe zijn. Waar dat kan, schakelen zij hun eigen contacten in om te lobbyen voor de goede zaak.

Het programma Process on a Chip bijvoorbeeld, waarvan de aanloop in thema 2 is beschreven, dreigde aanvankelijk in een trage subsidieprocedure te belanden. Het was op initiatief van intermediairs dat werd gezocht naar een snellere subsidiemogelijkheid. Het was ook op hun initiatief dat de bij het programma betrokken bedrijven een brandbrief schreven aan de overheid dat zij graag snel en *full swing* wilden beginnen met Process on a Chip; een verzoek dat snel werd gehonoreerd.

## Harde criteria voor succesvolle samenwerking

De tweede vorm van meerwaarde van intermediairs in het innovatiesysteem is dat zij, door hun ervaring, snel en effectief op innovatie gerichte programma's en consortia kunnen helpen opzetten. In de praktijk zijn er zeven harde criteria waaraan voldaan moet zijn voor het starten van een gezamenlijk project tussen verschillende soorten partijen. Deze criteria gelden ongeacht het werkterrein, de aard van beoogde innovaties of de betrokken kennisdomeinen, en daarmee ook voor de netwerkprogrammering van het vorige thema.

Als het startende samenwerkingsverband aan al deze criteria voldoet, is de kans groot dat het een succes wordt. Wordt aan één of meer criteria niet voldaan, dan stijgt de kans snel dat het misgaat. Soms wil een van de partijen dan toch verder, en de enthousiaste intermediair zou het zelf ook heel graag willen doorzetten, ook al weet hij diep in zijn hart dat hij eigenlijk nee zou moeten zeggen ... dan moet hij flink zijn en zeggen dat het niet kan.

De opsomming doet vermoeden dat er fasegewijs kan wor-

De harde criteria voor succesvolle samenwerking:
1 gevoel voor urgentie;
2 heldere probleemdefinitie of uitdaging;
3 gedeelde aanpak;
4 haalbaarheid;
5 een goede trekker;
6 geen losse eindjes;
7 enthousiasme en elan.

den gewerkt aan het realiseren van de criteria. Maar kenmerkend voor het opzetten van samenwerking tussen verschillende soorten autonome partijen is dat de ontwikkelfase interactief en iteratief verloopt. Bij aanvang is er nog niets, behalve de eerste ideeën over de aanpak of de probleemdefinitie. Soms moet eerst worden gewerkt aan de haalbaarheid, soms duurt het lang voordat een goede trekker wordt gevonden en soms moet de probleemdefinitie onderweg worden veranderd. Er is geen vast verloop en niet zelden moet een stapje terug worden gedaan om het anders te proberen. Maar aan het eind van de

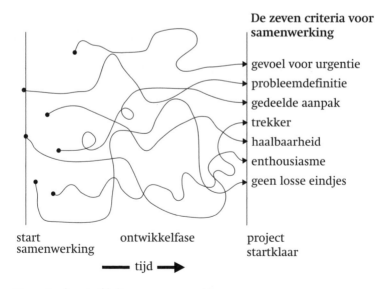

**De zeven criteria voor samenwerking**

gevoel voor urgentie
probleemdefinitie
gedeelde aanpak
trekker
haalbaarheid
enthousiasme
geen losse eindjes

start
samenwerking

ontwikkelfase

project
startklaar

◀━━ tijd ━▶

**Figuur 9 - de ontwikkeling van samenwerking**

ontwikkelfase, als het project startklaar is, moet aan alle zeven criteria zijn voldaan.

De criteria komen in het kort op het volgende neer:

- Gevoel voor urgentie. Alle partijen begrijpen dat de start van het programma urgent is. Zij realiseren zich dat vertraging schadelijk voor hen is, omdat zij dan kansen op innovaties missen of een gezamenlijke bedreiging niet tijdig het hoofd kunnen bieden. Iedereen moet het gevoel hebben dat er iets moet gebeuren. Rekken bij de besluitvorming en onderhandelingen over financiering zijn een signaal dat sommige partijen de urgentie niet voelen.
- Heldere probleemdefinitie of uitdaging. De strategische vraag moet helder, relevant en onderschreven zijn. Alleen zo kunnen alle partijen beoordelen of het probleem hun aangaat en welke rol zij willen (kunnen) spelen in het programma. Vanuit een heldere probleemdefinitie worden ook eenvoudig de *terms of reference* opgesteld die gelden voor het einddoel en voor de eventuele tussenliggende mijlpalen. Verwarring over het einddoel en over mijlpalen duidt op een vage probleemdefinitie.
- Gedeelde aanpak. Alle partijen moeten het eens zijn over de te volgen aanpak. Dit kan op verschillende manieren worden vastgelegd, bijvoorbeeld in een projectplan, een programmabeschrijving of in een businessplan. Het plan van aanpak beschrijft onder meer het proces waarlangs het programma wordt uitgevoerd, de organisatie waarbinnen dat gebeurt en de wijze waarop het programma wordt gefinancierd. Onenigheid over het projectplan is een symptoom van onvrede over de doelen en/of aanpak van het programma.
- Haalbaarheid. Alle partijen beschouwen de haalbaarheid van de aanpak en planning als voldoende. Bij twijfel of grote risico's kan vooraf een onafhankelijk oordeel worden gevraagd. De haalbaarheid kan zichtbaar worden gemaakt in haalbaarheidsstudies of pilotprojecten, voorzien van een 'go/no go'-moment als er geen *proof of principe* kan worden geleverd.
- Trekker. Er is ruim van tevoren een 'trekker' gevonden voor het programma, die voldoende gezag, kennis en tijd heeft

om het programma te managen. Hij zorgt voor energie, is ondernemend en hoedt de belangen van alle deelnemers. Hij bewaakt het proces, het draagvlak en de inhoudelijke voortgang. Zonder zo'n trekker kan het project niet starten. De gevaarlijkste verleiding is beginnen met een middelmatige trekker die het voordeel van de twijfel krijgt, omdat er geen betere is te vinden.

- Geen losse eindjes. Alles wat later, als de samenwerking eenmaal operationeel is gestart, tot problemen zou kunnen leiden, is vooraf besproken en afgedekt. Niets is fnuikender dan voortwoekerende onduidelijkheid over verantwoordelijkheden, de regeling van eigendomsrechten of de wijze waarop elk van de deelnemers grip kan houden op het verloop van het project. Lukt het in de voorbereiding niet om daaruit te komen, of lukt het niet eens om een procedure af te spreken om er later uit te komen, dan kan men gerust aannemen dat het later ook niet zal lukken.

- Enthousiasme en elan. De partijen zijn enthousiast over het voorgenomen programma en hebben er zin in. Enthousiasme blijkt uit de vaart die organisaties maken om de voorbereidingen te treffen, uit de wil om uit de onderhandelingen te komen, uit hun inspanning om gezamenlijk te voldoen aan de zeven criteria en uit hun haast om daadwerkelijk te beginnen. Elan wordt zichtbaar in de ambities van het project, de tijdshorizon van de oplossingen en de mate waarin de betrokkenen bij de *decision makers* van hun eigen organisaties het programma propageren en daarvoor steun en draagvlak hebben. Partijen die steeds minder willen bijdragen en hun ambities later omlaag schroeven, kunnen beter worden geloosd, zodat zij andere partijen niet infecteren.

## Matchen met de Toepassingentabel

De derde vorm van meerwaarde die intermediairs kunnen bieden is inhoudelijk van aard. Zij kunnen sneller en nauwkeuriger komen tot een goede matching van kennisvragen met het kennisaanbod. Dit speelt overal waar partijen die elkaar niet of onvoldoende kennen, willen gaan samenwerken, of waar nog niet bekend is welke partijen moeten deelnemen. Het kan daarbij gaan om het opbouwen van heterogene netwerken, die uit nieuwe kenniscombinaties ontstaan (zie thema 2), of om het invullen van een onderzoeksprogramma waarvan alleen de kennisvraag bekend is.

Een beproefde methode om tot goede matching te komen is de Toepassingentabel, waarmee de intermediair op systematische wijze en verschillen in taalgebruik en abstractie kan overbruggen. De Toepassingentabel heeft twee functies. Ten eerste is het een methodiek om kennisvraag en kennisaanbod te koppelen. Ten tweede is het een manier om het resultaat van die koppeling vast te leggen en te communiceren met de partijen in de verschillende arena's.

Om een Toepassingentabel in te vullen wordt zowel vanuit de aanbodkant (links) als vanuit de vraagkant (rechts) toegewerkt naar het midden van de tabel. Het principe is dat de kennisvraag in twee stappen wordt afgebroken ('gedecomponeerd') naar toepassingsgebieden. Hetzelfde gebeurt voor het kennisaanbod. De koppeling tussen vraag en aanbod ligt dan in de middelste kolom – deze kolom is dus ook het meest concrete niveau van matching en daarmee de basis voor de uitvoering van projecten.

Aan de vraagkant wordt stapsgewijs de strategische behoefte van kennisafnemers concreter gemaakt in kennisvragen. De strategische behoefte kan een beleidsdoel zijn (minder files, een betere WAO-keuring). Het kan ook een strategische innovatiebehoefte zijn van een bedrijf, zoals het optimaliseren van de logistiek of duurzame productiemethoden. Deze algemene formulering wordt systematisch uitgewerkt tot kennisvragen, die samen de strategische kennisbehoefte vormen.

Vanuit de kennisvragen worden dan de zogenoemde 'toepassingsgebieden' geformuleerd. Dit zijn inhoudelijk goed af te bakenen stukken kennis die antwoord geven op de kennisvragen. Zo'n toepassingsgebied mag nooit abstract zijn, maar wordt beschreven in termen van concrete methoden, software, apparatuur, modellen, specificaties van diensten of prototypes. De som van de toepassingsgebieden is de totale kennisbehoef-

| Kennisdomeinen | Kennisgebieden | Toepassings-(projectniveau) gebieden | Kennisvragen | Strategische vraag |
|---|---|---|---|---|
| | | | | |
| | | | | |
| | | | | |
| | | | | |

Tabel 4 De structuur van de Toepassingentabel

te, een slag concreter beschreven dan de kennisvragen dat doen. Het resultaat van deze stappen is dat de rechterzijde van de Toepassingentabel is ingevuld en dat eventuele abstractie-verschillen zijn gecorrigeerd.

Op dezelfde getrapte wijze wordt het kennisaanbod in kaart gebracht. Ook hier zijn verschillende abstractieniveaus. Op het hoogste niveau zijn dat de kennisdomeinen van kennisinstellingen. Deze worden geheel links in de Toepassingentabel geplaatst. Daarbij worden niet de grenzen van organisatieonderdelen (vakgroepen of onderzoeksinstituten) aangehouden: het gaat om de kennisdomeinen, ongeacht hun thuisbasis. De kennisdomeinen worden vervolgens geconcretiseerd tot kennisgebieden. Vanuit de kennisgebieden worden dan de mogelijke toepassingsgebieden gedefinieerd.

Doorgaans blijkt dat op de meeste plaatsen in de middelste kolom de kennisvraag aansluit op het kennisaanbod. Er kunnen echter ook kennislacunes zijn: er is geen kennis die past bij het toepassingsgebied. De intermediair moet dan op zoek naar andere kennisaanbieders.

De ingevulde middelste kolom heeft een bijzonder kenmerk: de toepassingsgebieden zijn zowel voor de vragende als voor de producerende partijen begrijpelijk. Dat is de sleutel om duidelijk te maken wat de samenwerking moet gaan opleveren.

## De Toepassingentabel in de praktijk

Figuur 10 toont schematisch een fragment van een ingevulde toepassingentabel waarbij kennisdomeinen zijn gekoppeld aan een strategische vraag in de sociale zekerheid. Voor de overzichtelijkheid is slechts één van de matches weergegeven en zijn de omschrijvingen sterk ingekort.

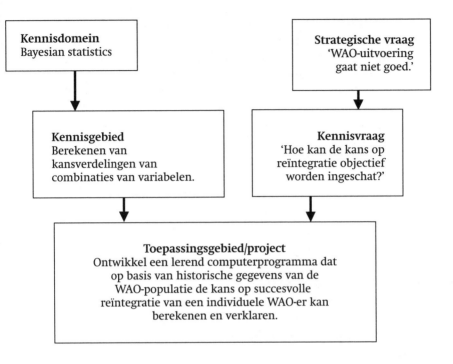

Figuur 10 – matchen van kennisvraag en -aanbod

Het invullen begint bij de vraag aan de rechterzijde.

● In de kolom 'Strategische vraag' wordt uitgezocht voor wie het probleem een probleem is en in welke termen de opbrengst van mogelijke oplossingen moet worden geformuleerd om in de arena van de probleemeigenaar indruk te maken. Bij de WAO-keuring is dat bijvoorbeeld het reduceren van imagoschade, maar een goede opbrengst zou ook zijn dat de werkdruk van keuringsartsen wordt verlicht.

● In de kolom 'Kennisvraag' wordt de strategische vraag afgebroken tot een aantal kennisvragen. Ook hier moet men letten op het helder krijgen van vage begrippen (zoals consistentie). Verder wordt systematisch doorgevraagd naar de verschillende aspecten van het reïntegratieproces. Deels vindt deze uitwerking plaats door deskresearch, maar interviews zijn nodig om de werkelijke kennisvragen boven tafel te krijgen en compleet te maken.

- Bij de kolom 'Kennisdomein' is vooral van belang dat de (soms) historische labels van onderzoeksgroepen goed worden geïnterpreteerd. Het onderzoek kan zijn geëvolueerd naar andere gebieden. Of een onderzoeksgroep kan op kennisdomeinen thuis zijn die niet worden vermeld in de officiële aanduiding van hun activiteiten.
- In de kolom 'Kennisgebieden' gaat het vooral om de vertaling van de wetenschappelijke aanduiding van kennisgebieden (zoals 'Bayesian statistics') naar functionaliteit. Dit kan betekenen dat één kennisgebied uiteenvalt in meerdere kennisgebieden. 'Variabele' bijvoorbeeld is een algemene omschrijving die in vele vormen kan worden geconcretiseerd.
- In de middelste kolom 'Toepassingsgebieden' ontstaan de matches tussen kennisvraag en kennisaanbod. In kleine tabellen kunnen dat enkele matches zijn, bij grote tabellen tientallen. De uitvoering van de activiteiten in de middelste kolom moet projectmatig kunnen worden opgepakt.

Door de structuur van de ingevulde Toepassingentabel wordt duidelijk dat in veel gevallen meerdere kennisaanbieders moeten deelnemen. Daarmee is de Toepassingentabel meteen een lijst van samenwerkingspartners in het programma.

## Intermediairs zelf op pad

De laatste functie van intermediairs in het innovatiesysteem is hun vermogen om zelf initiatieven te nemen tot samenwerking tussen partijen die elkaar niet kennen of die niet van elkaar weten dat zij tot een profijtelijke samenwerking kunnen komen.

Deze functie heeft weinig betekenis in netwerken waarin de partijen elkaar al goed kennen (de zogenoemde 'homogene netwerken', zie thema 2), maar des te meer daarbuiten.

Hier ligt een sterke relatie met ingewikkelde strategische vragen die niet één op één kunnen worden omgezet in een overzichtelijk en beperkt aantal in te zetten kennisdomeinen, die de probleemeigenaar al uit eigen ervaring kent. Maatschappelijke vraagstukken, zoals in de gezondheidszorg, mobiliteit en veiligheid, zijn daar een goed voorbeeld van. Het zoeken naar kennis blijft vaak beperkt tot de kennisdomeinen waar de probleemeigenaar weet van heeft. Vaak echter blijkt dat combinatie met kennis uit heel andere domeinen nodig is om tot afdoende oplossingen te komen. Maar om vanuit een van de arena's de opdracht te formuleren om zo'n combinatie te zoeken en uit te werken, moet daar eerst een besef zijn van het brede spectrum aan kennisdomeinen dat potentieel bruikbaar is, en dat besef ontbreekt wel eens.

De intermediair kan in deze kip-eisituatie wachten tot deze vraag hem bereikt – of zelf het initiatief nemen. Hij creëert als het ware zijn eigen opdracht. Daarvoor moet hij wel meer voorwerk verrichten en overtuigingskracht inzetten dan voor een opdracht die door de opdrachtgever is geformuleerd en waarbij het nut en de urgentie van de beoogde samenwerking al bij voorbaat aan de opdrachtgever duidelijk zijn.

# 9. Voorsprong door ijskoud oceaanwater

*Regio's als de ideale thuisbasis voor innovatieve clusters*

## De kaart van regionale differentiatie

De beschrijving van het Nederlandse innovatiesysteem in deel I is een algemeen en deels ook geïdealiseerd beeld. Daar werd ook al duidelijk dat er in feite geen sprake is van een strikt nationaal innovatiesysteem, niet voor Nederland en evenmin voor andere landen. De reden is dat de arena van het bedrijfsleven en zeker de arena van de wetenschap in hoge mate internationaal is. Ook de afrekenmechanismen die het succes van bedrijven en onderzoekers bepalen, werken op een internationale schaal. Het is alleen de overheid die nog het meest 'nationaal' is, hoewel dat in Europa relatief is door de toenemende invloed van Europese wet- en regelgeving (onder andere mededingingsregels en import- en exportregulering) en zeker ook de omvangrijke Europese subsidiëring voor innovatieprojecten.

Tegelijk zou de beschrijving in deel I kunnen suggereren dat het innovatiesysteem een uniform geheel is dat overal in Nederland hetzelfde is. In de praktijk blijkt dat in Nederland, net als in andere landen, sprake is van een sterke regionale differentiatie van het innovatiesysteem.

De belangrijkste oorzaak: de activiteiten van het Nederlandse bedrijfsleven zijn niet uniform verdeeld over Nederland, maar regionaal verschillend. Historische en infrastructurele oorzaken hebben bepaald waar zich concentraties van bijvoorbeeld scheepsbouw, bloembollenteelt, de winning van delfstoffen, papierindustrie, landbouw en logistieke en zakelijke dienstverlening hebben ontwikkeld.

Deze differentiatie wordt in een aantal gevallen, zeker als het om innovatie-intensieve bedrijfstakken gaat, versterkt door de aanwezigheid van universiteiten en andere kennisinstellingen. Hoewel Nederland een hoge dichtheid van universiteiten heeft, zijn deze niet identiek van aard. Er zijn breed georiënteerde universiteiten (Universiteit Groningen, Universiteit Utrecht, Radboud Universiteit, Universiteit van Amsterdam, Vrije Universiteit en Universiteit Leiden) met een zeer breed palet aan studierichtingen en onderzoek, de drie technische universiteiten (Twente, Delft en Eindhoven) en gespecialiseerde universiteiten: Universiteit van Maastricht, Katholieke Universiteit Brabant, Erasmus Universiteit en Wageningen Universiteit met bewust een beperkt aantal studierichtingen. Hun aanwezigheid heeft een sterke invloed op het regionale bedrijfsleven. Men kan bijvoorbeeld denken aan de Food Valley in en rond Wageningen (research van de voedingsindustrie met Wageningen Universiteit), de concentraties van biomedisch, medisch en biotechnologisch onderzoek rond de universiteiten van Leiden, Maastricht, Utrecht en Nijmegen en de spin-off bedrijven die uit de drie technische universiteiten ontstaan en zich vaak vestigen in de directe omgeving van hun universiteit.

Nederland heeft dan ook een rijkgeschakeerd landschap van regionaal gespecialiseerde innovatieve bedrijvigheid. In de nota *Pieken in de delta* (2004) van het Ministerie van Economische Zaken wordt Nederland in zes regio's verdeeld en is op basis daarvan bepaald welke regionale activiteiten stimulering verdienen. Later in dit thema komt nog aan de orde of zulke indelingen en voornemens op rijksniveau moeten worden bepaald.

## Clusters, regionale economie en de globalisering

Er lijkt een paradox in de tegenstelling tussen afzonderlijke regionale economieën en het onmiskenbare feit dat de economie de afgelopen twee decennia in sterke mate is gemondialiseerd.

De nota *Pieken in de delta* verdeelt innoverend Nederland in zes regio's:

- Noord-Nederland. Provincies Groningen, Friesland en Drenthe. De Rijksuniversiteit Groningen is hier de belangrijkste kennisinstelling, naast de hbo-instellingen. Innovatieve sectoren zijn biomedische, gen- en nanotechnologie, watertechnologie (Wetsus) en energietechnologie (Energy Valley).
- Oost-Nederland (provincies Overijssel en Gelderland). Kennisinstellingen zijn de Universiteit Twente, Wageningen Universiteit en Radboud Universiteit, Marin, MESA+, CTIT, Telematica Instituut, TNO/MEP, het Max Planck Instituut en hbo-instellingen. Innovatieve sectoren zijn de agrofoodsector, ICT, gezondheidszorg en metalectro.
- Noordvleugel Randstad (plus Utrecht). Kennisinstellingen: de Universiteit van Amsterdam, de Vrije Universiteit, Universiteit Utrecht en Universiteit Nyenrode, vele onderzoeksinstituten en hbo-instellingen. Innovatieve sectoren zijn *life sciences*, ICT, zakelijke dienstverlening, creatieve cluster en vele hbo-instellingen.
- Zuidvleugel Randstad (ongeveer de provincie Zuid-Holland). Kennisinstellingen zijn de Technische Universiteit Delft, Erasmus Universiteit, Rijksuniversiteit Leiden, TNO, vele onderzoeksinstituten en hbo-instellingen. Innovatieve sectoren zijn agrofood, bollenteelt, baggerindustrie, *life-* en *biosciences*, dienstverlening en scheepsbouw.
- Zuidwest-Nederland (ongeveer Zeeland en West-Brabant). Geen universitaire en weinig andere kennisinstellingen. Innovatieve sectoren zijn logistieke dienstverlening en de voedings- en genotmiddelenindustrie.
- Zuidoost-Nederland (Midden- en Oost-Brabant en Limburg). Kennisinstellingen zijn de Technische Universiteit Eindhoven, Katholieke Universiteit Brabant, Universiteit Maastricht, TNO en aantal onderzoeksinstituten en hbo-instellingen. Innovatieve clusters zijn de voedings- en genotmiddelenindustrie, chemische en farmaceutische industrie, auto-industrie en de metaal- en elektronica-industrie.

De wereldmarkten zijn steeds meer open geworden, het internationale en intercontinentale transport is relatief goedkoop en er zijn overvloedige mogelijkheden tot snelle en wereldwijde datacommunicatie. Er lijken geen geografische belemmeringen om kennis te verwerven, samen te werken bij innovaties en markten te vinden voor producten en diensten.

Toch is, constateert Michael Porter, 'location central to competition' (Porter, 1998). Dat heeft te maken met de zogenoemde 'clusters': kritische massa's van bedrijvigheid en organisaties (niet alleen bedrijven, maar ook kennisinstellingen en overheden) in een geografische beperkt gebied. Een cluster kan slechts een beperkte (de schaalgrootte van een regio) omvang hebben, anders worden de onderlinge afstanden te groot. Clusters verhogen de productiviteit van bedrijven, werken stimulerend en versnellend op innoveren en zijn de bakermat van nieuwe bedrijvigheid. Het geheim van het cluster is nabijheid: geografisch, maar ook in sociaal en cultureel opzicht. Het concurrentievoordeel zit in de combinatie van kwalitatief hoogwaardige bedrijvigheid en specifieke regionale kwaliteiten; een combinatie die voor concurrenten niet gemakkelijk is te dupliceren. Hoe beter een regio zich kan onderscheiden, hoe sterker zijn positie is – zelfs in een wereldeconomie waarin geen grenzen lijken te bestaan. Een natie kan in zijn geheel niet één cluster zijn; het economische succes van een natie is de som van succesvolle clusters, en niet van een groep diffuse, over het gehele land verspreide economische activiteiten. Het geheim van de clusters is dat het in de praktijk veel beter en effectiever samenwerken is als bedrijven, kennisinstellingen en de betrokken overheidsinstanties in elkaars directe nabijheid liggen, elkaar kennen en een geografisch bepaalde band met elkaar hebben.

Clusters ontstaan door beginnende (toevallig ontstane of soms gestimuleerde) samenwerking tussen enkele bedrijven die zich in dezelfde regio bevinden en in dezelfde sector actief zijn of samen een keten vormen. Dit soort samenwerking kan na enige tijd nieuwe bedrijven aantrekken, in het bijzonder toeleveranciers, voor wie het gunstig is om zich in de nabijheid van zo'n groep afnemers te vestigen. Op de langere termijn profiteren de bedrijven van synergie-effecten en van hun onderlinge samenwerking. Daardoor gaan zij ten opzichte van los opererende concurrenten beter presteren. Belangrijk is ook dat de organisaties in de clusters elkaar door deze voortgaande samenwerking leren vertrouwen. Door de verdere groei wordt het cluster steeds aantrekkelijker voor nieuwe toetreders. Ook dienstverleners en andere partijen (zoals financiers voor startende of uitbreidende bedrijven) zien voordelen in de concentratie van hun klanten en trekken naar het cluster. Zo ontstaat, in een positieve spiraal van wederzijds voordeel, een kritische massa van bedrijvigheid die een eigen dynamiek krijgt. Een van de uitingen kan zijn dat partijen in het cluster gezamenlijke activiteiten ontplooien, bijvoorbeeld op het gebied van opleidingen, gezamenlijke marketing en co-innovatie.

In dit thema wordt een strenge definitie van een cluster gehanteerd, in die zin dat het werkelijk concurrerend moet zijn. Een cluster is een regionaal geconcentreerde groep bedrijven (inclusief dienstverleners) en kennisinstellingen met volgende kenmerken:

● onderscheidt zich op nationaal niveau en kan op Europees niveau meekomen;
● heeft een kritische massa van gevarieerde bedrijvigheid op verschillende markten waarin de interne dynamiek leidt tot het ontstaan van nieuwe niches en markten;
● er is onderlinge samenwerking tussen bedrijven in grote en kleinere projecten (vanaf precompetitieve kennisontwikkeling tot en met gezamenlijke marketing);
● er is onderlinge kennisuitwisseling tussen bedrijven en innovaties worden gevoed door fundamenteel of toegepast onderzoek uit eigen R&D of uit kennisinstellingen;
● er worden projecten uitgevoerd met partijen buiten de eigen regio.

### De kracht van ijskoud water

New Foundland is een eiland, ongeveer negenmaal zo groot als Nederland, dat voor de noordoostkust van Canada ligt. Het is ontdekt door Vikingen in de achtste eeuw na Christus. Begin zeventiende eeuw werd het een Britse kolonie. Het probleem met New Foundland was (en is nog steeds) dat het totaal geen grondstoffen heeft en een buitengewoon slecht klimaat.

's Winters ligt er een dik pak sneeuw bij temperaturen van

gemiddeld –40 °C. 's Zomers is het of mistig of guur. Kortom, de Engelsen wilden er graag vanaf, zo graag dat ze New Foundland in 1948 aan Canada overdroegen en een bruidsschat van 400 miljoen dollar meegaven. Die mocht Canada besteden aan het ontwikkelen van een toekomst voor New Foundland. En veel succes gewenst.

New Foundland heeft het altijd van de zee moeten hebben. Die was in 1948 nog zeer visrijk, en bleef dat tot in de jaren zeventig de overbevissing zijn tol eiste. Afgezien daarvan liggen (weliswaar ver buiten de kust) in de zeestraat tussen Groenland en Labrador grote olievelden, midden in een koude golfstroom die tot diep in het voorjaar kolossale ijsbergen aanvoert. New Foundlanders zijn van oudsher gewend aan kou en vissen tussen ijsschotsen – misschien zijn ze daarin wel de besten ter wereld.

Begin jaren zeventig solliciteerde Angus Bruneau bij de Memorial University in de hoofdstad van New Foundland, St. John's, naar de positie van *Dean* van het Engineering Department. Hij moest dat *department* dienstbaar maken aan de economie van New Foundland. Hij deed dat door te focussen op het kennisdomein Cold Water Engineering. Hij richtte alle onderwijs, onderzoek en technologieontwikkeling van New Foundland op de problemen van de oliewinning en visserij in koud water. Hij trok topmensen aan om dat onderzoek tot het beste in de wereld te maken. Tegelijkertijd richtte Bruneau het Center for Cold Ocean Resource Engineering (CCORE) op. Deze organisatie had als doel om samen met de Canadese industrie de problemen te identificeren die typisch zijn voor werken in ijskoud zeewater, daarvoor oplossingen te ontwikkelen en die om te zetten in economische impulsen. Het effect daarvan werd onder andere zichtbaar in nieuwe technologieën om te kunnen vissen tussen ijsschotsen, in kennis om het vaarpad van ijsbergen te voorspellen en in octrooien om ijsbergen weg te houden van de olieplatforms. New Foundland is nu wereldleider in de ontwikkeling van kennis en technologie om te vissen en olie te winnen onder polaire condities.

De visie van Angus Bruneau was om kracht te putten uit de unieke en onvervreemdbare karakteristieken van de regio, in dit geval: ijskoud oceaanwater en een bar klimaat. New Foundland heeft zijn eigen kenmerken gebruikt voor de ontwikkeling van een eigen industrie. Waar olie en vis steeds meer in de richting van de polen worden gezocht, werd de markt voor de kennis en producten van die industrie vanzelf groter. De kracht van deze benadering is dat er ook 'vanzelf' nieuwe markten ontstaan: de kennis van CCORE bleek uiterst waardevol voor ruimtevaartprogramma's (de ruimte is net als New Foundland een zeer mensonvriendelijke omgeving).

## Schumpeter-clusters in Noord-Nederland

Eigen sterkten zijn de sleutel voor het vinden van onderscheid en een focus voor regionale ontwikkeling. De vraag is dus hoe regio's zich kunnen onderscheiden. In elk geval lukt dat niet door als regio in te zetten op breed gedefinieerde kennisdomeinen en/of economische sectoren zoals ICT of *life sciences*. Het wordt dan buitengewoon lastig om tot internationaal concurrerende clusters te komen. Het aantal regio's in de wereld waar clusters bestaan die willen uitblinken in brede ICT of in *life sciences* is nauwelijks te tellen. In dat spel kan een regio alleen serieus meedoen als de omvang (gemeten aan het aantal bedrijven, de interacties met kennisinstellingen van topniveau en de geïnvesteerde bedragen) ook op internationale schaal aan de top staan. Dat is voor Nederlandse clusters niet goed haalbaar. Een oude basketballwijsheid zegt dat je als kleintje niet met grote jongens moet spelen: 'If you're only five feet tall, don't play basketball.' Met andere woorden: ga niet als regio de competitie aan op gebieden waar de breedte en diepgang ontbreken die grote regio's in grote landen wel hebben. Concurreren in 'de ICT' leidt tot een oneerlijk soort wedstrijd met regio's zoals Silicon Valley die even groot zijn als Nederland; breed concurreren in de biotechnologie is lastig met regio's waar de commerciële bedrijven al meer DNA-sequencing capaciteit hebben staan dan de hele Nederlandse onderzoekswereld bij elkaar.

Nederlandse regio's moeten op zoek naar nichegebieden die precies passen bij de eigen sterkten, zodat het veel eenvoudiger is om te concurreren en een voorsprong te nemen. De eerste stap is te onderzoeken wat de internationaal onderscheidende sterke clusters zijn. Als dat te weinig oplevert, is een probaat middel om binnen bestaande clusters naar specialisaties te zoeken die wél onderscheidend zijn (zoals het voorbeeld van New Foundland laat zien) of te zoeken naar verbindingen tussen clusters die tot meer onderscheid leiden.

In Noord-Nederland is de mate van onderscheidendheid vergroot door verbindingen te leggen tussen clusters. De Sociaal Economische Adviesraad voor Noord-Nederland (SEAN), bekend met het verhaal van New Foundland, wilde de sterkten van de regio Noord-Nederland (de provincies Groningen, Friesland en Drenthe) in kaart brengen en hun internationale positie inschatten. Dat leverde een lijst op van negen stuks, waaromheen zich kleine en grotere clusters hadden gevormd, zoals onder andere gas- en energiecluster, watertechnologiecluster en zuivelcluster. Maar lang niet allemaal waren ze internationaal onderscheidend. De uitdaging was nu om deze sterkten zodanig te combineren dat zij in combinatie wonnen aan onderscheidend vermogen.

Onder de naam 'Schumpeter-clusters' werden vier nieuwe combinaties van bestaande sterkten gepresenteerd. De naam was geïnspireerd door de Oostenrijkse econoom Schumpeter, die als eerste het grote belang zag van het hercombineren van productiemiddelen (zie thema 2). Schumpeter definieerde overigens destijds niet wat hij onder productiemiddelen verstond, maar in onze tijd kunnen kennis en netwerken zoals clusters zeker worden beschouwd als productiemiddelen. Een van deze Schumpeter-clusters is het Noord-Nederlandse cluster Chemie-Biomassa-Energie (CBE-cluster).

## Op zoek naar onderscheid

Het voorbeeld van het CBE-cluster in Noord-Nederland laat goed zien hoe het vormen van nieuwe combinaties de regiona-

Het Schumpeter-cluster Chemie-Biomassa-Energie (CBE) legt verbindingen tussen drie Noord-Nederlandse clusters die voordien als min of meer gescheiden activiteiten waren beschouwd: ten eerste de activiteiten rond de winning en opslag van aardgas, ten tweede de chemische industrie zoals die in Noord-Nederland historisch uit 'gas' en 'zout' was gegroeid en ten derde de traditionele agrosector. Het doel van het CBE-cluster is om te komen tot energiewinning uit biomassa en plantaardige grondstoffen te gebruiken als substituut voor het gebruik van fossiele koolwaterstoffen. In deze benadering wordt de agrosector, net zoals de olie- en de gassector, gezien als een producent van waardevolle organische moleculen die als brandstof en als grondstof kunnen dienen en daarbij uitwisselbaar zijn. Samenwerking in het CBE-cluster betekent een optimale voorbereiding op een toekomst waarin duurzame energie uit meerdere bronnen zal komen en waarin steeds meer connecties tussen energieopwekking en -gebruik gaan ontstaan. Een interessante mogelijkheid is verder het gebruik van $CO_2$, dat onder in leeg rakende gasvelden kan worden gepompt om de restanten aardgas omhoog te krijgen. Enerzijds wordt daarmee de opbrengst van gasvelden verhoogd, anderzijds kan men daarmee grote buffervoorraden $CO_2$ tijdelijk opslaan. Dat draagt bij aan de vermindering van de $CO_2$-uitstoot in de atmosfeer en het gas kan later als grondstof of als koel- en droogmiddel worden benut in industriële processen.

le discussie verandert en een ander perspectief op sterkten en zwakten kan geven. De discussie werd veranderd omdat voordien de clusters met elkaar wedijverden wat de beste of de belangrijkste was – en dus de meeste steun kon krijgen. In Schumpeter-clusters moeten zij juist samenwerken om het cluster als geheel tot een succes te maken.

Het perspectief op de zwakten en sterkten van de regio Noord-Nederland veranderde ook. In de benadering waarin clusters afzonderlijk worden gezien, zijn de leeg rakende gasvelden van Groningen een zwakte, omdat daarmee de potentiële toekomstige opbrengst van de sterkte 'gaswinning' vermindert. Door te zoeken naar andere gebruiksmogelijkheden voor lege gasvelden ontstaan nieuwe perspectieven en wordt een leeg gasveld juist een sterkte. Enerzijds kan dat door lege gasvelden als een opslag- en bufferruimte en mengvat voor de internationale gashandel te zien (als strategische optie door de Gasunie reeds onderkend), maar naast aardgas kunnen ook andere gassen tijdelijk worden opgeslagen, zoals het voorbeeld van $CO_2$ laat zien.

Een andere manier om tot onderscheid te komen is het bewust formeren van combinaties van kennisgebieden, waardoor een basis ontstaat voor nieuwe combinaties van bedrijven. Een voorbeeld daarvan in de regio Oost-Nederland is in thema 2 behandeld: de regio heeft een kenniskaart gemaakt van nieuwe kenniscombinaties, die de kiem kunnen vormen voor nieuwe clusters. Daarbij is dankbaar gebruik gemaakt van de specialisaties van de drie oostelijke universiteiten, waaromheen zich de zogenaamde *valleys* hebben gevormd (Food Valley rond Wageningen, Health Valley rond Nijmegen/Arnhem en Technology Valley in Twente). Door tussen deze drie *valleys* specifieke verbindingen te leggen, kunnen clusters ontstaan die een eigen niche creëren.

### Het belang van intrinsieke sterkten

Een gevaar bij het zoeken naar kansrijke regionale clusters is dat de nadruk te veel ligt op de inhoud van bestaande en eventueel toekomstige economische activiteiten. Bij het zoeken naar clusters, en het beoordelen van hun kansen en mogelijkheden, moet ook worden gekeken naar de intrinsieke sterkten van een regio: de historische kenmerken die een regio bijzonder maken. Die kunnen liggen in geografische of fysieke omstandigheden, een lange historie en ervaring in een bepaalde bedrijfstak of in de aard van de regionale bevolking.

Het prettige van intrinsieke sterkten is dat ze stabiel en gratis zijn. De kunst is om de intrinsieke sterkten te benutten ten bate van de eigen clusters: om deze te versterken en/of om deze meer onderscheidend te maken.

Ook clusterdeskundige Christian Ketels van de Harvard Business School wijst op het belang van eigen sterkten en de bete-

In een clusteranalyse voor de Provincie Flevoland werd, naast de inhoudelijke bevindingen over de regionale clusters, ook gezocht naar de intrinsieke sterkten van deze regio. Een daarvan was de pioniersgeest. Flevoland is ontstaan door een planmatig, op de toekomst gericht 'design' van een nieuwe regio. Na de drooglegging van oostelijk en zuidelijk Flevoland moest het nieuwe land worden opgebouwd. In de beginjaren werd de braakliggende vruchtbare zeebodem omgeploegd door boeren uit het oosten en noorden die naar het nieuwe land waren gekomen. De gloednieuwe dorpen en steden werden betrokken door mensen uit de agglomeratie Amsterdam. Bij mensen die zo maar naar een kaal gebied trekken om daar te gaan boeren, wonen en een bestaan op te bouwen, stroomt geen gewoon bloed door de aderen. Zij hebben pioniersbloed. Dat is vermoedelijk een deels erfelijk bepaald kenmerk, want het voorbeeld van de Verenigde Staten leert dat nog generaties lang die mentaliteit van nieuwe dingen willen doen, aanpakken en handen uit de mouwen steken behouden blijft. Die mentaliteit bestond en bestaat nog steeds in Flevoland, wat bijvoorbeeld blijkt uit het feit dat dit gebied relatief het grootste aantal starters van Nederland telt. Die mentaliteit maakt het ook mogelijk experimenten uit te voeren met nieuwe vormen en diensten, die in oude gebieden op grote weerstand stuiten.

Deze pioniersgeest kan worden gekoppeld aan de kansen voor de regionale clusters. Een daarvan is het cluster 'agrarische activiteiten'. De komende tien jaar zullen in Flevoland (net als in de rest van Nederland) veel landbouwgronden vrijkomen, omdat boeren stoppen. Door de pioniersgeest en omdat deze provincie door zijn jonge leeftijd geen historisch gegroeide belemmeringen heeft, is Flevoland een gebied in Nederland waar op een substantiële schaal snel een hergroepering van agroactiviteiten kan worden gerealiseerd (bijvoorbeeld gericht op hergebruik van $CO_2$ en restwarmte) of waar nieuwe verbindingen tussen agrarische activiteiten, toerisme en recreatie kunnen worden gelegd.

kenis van de historie van de regio. Clusters zijn volgens hem niets nieuws; zulke lokale samenwerkingsverbanden bestonden al eeuwen geleden. Maar door de mondialisering en ICT zijn er nu mogelijkheden die vroeger niet bestonden. Men kan (een voorbeeld van Ketel) met een universiteit in Tokio samenwerken, met een leverancier in China en met een dienstverlener in de Verenigde Staten. Maar die mogelijkheden staan voor iedereen open en zijn dus geen punt van onderscheid. Het wordt pas spannend als men deze nieuwe communicatiemogelijkheden beheerst, want dan komen de kritieke vragen: 'Wat zijn mijn eigen sterkten, wat hebben anderen niet? Wat is mijn traditie, wat zijn mijn competenties?' Regio's onderscheiden zich van elkaar door hun unieke mix van lokale sterkten en omstandigheden. In elk afzonderlijk daarvan kan men niet 's werelds beste zijn, maar de mix moet onderscheidend zijn. Ondernemers moeten kijken bij welke van hun activiteiten de specifieke kwaliteiten van de eigen regio in hun voordeel werken.

## De noodzaak van keuzes

De wetenschappelijke studie van regionale clusters en clusterbeleid staat nog in de kinderschoenen. Er is een grote variëteit aan benaderingen, met als een van de lastige problemen wat nu precies een cluster is. Hoe 'los' mag de samenwerking zijn om nog een cluster te heten? Hoe groot en concurrentiekrachtig moet een cluster zijn om een serieuze impact op de regionale economie te hebben? Porter zelf was in daar zijn Innovation Lecture van 2001 voor een grote groep vertegenwoordigers van het Nederlandse innovatiesysteem duidelijk over. Volgens hem heeft Nederland maar één echt cluster: het bloembollencluster, waarin zeer intensieve samenwerking bestaat die heeft geleid tot een sterke internationale positie. Wie echter de clusters van de Nederlandse regio's bij elkaar optelt, komt op enige tientallen. De waarheid zal ergens daartussen liggen, maar het maakt wel de noodzaak duidelijk dat clusterbeleid, en daarmee het regionale economische beleid, vooral een kwestie moet zijn van kiezen. Juist de regio, met zijn kleinere schaalniveau en beperktere middelen dan de nationale overheid, kan zich niet permitteren om op te veel paarden tegelijk te wedden. Te veel clusters (bestaande of in wording) steunen betekent een versnippering van aandacht, geld, menskracht en energie. Dat gaat ten koste van de paar clusters die wél een kans maken, en uiteindelijk is het resultaat 'vijf keer niks' in plaats van 'één keer raak'.

Slovenië heeft de noodzaak van focussen goed begrepen. Het land, een van de meest succesvolle Oost-Europese economieën, liet in het jaar 2000 een onderzoek houden onder meer dan vierduizend bedrijven. Daaruit kwamen 128 mogelijke clusters naar voren. Slechts drie daarvan werden een pilotproject om tot een serieuze clusterontwikkeling te komen: toeleveranties voor de auto-industrie, werktuigbouwkunde en transport. Alleen voor deze drie werden ondersteunende activiteiten opgezet, tezamen met een permanente monitoring of de beoogde netwerkvorming tussen de bedrijven inderdaad plaatsvindt en of de clusters in opbouw zich een plaats op de wereldmarkt kunnen veroveren.

In de Verenigde Staten is een langduriger ervaring met clusters en clusterontwikkeling. Daarbij zijn twee tendensen zichtbaar die ongetwijfeld ook in Europa en Nederland zullen gaan optreden.

De eerste is dat clusters zich steeds verder specialiseren. Clusters beginnen vaak met een zekere heterogeniteit, zoekend naar een focus voor de activiteiten en een goede niche op de internationale markt. Naarmate ze rijpen, concentreren zij zich op een goed afgebakend en relatief klein werkgebied. Dat pleit ervoor om bij een startend cluster al direct zo goed mogelijk een duidelijke focus te formuleren. Een signaal dat de focus nog ontbreekt (of de verkeerde naam is gekozen), is de keuze voor een zeer algemene aanduiding voor een cluster, zoals *life sciences*. Als er nog geen focus is, moet worden gezocht naar specialisaties binnen dit brede kennisdomein die passen bij de feitelijke regionale sterkten. Als die specialisatie er al wel is, verdient het sterke aanbeveling om ook de naam werkelijk onderscheidend te maken.

De tweede tendens is dat clusters vrijwel nooit ophouden te bestaan, maar wel van aard veranderen als de economische omstandigheden dat eisen. Een van de meest succesvolle olie- en gasclusters in de Verenigde Staten is gesitueerd in Texas. Hoewel in dat gebied nog nauwelijks olie wordt gewonnen, leeft dit cluster van de opgebouwde competenties met olie- en gaswinning. Clusters blijken in staat economisch actief te blijven als hun primaire sterkte verdwijnt.

Het Nederlandse bloembollencluster maakt nu eenzelfde ontwikkeling door. Aanvankelijk stoelde de kracht van dit cluster op de teelt in de eigen regio. Tegenwoordig vindt de teelt van snijbloemen en orchideeën voor een belangrijk deel in andere landen plaats, maar door zijn kennis, contacten en competenties beheerst het Nederlandse bloembollencluster nog steeds de wereldmarkt in zijn niche.

In de nota *Pieken in de Delta* zijn de regio's nogal scherp afgebakend. Men moet beseffen dat zo'n indeling mede is bepaald door provinciegrenzen. De arena van het bedrijfsleven is natuurlijk niet op deze wijze te verdelen. Bedrijven zullen zich niet afkeren van een interessante partner als deze zich net in een andere provincie of (zoals in Zuid- en Oost-Nederland) juist over de grens in België of Duitsland bevindt. De Europese Unie stelt via het Interregprogramma subsidie beschikbaar om zulke grensoverschrijdende samenwerking tussen bedrijven te stimuleren. Zo'n programma bestaat onder andere voor de 'Grensregio Vlaanderen-Nederland' en is bedoeld om vooral het MKB de impuls te geven tot technologische samenwerking en innoveren met andere bedrijven over de grens.

## De rol van de regionale overheid

Dit thema opende met de regionale differentiaties in de arena van het bedrijfsleven (de regiospecifieke economische bedrijvigheid) en in de wetenschappelijke arena (de regionale uitstraling van de aanwezigheid van kennisinstellingen). Hoe zit het dan met de arena van de overheid?

Er is een nationaal wetenschaps- en innovatiebeleid dat door de Ministeries van Onderwijs, Cultuur en Wetenschappen en Economische Zaken wordt bepaald, maar regionaal hebben provinciale en gemeentelijke overheden de vrijheid om een eigen regionaal innovatiebeleid te voeren, tegen de achtergrond van het nationale innovatiebeleid. Zij worden daar ondersteund door de regionale ontwikkelingsmaatschappijen en vele (regionaal of lokaal) werkende platforms en andere faciliterende organisaties. De moeilijkheid ontstaat bij de constatering dat er geen enkel stukje Nederland is dat wel nationaal, maar niet regionaal is. Beleidsplannen op rijksniveau en de uitvoering daarvan raken dus altijd regionale activiteiten. De vraag is of en in hoeverre de centrale overheid de regie voor het regionaal economisch beleid en speciaal het regionaal innovatiebeleid moet voeren.

De regionale overheid heeft hierin een belangrijke, maar ook beperkte rol. Die rol is belangrijk omdat zij – beter dan de rijksoverheid, door de nabijheid en de nauwere contacten met het lokale bedrijfsleven en kennisinstellingen – kan zien wat er aan regionale bedrijvigheid bestaat, welke delen daarvan goed presteren en wat specifiek gedaan kan worden om een cluster te ondersteunen. Die rol is tegelijk ook beperkt, omdat alle praktijkvoorbeelden in binnen- en buitenland laten zien dat clusters niet kunnen worden 'gebouwd'. Hoogstens kunnen zij, in een vroeg stadium van hun ontwikkeling, worden ondersteund. Mogelijkheden daartoe zijn het stimuleren en ondersteunen van netwerkopbouw en kennisuitwisseling tussen clusterpartijen, steun voor precompetitieve programma's tussen bedrijven en kennisinstellingen en steun bij het opstellen van gezamenlijke businessplannen. Verder kan de regionale overheid, meer algemeen, een goed innovatieklimaat bevorderen. Dat betekent dat zij zorgt voor goede infrastructurele voorzieningen, ontwikkelingsfondsen, professionele begeleiding van (startende) bedrijven en het inrichten van incubators. Niet alleen de bedrijven in clusters profiteren daarvan, maar ook andere bedrijven.

De rest moeten de partijen in het cluster, de bedrijven voorop, zelf doen. Clusters kunnen alleen ontstaan in de arena van het bedrijfsleven. Zij worden ook afgerekend volgens de regels die in deze arena gelden. Een te nadrukkelijke of langdurige rol van de overheid, regionaal of nationaal, werkt averechts. Te lang trekken en duwen aan clusters die kennelijk niet levensvatbaar zijn, gaat ten koste van de aandacht van beginnende clusters die wel kansrijk zijn.

# 10. Innoveren zit in iederéén

*Hoe strakke discipline leidt tot onvermoede innovativiteit*

## Innoveren met rubberen dempers

De Adviesraad voor Wetenschaps- en Technologiebeleid (AWT) constateert in *Innovatie zonder intentie* (AWT, 2005) een interessant verschil tussen het Nederlandse innovatiebeleid en dat van andere Europese landen. Het Nederlandse beleid is als geheel sterk gericht op kennisontwikkeling en op de formele R&D van industriële bedrijven. Kennisdiffusie en kennisgebruik krijgen relatief veel minder aandacht dan in andere landen. Meer dan de helft van het innovatiebudget van het Ministerie van Economische Zaken komt terecht bij de 14.000 bedrijven die zelf aan R&D doen (circa twee procent van het totale aantal bedrijven in Nederland) en nog eens 35 procent gaat naar TNO, de grote technologische instellingen en precompetitieve samenwerkingsprojecten. Slechts twee procent van het budget is beschikbaar voor kennisoverdracht naar ondernemingen (SKO: subsidieregeling Kennisoverdracht Ondernemers MKB) en brancheorganisaties (SKB: Subsidieregeling Kennisoverdracht Brancheorganisaties MKB).

Historisch verklaart de AWT dit fenomeen door de aanwezigheid in Nederland van enkele grote industriële bedrijven (met Philips voorop) die sterk in R&D zijn. Vergeleken met andere Europese landen schenkt het Nederlandse innovatiebeleid erg weinig aandacht aan de toepassers, volgens de AWT: 'de praktijkgedreven innovatieaanpak waarbij het draait om competentieontwikkeling, kennisassemblage en toepassing, productaanpassing, de ontwikkeling van nicheproducten en *learning by doing*. Op de werkvloer van bedrijven zijn mensen dag in dag uit met de producten, diensten en processen van hun bedrijf bezig – daar ontstaan vele slimme, vernuftige en geldbesparende innovaties.

Te midden van het geweld in de media over de kenniseconomie valt het artikel in de krant nauwelijks op. Het staat weliswaar op de economiepagina van *de Volkskrant* van 17 juni 2005, maar mist in de kop woorden als innovatie en kennis. Daar staat wel: 'Gewone employé heeft hoofd barstensvol gouden ideeën'. Het gaat over de monteurs Arnold Alders en Eduard Witte, beiden werkzaam in de Campina-melkfabriek in Heiloo, die de oplossing vonden voor een langslepend probleem. Het vullen van de melkpakken ging gepaard met veel slijtage, roest en storingen. 'We moesten steeds weer in het vet graaien om de machines te repareren,' zegt Alders. De twee monteurs ontdekten na lang zoeken dat rubberen dempers de machines aanzienlijk konden verbeteren. 'De grijpers, die 48.000 bewegingen per dag maken, krijgen door de dempers minder speling. Het blijkt in de praktijk prima te werken. Sinds de dempers zijn geplaatst, zijn de machines storingsvrij.' Dankzij dit relatief eenvoudige idee wordt jaarlijks ruim honderdduizend euro aan onderhoudskosten bespaard.

### Ideeën van de werkvloer

Volgens Jeff Gasperz, hoogleraar innovatiemanagement aan de Universiteit Nyenrode die in het hierboven genoemde artikel wordt geciteerd, komt het grootste deel van de praktisch toepasbare ideeën van de eigen medewerkers. In een innovatieve onderneming, is zijn overtuiging, ontstaat tachtig procent van de goede ideeën diep in de organisatie, minstens drie echelons onder het topmanagement. Campina heeft dat proces goed georganiseerd en verdient jaarlijks 1,3 miljoen euro met dit soort snel implementeerbare ideeën. Dit is voor een groot deel van het MKB, maar ook in grotere bedrijven, in de praktijk de belangrijkste vorm van innoveren.

De ideeënstroom in een organisatie is op allerlei manieren te managen en stimuleren. Een bedrijf kan werkoverleg organiseren dat is gericht op het vinden van oplossingen voor problemen, of een ideeënbus ophangen waar medewerkers hun vondsten kunnen inleveren. Verder benadrukt Gasperz dat het lot van een goed idee in een organisatie sterk wordt bepaald door de cultuur. Stimulerend zijn een werkomgeving waarin het bedenken van ideeën wordt aangemoedigd en chefs en bovenbazen die openstaan voor nieuwe verbeteringen. Een goede organisatorische maatregel is het aanstellen van een ideeëncoördinator, die ideeën verder begeleidt. Een gewaardeerde en concrete stimulans is de financiële bonus voor de bedenker van het succesvolle idee. Alders en Witte kregen ieder een bonus van 3500 euro. Een directer en beter voorbeeld van de relatie tussen geslaagde innovatie, praktijkkennis en geld is nauwelijks denkbaar.

## Geheime Russische denkpatronen

Interessanter dan het managen van deze ideeënstroom is de vraag hoe dit type innovatieproces in zijn oorsprong kan worden verbeterd en versneld. Op de werkvloer van bedrijven werken de grote instrumenten van het nationale innovatiebeleid niet. Daar gaat het om de interne innovatiecyclus van een bedrijf, die in deel I werd genoemd als de snelste en meest directe bron van innovatie.

De afgelopen decennia is veel werk verzet om dit creatieve proces van ideevorming effectiever te maken. Het heeft geleid tot tientallen creativiteitsmethoden, die min of meer volgens een vast proces het proces van ideevorming willen verbeteren, met als doel te komen tot méér ideeën van een betere kwaliteit. Creative Problem Solving, de denkhoeden van De Bono, associatieve technieken, brainstorming, extreem denken en vele varianten daarvan zijn in de loop van de tijd ontwikkeld.

Met deze methoden is op zich niets mis, maar zij hebben één, weinig onderkende, eigenschap gemeen: op het kritieke moment in het proces, daar waar het zogenaamde creatieve moment werkelijk ligt, wordt de uitkomst daarvan overgelaten aan de onkenbare diepten van het menselijke brein. Vraag een manager, een monteur en een accountant om in een bepaalde situatie een extreme variant te verzinnen en er komen drie verschillende uitkomsten. 'Zoek een associatie' wordt gevraagd en vijf productontwerpers komen met twintig verschillende associaties. Dat lijkt mooi, vanuit de aanname dat het genereren van veel ideeën goed is, maar er zijn twee grote verborgen nadelen aan verbonden. Later meer daarover.

Terwijl de mainstream van de creativiteitsmethoden aanzwol, werkte in Rusland een ingenieur aan een opdracht van zijn baas. Genrich Altshuller (1926-1998) moest niet creatief zijn of problemen oplossen, maar een simpele vraag beantwoorden. Hoe komt het, vroeg zijn baas, dat een klein deel van onze ingenieurs structureel tot betere oplossingen komt voor technische problemen dan hun collega's? En met 'beter' bedoelde zijn baas niet creatief of hoe gekker hoe beter, maar oplossingen met als kenmerken: een hoge kans op slagen en snelle implementeerbaarheid. Of het oplossen van een probleem waar überhaupt niemand anders uitkwam.

Altshuller interviewde en bestudeerde tientallen ingenieurs tijdens hun werk, zowel zijn briljante collega's als de wat minder briljante. Hij gebruikte geen model van de werking van het menselijk brein, en evenmin theorieën over creativiteit en innovatief denken. Hij observeerde en analyseerde slechts, zoals een goede Russische ingenieur betaamde. Hij vergeleek de werkwijze van de topingenieurs met die van hun minder effectieve collega's. Hij ontdekte, los van enige bestaande psychologische theorie (misschien wel zijn grootste verdienste), dat hij het probleemoplossend vermogen van zijn collega's kon verklaren uit het feit dat zij systematisch te werk gingen – maar onbewust, zonder het zelf te weten. De beste ingenieurs hadden een geheime set van denkpatronen. Het meest verbazingwekkende feit was echter dat er slechts een beperkt aantal oplossingsstrategieën was. Ze bleken, na de analyse van Altshuller, zo eenvoudig dat elke gedachte aan ongrijpbare creativiteit verdween. Dit was systematisch, programmeerbaar denken – en de resultaten daarvan waren oplossingen die ontstaan leken in een ongrijpbaar creatief proces.

Altshuller werkte zijn ontdekking uit en kwam tot een complete methode voor het oplossen van typische ingenieursproblemen. Hij noemde het TRIZ (Teoriya Resheniya Izobreatatelskikh Zadatch: theorie voor inventief probleemoplossen). TRIZ won aan populariteit in Rusland en werd, met de uittocht van de Joden uit Rusland begin jaren negentig, ook geëxporteerd naar Israël. TRIZ werd aan de Universiteit van Tel Aviv wetenschappelijk uitgewerkt tot de methode Systematic Inventive Thinking (SIT) en gebruiksklaar gemaakt voor innovatieve doeleinden. De denkpatronen van Altshuller werden verpakt in vijf *thinking tools*. In Israël werd deze methode eind jaren negentig voor het eerst gecommercialiseerd. SIT werd toegepast in innovatieworkshops voor (kleine) productiebedrijven en later zakelijke dienstverleners, zoals banken.

Later zou blijken dat SIT een zeer algemene methode is: toepasbaar op producten, maar ook op diensten, landschapsbeheer, baggerproblematiek, processen in de sociale zekerheid en campagnes om toptalent te werven.

## Verbod op creativiteit

Wie voor het eerst een SIT-sessie meemaakt, beseft meteen dat het niet gaat om creativiteit. De deelnemers krijgen opdracht om niet creatief te zijn en voorlopig niet na te denken over functionaliteit. Brainstormen en zo maar ideeën opperen, zonder een van de *thinking tools* te gebruiken, kan ertoe leiden dat men uit de groep wordt verwijderd.

De deelnemers formuleren eerst het startpunt van de SIT-sessie. Wat is het product of de dienst die zij willen verbeteren? Zij mogen daarbij geen generalisaties gebruiken. Wil iemand een koffiebeker innoveren, dan moet hij concreet aangeven om welke beker het gaat. Wil iemand een knelpunt in een bedrijfsproces oplossen, dan moet hij precies aangeven om welk proces het gaat. 'Milieubeleid' als zodanig is niet te innoveren, maar wel beleid dat is gericht op het reduceren van

emissies door personenauto's. Kortom: maak datgene wat onderwerp van sit is (beleid, problemen, processen, diensten of
gebruiksvoorwerpen – hier gemakshalve verder als 'product'
aangeduid) zo concreet mogelijk.

Dan gaat de groep de zogenoemde 'componenten' van het
product benoemen. Het gaat niet om functies, samenhang of
veranderingen, slechts om een opsomming. Het frappante is
dat twee gescheiden groepen die vanuit hetzelfde product werken met vrijwel vergelijkbare lijstjes eindigen. Daarbij maakt
de functie, de intelligentie of de creativiteit van de afzonderlijke mensen niets uit. Het grote voordeel is dat de resulterende
lijst van componenten in hoge mate gedeeld eigendom is van
alle deelnemers en dat het effect van hiërarchische of intellectuele verschillen in de groep al sterk wordt gereduceerd. Deze
lijst van componenten is het startpunt voor de beslissende volgende stap: de toepassing van de *thinking tools*.

De toepassing van de *thinking tools* is een mechanische stap.
Een van de *tools* heet *multiplication*. Neem een van de componenten van het lijstje en vermenigvuldig het. Doe alsof er drie,
tien of vijftig van zijn. Vraag niet waarom, maar denk dat het
zo is. Vraag niet naar het nut van een product met tien componenten X, maar stel je voor welk virtueel product dan ontstaat.
En op dat moment pas, als het virtuele product als het ware
voor de groep op tafel ligt, mag er worden gedacht over functionaliteit en meerwaarde voor de gebruikers van het product.

## De kracht van eenvoud en beperkingen

Het eerste geheim van het succes van sit is de grote eenvoud
van de *thinking tools*. Er zijn geen 'denkhoeden' of lastig over te
dragen abstracte denkstappen waarin iemand wordt gevraagd
om zomaar eens wat nieuwe associaties of variaties te bedenken. Toepassing van de *thinking tools* gaat bijna als vanzelf en
blijkt door iedereen snel te leren. De *tools* geven precies en concreet aan wat er moet gebeuren. De *tools* worden bovendien
toegepast op componenten van het bestaande product of
dienst. Daarom heeft iedereen in de sessie hetzelfde heldere en
concrete startpunt om aan het werk te gaan. Het is paradoxaal:

De medewerkers van het Israëlische bedrijf Kapro (in gereedschap voor de bouw) kregen deze opdracht toen zij met behulp van sit hun assortiment wilden vernieuwen. Kapro maakte waterpassen, een werktuig dat al meer dan 3000 jaar in dezelfde vorm wordt gemaakt. Eerst werden de componenten van een waterpas benoemd. De mannen van Kapro (productiemensen, verkoper en eigenaar) waren snel klaar: een lat en een libelle, het onderdeel met vloeistof en een luchtbel. Als *thinking tool* werd vervolgens *multiplication* gebruikt: de component libelle werd vermenigvuldigd. Tot lichte verbijstering van de Kapro-medewerkers, die deze gedachteoefening moesten uitvoeren, ontstond zo een waterpas met meerdere libelles op een rijtje. Wat kon je daar nu mee doen? Totdat men ging spelen met dit virtuele product en bedacht dat de libelles in iets verschillende hoeken gemonteerd konden worden. In de bouw komen regelmatig hellingen van 0,5, 1 en 2 graden voor, bijvoorbeeld als een vloer of buis iets schuin moet liggen. Als een waterpas alleen horizontaal werkt, moet de bouwvakker steeds ingewikkeld doen met papiertjes en blokjes hout om de helling goed te kunnen meten. Een waterpas met meerdere libelles in verschillende hoeken is een instrument waarmee zonder tijdverlies (en veel nauwkeuriger!) het juiste verval van vloeren, daken en leidingen kan worden gemeten. De vermenigvuldiging van libelles was hier de tussenstap om tot een concreet nieuw product te komen. Inmiddels heeft Kapro een heel assortiment nieuwe waterpassen ontwikkeld. De omzet werd in vier jaar verdrievoudigd en de producten werden al snel ook naar de Verenigde Staten en Europa geëxporteerd.

voor toepassing van deze *tools* is in feite geen greintje creativiteit nodig! Juist hier, in de fase die in de creativiteitsboeken *ideation* heet (de fase van ideevorming) bieden de *thinking tools* eenduidige en duidelijke hulp.

Het tweede geheim van sit is dat het *beperkingen* oplegt aan het inventief denken. Dat klinkt vreemd, want beperkingen lijken strijdig met alle ideeën over vernieuwing. De gedachte is veelal dat creativiteit geen regels mag kennen en dat het denkproces zeker niet bij voorbaat mag worden belemmerd. Veel methoden komen neer op het stimuleren van nieuwe associaties en willen daarin vooral geen beperkingen opleggen. SIT doet dat wel, en zelfs in sterke mate:

- Het beperkt de oplossingsruimte. Wie zijn product wil innoveren, mag daarvoor niet een volkomen nieuwe plasticsoort bedenken, of chips inbouwen die het product opeens tot een soort computer maken. Alle componenten dienen te worden gevonden binnen de beperkte ruimte van het bestaande product en de directe omgeving daarvan. Dit heet in SIT het Closed World-principe. Het Closed World-principe heeft een groot praktisch voordeel in de implementatiefase. Het startpunt bestaat per definitie uit componenten van de bestaande producten en diensten van een organisatie. Daarmee is men goed vertrouwd: die worden al ingekocht, verwerkt of gemaakt. Dat komt tot uiting in een snellere implementatie met minder kans op onverwachte tegenslagen.
- Het beperkt het aantal toegestane bewerkingen om tot virtuele nieuwe producten te komen. Alleen de vijf *thinking tools* met hun rechttoe rechtaan werking zijn toegestaan. Hun werking is zo simpel dat groepen mensen met heel verschillende achtergronden tot gezamenlijk gedragen en begrepen resultaten komen.
- Het formaliseert het proces tot een vaste volgorde van werken. Startpunt is het inventariseren van componenten. Dan worden *thinking tools* ingezet. Dan visualiseert men hoe deze virtuele producten eruitzien. Daarna pas wordt onderzocht wat de functies daarvan kunnen zijn en voor welke bestaande of nieuwe markten zij aantrekkelijk kunnen zijn. Het denken over functionaliteit komt dus pas ná het denken over de virtuele vorm. Dit principe van SIT heet *function follows form*. Dit is, zeker in kringen van mensen die in hun werk gewend zijn om snel tot oplossingen te komen, de lastigste stap. Al tijdens de toepassing van de *thinking tools* schakelen deze mensen hun gedachten twee stappen door naar het mogelijke nut en profijt van ... maar dat mag niet.

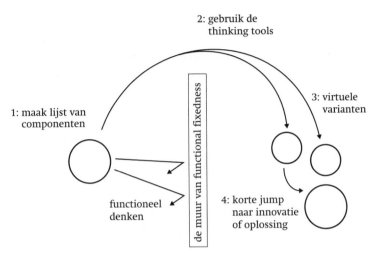

**Figuur 11 - SIT doorbreekt functional fixedness**

## Obsessie voor functionaliteit

De mens is van nature goed in functioneel denken en getraind in het snel vinden van adequate oplossingen. In routinesituaties is dat functionele denken ook zeer nuttig. Maar datzelfde functionele denken kan een blokkade worden. Wanneer iemand vastloopt in zijn eigen oplossingen, ontstaat *functional fixedness*. Het brein wordt geobsedeerd door het willen bereiken van 'de' oplossing. SIT is bedoeld om een omweg te bieden, een omweg die mechanisch en zonder denken moet worden uitgevoerd. Maak een lijst van componenten, denk er niet bij na. Pas de *tool multiplication* toe (of een van de andere vier) – denk er verder niet bij na. Stel je voor hoe de virtuele variant eruitziet – bedenk (nog) niet wat het nut daarvan zou kunnen zijn. Door deze strakke werkwijze en de tijdsdruk van een sessie vergeet het brein tijdelijk het functionele denken – tot het moment dat de virtuele varianten zijn gemaakt. Dan kan het opgesloten functionele denken tot uitbarsting komen en zich richten op de toepasbaarheid van de virtuele varianten.

SIT heeft nog een groot voordeel. De afzonderlijke stappen zijn zo simpel dat verschillen in intelligentie en creativiteit er niet toe doen. De lijst van componenten die een groep deelnemers in een sessie opstelt, is in hoge mate identiek, wie er ook in de groep zitten. Een belangrijk obstakel bij innovaties, namelijk verschillen in cultuur en achtergrond van productiemedewerkers, marketeers en managers, wordt zo vrijwel geheel gereduceerd. De toepassing van de *thinking tools* schakelt mensen gelijk. Niemand kan slimmer zijn dan een ander in het toepassen van *multiplication* – want daarvoor is deze stap te eenvoudig. De resulterende virtuele producten zijn daarom in hoge mate eigendom van de hele groep. Dit in tegenstelling tot een proces waarin iedereen individuele ideeën inbrengt, waarna er een vorm van *ranking* plaatsvindt en een deel van de mensen hun eigen ideeën (toevallig altijd de beste ideeën) kwijtraakt.

SIT is bedoeld om, op een contra-intuïtieve manier, mensen op een ander denkspoor te zetten. De *thinking tool unification* is een mooi voorbeeld. Deze wordt vaak ingezet om hardnekkige problemen op te lossen. De natuurlijke neiging van de mens is om het probleem te bestrijden, te isoleren, of te negeren – en dus oplossingen in die richtingen te bedenken. *Unification* dwingt om gebruik te maken van het probleem, namelijk door het geforceerd te verbinden met andere componenten. Zo kampte de Saoedisch-Jemenitische reisorganisatie Desert Tours met het probleem dat Jemenitische roversbenden hun toeristen ontvoerden en losgeld eisten. Het kostte de reisorganisatie duizenden euro's per maand om hun klanten vrij te kopen en de belangstelling van de reis daalde om begrijpelijke redenen zienderogen. Desert Tours heeft het probleem – ontvoeringen – verbonden aan de belangrijkste component van hun dienstverlening: de woestijntocht voor toeristen. De ontvoering is nu namelijk onderdeel van de reis. Toeristen worden na een bezoek aan een archeologische site 'plotseling' gekidnapt en verblijven drie dagen in een primitief roverskamp, waar niemand Engels spreekt. Inclusief volpension, want zij moeten meehelpen met water zoeken en woestijnratten vangen. Iedereen is blij: Desert Tours omdat de omzet sterk gestegen is, de toeristen hebben een bijzondere ervaring waar ze graag 1500 euro extra voor betalen en de roversbenden hebben een constante legale inkomstenbron en gratis huishoudelijke hulp.

## Nieuw beleid voor vervuilende oldtimers

Als generieke *tool* is sit ook geschikt om beleid te verbeteren. In een training bogen twee groepen sit-cursisten zich over het actuele probleem dat eigenaren van oude auto's geen wegenbelasting hoeven te betalen, terwijl ze wel een relatief grote bijdrage kunnen leveren aan luchtverontreiniging. De overheid dreigde met het botte beleidswapen van extra heffingen voor oude auto's, ongeacht of ze inderdaad vervuilend waren, hun eigenaren daar veel of weinig kilometers mee reden, speciale filters hadden gemonteerd of speciale zwavelvrije brandstof verstookten. De cursisten, geen van allen betrokken bij dit probleem, moesten met een oplossing komen voor dit probleem met behulp van de sit-*tool adding a dimension*. Deze *tool* dwong de groepen om ook het aangrijpingspunt van het beleid mee te nemen: de eigenaar van de oude auto's en de gebruikssituatie daarvan. De *tool* dwong hen ook om alleen die componenten van het beleid te gebruiken die werkelijk effect op de eigenaar en zijn auto hebben.

Aanvankelijk produceerden beide groepen bekende oplossingen, zoals het differentiëren van belasting naar ouderdom van de auto en naar het jaarlijkse kilometrage. Maar dat heeft geen relatie met de vervuiling die een auto werkelijk produceert. Systematisch doorwerkend (de methode dwingt ook saaie en ogenschijnlijk nutteloze mogelijkheden te bekijken!) stuitten de beide groepen op een nog onbenutte component, namelijk de verplichte periodieke autokeuring. Bij die keuring wordt het aantal gereden kilometers vastgesteld én er wordt bij de meting tegelijk een goede indruk van de luchtverontreiniging van elke individuele auto verkregen. Beide groepen vonden hiermee snel de oplossing om bij de apk-keuring niet alleen de kilometerstand, maar ook de gegevens over hoeveelheid en samenstelling van de uitlaatgassen vast te leggen en te koppelen aan de belasting. Met die beide gegevens is het eenvoudig om een gedifferentieerde wegenbelasting te heffen. Het mooist was een variabele vrijstelling (op basis van een vast quotum aan vervuiling met $CO_2$ of andere emissies) van zoveel duizend kilometers per auto, zodat liefhebbers van oldtimers toch hun hobby konden blijven uitoefenen. Groot voordeel van deze oplossing is dat alle componenten er al zijn (per definitie, want het uitgangspunt is datgene wat er al is): de procedures en keuringsstations bestaan, er is een werkend controlesysteem en de ICT-infrastructuur ligt gereed. Riskante en dure nieuwe technologische oplossingen (met sensoren, transponders, aparte metingen, elektronische tolpoorten et cetera) of nieuwe organisaties zijn dan niet nodig.

## SIT in het innovatierepertoire

SIT is bij uitstek een methode om de eigen kennis van de medewerkers in een organisatie te richten op kleine innovaties, in een situatie waarbij het opzettelijk volgen van simpele, zelfs bedrieglijk makkelijke stappen is bedoeld om de deelnemers aan de sessie zo lang mogelijk af te houden van functioneel denken – tot het moment dat zij vlak bij een echte oplossing of innovatie zijn beland en met hun kennis van hun bedrijf en klanten de beslissende stap zetten. Dat doen zij zelf – de *thinking tools* en de facilitator zijn daarbij hulpmiddelen.

Deze aanpak leidt tot ideeën die niet ontstaan in de meer op creativiteit gerichte methoden. Of misschien ontstaan zulke ideeën daar wel, maar worden ze in het onderbewuste afgeserveerd als onvoldoende creatief of vernieuwend. De gelijkenis met de opvattingen van Schumpeter, die *Neue Kombinationen* als krachtige stimuli voor innoveren beschouwde (zie thema 2), is treffend. Bij Schumpeter ging het om hercombinaties van productiemiddelen; SIT is op dezelfde wijze een methode die werkt met het hercombineren van de componenten van een bestaand product, dienst of bedrijfsproces. En net als bij Schumpeter start SIT niet bij de markt. Later, als de beste virtuele varianten verder zijn uitgewerkt, kunnen zij worden voorgelegd aan klantenpanels. Maar de oorsprong voor innovatieve ideeën ligt in het eigen assortiment en in de kracht van de kennis en ervaring van de eigen mensen.

# 11. Witte olifanten moeten budget inleveren

## Het onderschatte belang van snelheid, onderscheid en ondernemerschap

### Tijdverlies is fnuikend voor innovaties

De tien voorafgaande thema's hebben innoveren in zijn vele verschillende gedaanten getoond. Wie door de oogharen naar deze voorbeelden kijkt, kan twee factoren zien die in hoge mate beslissend zijn voor het succes van innoveren, in die zin dat zij tot effecten leiden in de maatschappij. Die kenmerken zijn snelheid en onderscheid.

Snelheid is nodig omdat de rest van de wereld niet stilstaat als Nederland geen tempo maakt, of omdat de concurrentie niet stilstaat als een bedrijf geen tempo maakt. Het succes van elke innovatie heeft een tijddimensie. Ten eerste is er simpelweg de bedrijfseconomische afweging. Het innovatietraject vraagt investeringen in elk van de drie fasen: de fase van het ontwikkelen van het idee, de fase van de R&D en de laatste fase van de commercialisatie. In de opeenvolging van deze fasen nemen de kosten exponentieel toe. Naarmate een innovatietraject langer duurt (bijvoorbeeld als er nieuwe technologie moet worden ontwikkeld of wetenschappelijke kennis moet worden omgezet in voor bedrijven hanteerbare technologie), nemen de kosten nog eens extra toe. Maar bovendien verschuift het moment dat de eerste opbrengsten binnenstromen. Elke vertraging in het innovatieproces werkt door in gemiste of later verworven opbrengsten. Ten tweede is er de druk van (buitenlandse) concurrentie. Een innovatief idee, hoe goed ook, dat te langzaam de weg naar toepassing aflegt, loopt het risico dat het wordt ingehaald door hetzelfde idee dat elders in de wereld wordt ontwikkeld, maar met meer snelheid tot commercialisatie wordt gebracht. In sectoren als de ICT en biotechnologie kan een vertraging van twee of drie maanden funest zijn en een voorsprong in een achterstand veranderen. Het gaat er dus niet om wie als eerste het idee heeft, maar wie als eerste de markt op kan. In thema 5 bleek dat een goed businessmodel en partners kunnen helpen om een innovatie sneller en ook effectiever tot commercialisatie te brengen dan wanneer een bedrijf zelf de innovatie wil ontwikkelen, verpakken in producten en op de markt wil brengen. Licenties en het inschakelen van partners die de innovatie snel op grote buitenlandse markten kunnen brengen, zijn daarvoor een beter middel dan een langzame marktintroductie in eigen land – omdat de concurrentie intussen een groter buitenlands marktaandeel verovert.

Los van snelheid is ook onderscheid nodig om op de wereldmarkt een plaats te veroveren en te versterken. Onderscheid is nodig omdat Nederland een kleine speler is in de wereld. Nederlandse bedrijven kunnen, op een enkele multinational na, niet op tegen de grote buitenlandse spelers. Maar kleine spelers kunnen een grote impact hebben als ze inzetten op hun specifieke kracht en unieke sterkten. Zij moeten de plaatsen zoeken waar hun eigen sterkten maximaal in hun voordeel werken. Mogelijkheden om dat te doen liggen in de keuze om te focussen op een beperkt aantal nationale sleutelgebieden en in het vormen van gespecialiseerde regionale clusters. Het bewust formeren van nieuwe kenniscombinaties is een andere manier om tot onderscheid te komen. Het voorbeeld van New Foundland en de wijze waarop Nederlandse regio's zoeken naar eigen specialisaties en sterkten (zie thema's 2 en 9), geven aan welke mogelijkheden daarvoor zijn. Ook de voorbeelden van *disruptive technologies* in thema 3 laten zien dat hun (aanvankelijk vaak verborgen) 'troef' uiteindelijk het beslissende onderscheid is waardoor zij het winnen van oude technologieën.

Snelheid en onderscheid zijn geen abstracte begrippen. Zij

zijn direct te operationaliseren naar de wijze waarop het innovatietraject wordt georganiseerd en naar de wijze waarop de portfolio van ideeën en projecten wordt beheerd.

## Managen van het innovatietraject

In deel I is de dubbele innovatiecurve beschreven met zijn twee gespiegelde lijnen. De eerste lijn is de curve die de onzekerheid aangeeft dat een innovatief idee de opeenvolgende stappen van het innovatietraject overleeft en uiteindelijk wordt omgezet in een commercieel succes van een geïnnoveerd product. Deze curve is exponentieel afnemend. In de grafiek worden drie fasen onderscheiden:

- de fase van het ontstaan van het idee tot en met een eerste projectvoorstel;
- de fase van projectvoorstel tot en met een werkend prototype en een businessplan;
- de fase van de commercialisatie tot en met de introductie op de markt.

Het managen van het innovatietraject heeft als speciale opgave dat deze drie fasen een heel verschillende benadering vragen (Verloop, 2004). In de beide eerste fasen spelen de verwachte tijdsduur van de realisatie en de mate waarin het beoogde product onderscheidend is een belangrijke rol bij het besluit of de organisatie daarmee verder wil gaan.

Fase 1 gaat om het organiseren en managen van de ideeënstroom; deze fase is te karakteriseren als *quick and dirty*. De kwantificering van opbrengsten en kosten zal nog ruw zijn; het is veel belangrijker dat de technologische aspecten kort en duidelijk zijn beschreven, en dat ook de waarde van het idee voor de toekomstige klant duidelijk kan worden gemaakt. Dit is de fase die om creativiteit vraagt en om het aanboren en benutten van bronnen voor nieuwe ideeën (die van de werkvloer kunnen komen, of vanuit andere organisaties). Medewerkers van de organisaties worden uitgenodigd en gestimuleerd om nieuwe ideeën aan te dragen. Grote organisaties hebben dit proces geprofessionaliseerd. Zij stellen vaak een bescheiden budget en ondersteuning beschikbaar om een pril idee goed te beschrijven. In deze fase is ook een filter aangebracht dat de beste ideeën selecteert. Dat kan door het R&D-management gebeuren of door een *peer review*. Hier moet ook de vraag worden beantwoord of het idee met een octrooi moet worden beschermd en (zie thema 5) of het idee in een aparte organisatie moet worden ontwikkeld of misschien zelfs moet worden verkocht. Een snelle selectie is niet alleen goed voor de doorlooptijd, maar ook een positieve stimulans voor de indieners van ideeën.

Fase 2 vraagt om het managen van een team dat gericht is op het technologisch uitwerken van het projectvoorstel en het in kaart brengen van alle financiële, marketing- en logistieke aspecten. Hier moet blijken of het idee technologisch haalbaar is – bijvoorbeeld door het bouwen van een prototype. Aan het eind moet ook blijken of het idee kan worden verpakt in een nieuw product of een nieuwe dienst die succes zal hebben op de markt. Dit wordt beschreven in een uitgewerkt businessplan (wat ook de keuze voor het businessmodel inhoudt). Het businessplan kent een tijdsdimensie, omdat het beschrijft hoelang de ontwikkelingsfase gaat duren, wanneer de marktintroductie plaatsvindt en wanneer en in welke omvang de inkomsten worden geïncasseerd. Het businessplan moet ook aangeven wat de onderscheidende kenmerken van de beoogde innovatie zijn en waardoor het zich onderscheidt van concurrerende producten.

In deze fase moet een team van verschillende mensen samenwerken. Het gaat dan om mensen binnen het eigen bedrijf (marketing, productie en research), vaak aangevuld met medewerkers van organisaties zoals kennisinstellingen en leveranciers die technologische kennis inbrengen. Het resultaat van deze onderzoeks- en ontwikkelingsfase wordt beoordeeld door het management van het bedrijf, die projecten met een voldoende hoge verwachte opbrengst (zie volgende paragraaf) selecteert om de derde fase in te gaan. Bij onderwerpen waar dat speelt, moeten de maatschappelijke aspecten (ethisch, sociaal, duurzaamheid) van de beoogde implementatie in kaart zijn gebracht en meewegen in de besluitvorming of het project de derde fase kan ingaan.

In fase 3 wordt de research verlaten. Hier gaat het om het organiseren van alle middelen om de marktintroductie voor te bereiden. Dat vraagt stevige projectmanagers, geen innovatoren of technici. In deze laatste fase vindt de aankoop of aanpassing van de productieapparatuur plaats, wordt de logistiek geregeld, worden marketing- en reclameactiviteiten opgezet en vinden opleiding en training van medewerkers plaats. Als de organisatie niet zelf alle investeringen daarvoor kan opbrengen (wat bij kleine en startende bedrijven vaak het geval zal zijn), is vooral in deze laatste en duurste fase *venture capital* nodig. Ook is hier een strakke vorm van projectmanagement vereist. Dit is de fase waarin vertragingen niet alleen tot een latere implementatie leiden, maar ook veel geld kosten. Nog steeds kan een project in deze fase sneuvelen, maar dat blijkt vaak pas als (nadat alle investeringen zijn gedaan) de markt het product niet wil kopen. De mislukte introductie van een nieuwe vorm van insuline voor diabetespatiënten door Eli Lilly (zie thema 5) is een van de vele voorbeelden.

## Inzicht in de innovatieportfolio

Het algemeen management van een bedrijf dient niet zozeer te kijken naar afzonderlijke innovatie-ideeën of projecten, maar naar de totale portfolio van ideeën en projecten die in uitvoering zijn of als idee in fase 1 bestaan. De strategische vragen, of dat nu op het niveau van een klein bedrijf, een multinational of een regio of land is, gaan over de portfolio als geheel en over de middelen die voor die portfolio beschikbaar zijn. Gegeven de exponentieel toenemende kosten om een innovatie een fase verder te brengen, moet het beschikbare geld zo worden ingezet dat er een maximale opbrengst ontstaat. Tegelijk moet ervoor worden gezorgd dat er een voldoende instroom van nieuwe ideeën ontstaat en dat de opbouw van de portfolio in evenwicht is. Een van de methoden daarvoor is de *decision ana-*

*lysis*, ontwikkeld door Ronald Howard van de Stanford University (Howard, 1983).

Inzicht in de opbouw en potentiële waarde van de portfolio wordt verkregen door eerst de waarde van elk project of projectidee in te schatten. Daarbij bestaat een verschil tussen de technologische haalbaarheid (die in fase 2 van het innovatietraject duidelijk wordt) en de commerciële opbrengst als het project technologisch haalbaar is. Het schatten van die waarde gebeurt in twee stappen:

- De technologische haalbaarheid wordt berekend door bij elk van de stappen in de ontwikkeling de kans op slagen in te schatten. Op basis daarvan wordt een integrale kans berekend dat het idee in technologische zin haalbaar is. De methode van *decision analysis* dwingt om stapsgewijs en systematisch in het gehele innovatietraject de kansen in kaart te brengen en te schatten.
- Er wordt een aantal varianten gemaakt waarbij de geschatte *cash flows* worden berekend. Belangrijke parameters die een bedrijf zelf onder controle heeft bij zulke varianten, zijn de kostprijs, de verkoopprijs, het aantal markten waarop het nieuwe product wordt geïntroduceerd en het businessmodel dat wordt gekozen voor de commercialisatie. Andere parameters spelen ook een rol, maar deze heeft een bedrijf niet onder controle, zoals het aantal concurrenten. Door te spelen met de waarden van deze parameters ontstaan allerlei varianten met een range van *cash flows*. Door bij elke parameter de meest waarschijnlijke waarde te kiezen kan ook de meest waarschijnlijke opbrengst worden berekend. Deze opbrengst is tijdsafhankelijk, bijvoorbeeld in het eerste jaar na marktintroductie 20 miljoen euro, in het tweede jaar 50 miljoen euro en in het derde tot en met vijfde jaar 80 miljoen euro. Deze opbrengsten worden teruggerekend naar de huidige contante waarde. Door hetzelfde te doen voor de toekomstige R&D-kosten en deze af te trekken van de opbrengsten, kan per project de netto contante waarde worden berekend.

In deze berekeningswijze zijn 'snelheid' en 'onderscheid' ingecalculeerd en (door het berekenen van de netto contante waarde) vergelijkbaar gemaakt voor verschillende projecten. 'Onderscheid' zal betekenen dat men minder last heeft van
concurrerende producten, zodat een hogere verkoopprijs kan
worden gevraagd, of dat een hoger marktaandeel wordt bereikt, of dat men als eerste een nieuwe markt betreedt. 'Snelheid' leidt ertoe dat de *cash flow* op bestaande en nieuwe markten eerder begint, zodat de R&D-kosten sneller worden
terugverdiend.

Als bijvoorbeeld (het is een sterk vereenvoudigde berekening) een
nieuw antistressmiddel is ontwikkeld dat in experimenten goed blijkt
te werken bij muizen, dan zijn er nog verschillende onzekerheden die
moeten worden opgelost voordat dit op de markt kan worden gebracht
als medicatie voor mensen. Werkt het middel ook bij mensen? Is het
middel veilig voor mensen? Kan het middel worden geregistreerd? Als
de kans dat de eerste vraag met ja wordt beantwoord zeventig procent
is, de tweede vraag tachtig en de derde zestig procent, dan is de totale
kans $0,7 \times 0,8 \times 0,6$ ofwel circa 33 procent. Als de marktwaarde van het
medicijn wordt geschat op 600 miljoen euro, dan weegt dit innovatie-
idee in de portfolioanalyse mee voor 200 miljoen euro.

In het voorbeeld gaat het om de portfolio van een farmaceu-
tisch bedrijf, en daarom zijn de opbrengsten, zoals het in de
arena van het bedrijfsleven gebruikelijk is, uitgedrukt in geld.
Deze wijze van portfolioanalyse is ook toe te passen op andere
soorten opbrengsten. In de arena van de overheid kan men de
opbrengst van door de overheid gesubsidieerde projecten bijvoorbeeld uitdrukken in toename van hoogwaardige werkgelegenheid, of in hogere opbrengsten voor de vennootschapsbe-
lasting. Bij gezamenlijke projecten tussen bedrijven en overheden die tot doel hebben om een duurzaam energiegebruik te
realiseren, kan men de waarde van de portfolio bijvoorbeeld
uitdrukken in hoeveelheden bespaarde energie, of in vermindering van de uitstoot van $CO_2$. Ook bij deze typen opbrengsten
geldt dat door het terugrekenen naar een netto contante waar-

de wordt ingecalculeerd dat projecten beter scoren naarmate zij sneller worden geïmplementeerd en naarmate zij door hun onderscheid minder last hebben van concurrentie en dus sneller marktaandeel veroveren.

Nadat de projecten in de portfolio zo zijn doorgerekend, kan de stap worden gezet naar een analyse van de gehele portfolio om antwoord te krijgen op twee strategische vragen:
- Is de portfolio goed opgebouwd?
- Worden de financiële middelen goed ingezet?

## Op zoek naar rendement en evenwicht

De eerste vraag, of de innovatieportfolio goed is opgebouwd, wordt beantwoord door voor elk project(idee) de kans op technologische haalbaarheid uit te zetten tegen de verwachte opbrengst. De projecten worden geplaatst in een schema dat uit vier kwadranten bestaat (figuur 12):
- De *bread and butter*-projecten: een relatief lage opbrengst, maar een grote kans op slagen. Het gaat vaak om innovaties van bestaande producten. Dit soort projecten is nodig om op de korte termijn het innovatieproces gaande te houden en brood op de plank te brengen.
- De *white elephant*-projecten: een relatief lage opbrengst en een kleine kans op slagen. Ze vragen (net als witte olifanten) veel zorg en geld, maar ze leveren niets op.
- De *pearl*-projecten: een relatief hoge opbrengst en tegelijk een grote kans op slagen. Dit zijn de parels van het bedrijf die moeten zorgen voor langetermijngroei en -rendement.
- De *oyster*-projecten: een relatief hoge opbrengst, maar een kleine kans op slagen. Hieruit moet de aanwas van nieuwe parels ontstaan.

Figuur 12 toont een innovatieportfolio met te veel *bread and butter*-projecten en te weinig *pearl*-projecten ten opzichte van *white elephant*-projecten. Het eerste wijst erop dat het R&D-management geneigd is om op zeker te spelen, een strategie die op de korte termijn succesvol zal blijken. Het grote aantal pro-

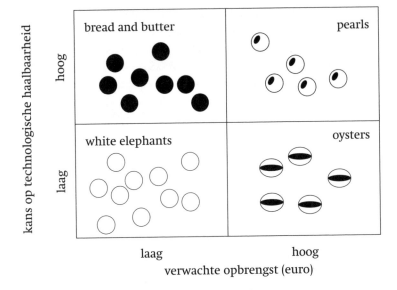

Figuur 12 - samenstelling van de innovatieportfolio

jecten met een relatief lage kans op technologische haalbaarheid wijst er enerzijds op dat er een aanwas is van nieuwe ideeën, maar wijst anderzijds op een keuze voor projecten die weinig opbrengen. De strategie zou hier moeten zijn om meer geld te besteden aan nieuwe *oysters* (en dat budget af te halen van de *white elephants*). Zo kunnen op langere termijn voldoende *pearls* ontstaan als garantie voor de toekomst.

De tweede vraag is of de financiële middelen goed worden ingezet. Sommige organisaties beschikken niet over onuitputtelijke budgetten om alles wat innovatief is en geld kan opleveren ook daadwerkelijk door de drie fasen van de innovatiecurve te voeren. Dat werpt de vraag op of er voldoende geld is voor alle innovaties, de vraag die innovatoren stellen. De andere kant is de vraag of er niet te veel geld aan innoveren wordt uitgegeven, de vraag die het management regelmatig stelt.

De analyse als hiervoor beschreven is de basis om beide vragen objectief te beantwoorden. Dit gebeurt door de projecten te sorteren op R&D-productiviteit en uit te zetten tegen de cumulatieve kosten om ze uit te voeren. De R&D-productiviteit is de netto contante waarde maal de kans op technologische haalbaarheid. Als de verwachte R&D-productiviteit op een logaritmische schaal wordt uitgezet, ontstaat een typerende curve met drie verschillende delen:

- Geheel links liggen zeer productieve projecten die door relatief weinig kosten of hoge slaagkans een hoge opbrengst hebben. Dit zijn de meeste *bread and butter*-projecten en rijpe *pearls*. Over het nut van deze projecten is iedereen het eens.
- In het midden ligt een korter of langer vrij vlak gedeelte. In dit gebied (een mix van enkele *bread and butters*, *pearls* en *oysters* en eventueel een kansrijk *white elephant*-project) levert elke euro meer aan R&D-budget een ongeveer evenredig hogere opbrengst.
- Rechts is een knik omlaag waar het derde gedeelte begint.

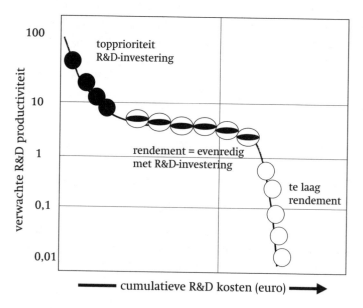

Figuur 13 - rendement van de innovatieportfolio

Bij deze projecten wordt de verwachte opbrengst snel lager, door een lage kans op succes en/of door een geringe commerciële waarde – hier zitten de *white elephants* en de zeer risicovolle *oysters*. Deze projecten moeten anders worden aangepakt of worden stopgezet. R&D-budget dat hier wordt uitgegeven, is weggegooid geld.

Waarom worden deze zeer nuttige analyses wel binnen de arena van het bedrijfsleven gebruikt, maar niet als meerdere arena's moeten samenwerken om wetenschappelijke kennis tot innovatie te brengen? Het begin van het antwoord ligt bij een instituut dat niet van partijdigheid kan worden beticht: CORDIS.

## Vijf etages boven de werkvloer

CORDIS is een Europese organisatie die informatie verzamelt en beschikbaar stelt over research en innoveren in de Europese Unie. Een van activiteiten is het verzamelen van kengetallen en gegevens over de prestaties van Europese landen op dit gebied. CORDIS monitort ook de nationale innovatiesystemen van de lidstaten en hun voorgenomen plannen op het gebied van innovatie- en wetenschapsbeleid. De conclusie over het Nederlandse innovatiesysteem (het gaat hier overigens nog slechts over het publieke deel daarvan) zal de lezer die het encyclopedische deel II heeft doorgebladerd niet onbekend voorkomen: het is 'a complex system'.

Die complexiteit wordt vooral veroorzaakt door het grote aantal partijen. Nauwkeuriger gezegd: door hun grote aantal en door de vele onderlinge relaties en afhankelijkheden die zijn ontstaan. Het zijn vaak geen hiërarchische relaties, maar relaties waarin wordt afgestemd, gecoördineerd en (zwaarwegend) advies wordt ingewonnen. CORDIS onderscheidt in Nederland drie van zulke lagen van aansturing, coördinatie, advisering en financiering:

- *High level cross-cutting policy*: aansturing, keuzes en advies op een nationaal niveau: het kabinet, het Innovatieplatform, de AWT, CWTI, het CPB, de vijf sectorraden en de KNAW;

- *Ministry mission-centred coordination*: aansturing, verdeling van middelen en coördinatie op het niveau van de ministeries die bij innoveren zijn betrokken: oc&w, lnv, vrom, ez, vws en Defensie;
- *Detailed policy development and coordination*: een laag van uitvoeringsorganisaties zoals knaw, stw, laser, nwo, Senternovem, Syntens en bsik. De laatste is strikt genomen geen organisatie, maar een innovatie-instrument dat onderzoeksconsortia meefinanciert.

Pas onder deze drie lagen bevindt zich de uitvoerende laag: dat zijn de universiteiten en andere kennisinstellingen. Niet opgenomen in de analyse van cordis is dat in die onderste laag, binnen de kennisinstellingen, ook nog één of twee van dit soort lagen bestaan. Daaronder bevindt zich dan de laag waar het eigenlijk om gaat, omdat daar wordt gewerkt aan (wetenschappelijke) kennis en nieuwe technologieën: de werkvloer van het innovatiesysteem. Daar worden de financiële middelen aangewend voor salarissen, apparatuur, chemicaliën en laboratoria.

De vraag rijst nu of deze grote complexiteit, die op de korte termijn als een gegeven moet worden beschouwd, schadelijk of juist gunstig is voor snelheid en onderscheid ...

## Complexiteit remt snelheid

Complexiteit is niet noodzakelijk tegenstrijdig aan het creëren van onderscheid. Integendeel, de theorie van complexe adaptieve systemen, die in thema 1 uitgebreid aan de orde is geweest, voorspelt dat plaatsen in een systeem waar veel verschillende *agents* voorkomen (verscheidenheid is een van de vormen waarin complexiteit zich uit) de plaatsen zijn waar het 'bruist', waar meer transacties plaatsvinden en waar het (lokale) systeem adaptiever wordt en beter presteert.

Echter, complexiteit in de vorm van ingewikkelde stuurmechanismen in een innovatiesysteem is fnuikend voor het bereiken van onderscheid. De analyse van cordis laat zien dat de arena van de overheid een grote rol heeft in de aansturing van publiek gefinancierde innovatie. In de arena van de overheid zijn snelheid en onderscheid echter irrelevante of zelfs schadelijke kenmerken. De overheid moet iedereen gelijk behandelen en is erop ingericht om – door zorgvuldige en transparante procedures – stabiliteit, rechtszekerheid en duidelijkheid te brengen. Snel beslissen op basis van onvolledige informatie, of de schijn wekken het ene bedrijf te bevoordelen ten opzichte van het andere, levert vanwege de afrekenmechanismen in deze arena bepaald geen bonus op.

Het gevolg is dat de overheid als medefinancier kiest voor uitvoerige en tijdrovende beoordelingsronden. Zij organiseert een brede besluitvorming waarin allerlei partijen worden betrokken die niet kunnen worden buitengesloten. Elk van deze partijen draagt haar eigen onderwerpen aan en wil een positief resultaat terugmelden aan de achterban. Het betrekken van zulke partijen leidt weliswaar tot draagvlak, maar dat draagvlak raakt overvol met veel te veel projectvoorstellen. Als er in zo'n besluitvormingstraject geen instantie is die met autoriteit keuzes kan maken, ontstaat de situatie dat goede en minder goede ideeën naast elkaar worden goedgekeurd. Er ontstaan brede innovatieplannen en lijsten met tientallen speerpunten. De beschikbare financiële middelen worden vervolgens egalitair verdeeld. Het netto effect is het financieren van vele *white elephants*; dat gaat onvermijdelijk ten koste van plannen die wel een hoge potentiële waarde bezitten.

Een grote mate van complexiteit werkt onmiskenbaar sterk remmend op de vereiste snelheid. Hoe meer partijen met elkaar afspreken dat zij eerst gaan afstemmen en coördineren, hoe meer vertraging ontstaat. Hoe meer partijen er als schakels in een financiële stroom zitten, hoe langer het duurt voordat financiële middelen de werkvloer bereiken – en tot dat moment wordt er geen enkel experiment gedaan. Hoe meer partijen meefinancieren, hoe langer de besluitvorming duurt. Niet alleen daalt daardoor het rendement van het geld, maar ook wordt het gevaar per maand groter dat de concurrentie eerder is.

Langetermijnprojecten, voorafgegaan door lange besluitvormingsprocedures waarbij de overheid is betrokken, zijn voor bedrijven niet aantrekkelijk. Hier ligt ook een relatie met de overgang van gesloten naar open innovatie (thema 5). In de tijd van gesloten innovatie konden bedrijven door hun kennis te beschermen zelf bepalen in welk tempo innovaties op basis van die kennis werden ontwikkeld. Maar juist het vertragen van het tempo waarmee goede ideeën naar de markt konden stromen, droeg sterk bij aan het einde van gesloten innovatie als de juiste manier van innoveren. Overleven onder het regiem van open innovatie vereist snelheid en onderscheid. Terence Kealey, die de effectiviteit van overheidssubsidie voor innovatieprocessen in vele landen analyseerde, komt tot de conclusie:

> '*Moreover, anyone who has done any research in a competitive field will know that it is futile to pretend that one can draw up detailed plans outlining experiments two or three years hence, and then to wait around for months while a group of bureaucrats weigh their merits'\** (Kealey, 1996).

## De wereld is aan de 'ondernemers'

Te midden van alle analyses, instrumenten en kengetallen moet niet worden vergeten dat innoveren nog steeds een zaak van mensen is. Ondernemerschap is nodig omdat kennis, noch technologie, noch octrooien waarde hebben als zij niet worden omgezet in innovatieve producten, diensten of processen, dan wel leiden tot oplossingen voor maatschappelijke vraagstukken. Die omzetting gebeurt niet omdat daarvoor beleid bestaat, of omdat er adviezen worden gegeven, of omdat er geld beschikbaar is. Het lukt niet zonder ondernemers die de belofte van een innovatie tot realiteit kunnen brengen.

Ondernemers hebben allerlei eigenschappen nodig, zoals vi-

---

\* 'Bovendien, iedereen die research heeft gedaan op een competitief gebied weet dat het zinloos is om te doen alsof je gedetailleerde plannen kunt maken die precies beschrijven welke experimenten de komende twee tot drie jaar worden gedaan, om dan maanden te wachten tot een stel bureaucraten die plannen beoordeelt.'

sie, doorzettingsvermogen en lef. Zij moeten, volgens Schumpeter, juist voor die vormen van innoveren die tot kwalitatieve veranderingen leiden, beschikken over *Intelligenz* en *Energie*. Dat zijn de schaarse eigenschappen die het verschil uitmaken tussen *business as usual* en het realiseren van werkelijke vernieuwing. Hoewel dit ondernemerschap voor veel innovaties in de arena van het bedrijfsleven moet worden gezocht, komen ook in de andere arena's zulke 'ondernemers' voor. Bij de overheid zijn dat de mensen die de dienstverlening of het functioneren van de overheid willen innoveren; in de arena van de wetenschap zijn dat de onderzoekers die buiten de grenzen van hun discipline kunnen en willen kijken, zoekend naar nieuwe wetenschappelijke vragen.

Ondernemers – in deze brede betekenis van het woord – redden het tegenwoordig alleen als zij openstaan voor de wereld buiten hun eigen organisatie en buiten hun arena. Klanten, leveranciers, concurrenten, kennisinstellingen en overheden als bronnen van inspiratie, kennis en middelen bevinden zich in hun *Umwelt* en beïnvloeden, ten goede of ten kwade, het functioneren van hun organisatie. Het tijdperk van de 'gesloten innovatie' is voorbij; groeien en innoveren kan nauwelijks meer zonder gebruik te maken van de wijde omgeving van de organisatie. De wereld ligt open voor de 'ondernemers'.

# Literatuur

## Referenties

AWT (2001). *Kennis voor de netwerk economie* AWT publicatie. Den Haag.

AWT (2001). *Verkenningscommissie.* AWT publicatie. Den Haag.

AWT (2001). *Verlangen naar een eindeloze zee.* AWT publicatie. Den Haag.

AWT (2003). *Netwerken met kennis.* AWT publicatie. Den Haag.

AWT (2005). *Innovatie zonder inventie; Kennisbenutting in het MKB.* AWT publicatie. Den Haag.

Chesbrough, Henry (2003). *Open Innovation.* Harvard Business School Press.

Christensen, C.M. (1997). *The innovators dilemma: the revolutionary book that will change the way you do business.* HarperCollins.

Christensen, C.M. (2003). *The innovators solution: creating and sustaining successful growth.* Harvard Business School Press.

Holland, J. (1995). *Hidden Order.* Perseus Books.

Howard, R.A. (1983). Decision Analysis: Applied Decision theory. In R.A. Howard & J.E. Matheson (Eds), *Readings of the Principles and Applications of Decision Analysis,* Vol. I. Strategic Decision Group.

Kealey, T. (1996). *The Economics Laws of Scientific Research.* Macmillan Press.

Ministerie van Economische Zaken (2004). *Pieken in de delta.* Nota.

Porter, M.E. (1998). 'Clusters and the New Economics of

Competition'. *Harvard Business Review November-December.*
Schumpeter, J.A. (1911). *Theorie der wirtschaftlichen Entwicklung.*
Verlag von Duncker & Humblot.
Verloop, J. (2004). *Insight in Innovation.* Elsevier.
Waldrop, M.M. (1992). *Complexity; the Emerging Science at the Edge
of Order and Chaos.* Simon & Schuster.
Werkdocument Systeeminnovatie (2000). Innovatienetwerk,
Den Haag.

## Meer lezen

Bruijn, H. de et al. (2004). *Creating System Innovation.* Balkema
Publishers.
Fine, Charles H. (1998). *Clock Speed, Winning industry Control in the
ages of Temporary advantage.* Perseus Books.
Gibbons, Michael et al. (1994), *The new production of knowledge,*
Sage Publications.
Goldenberg, Jacob et al. (2002). *Creativity in product innovation.*
Cambridge University Press.
Gray, D.O. & Walters, S.G. (1998). *Managing the Industry/University
Research Center,* Battelle Press.
Popper, K.R. (1935). *Logik der Forschung.* Julius Springer Verlag.
Roszak, Theodore (1986). *The Cult of Information.* University of
California Press.
SBIR, *Challenges and Opportunities* (1999). National Research
Council, Washington DC.
Schwartz, Evan I. (2002). *The last lone inventor.* Harper Collins Pu-
blishers.
Shapiro, Carl et al. (1999). *Information Rules.* Harvard Business
School Press.
Utterback, James M. (1994). *Mastering the dynamics of innovation.*
Harvard Business School Press.

# Register

aanbodsturing 101
aanbodtype 181
aandelen 165, 166
abstractie 200
academie 32
achterstand 164-167, 170, 180,
232
*adding a dimension* 229
Advanced Chemical
Technologies for
Sustainability (ACTS) 32, 74
adviesorganisaties 16, 175
Adviesraad voor het
Wetenschaps- en
Technologiebeleid (AWT) 32,
34, 110, 124, 219, 241
adviseurs 175
afrekenmechanismen 191
*agents* 40, 108, 109, 111, 193,
242
agentschap 171
aggregatie 108, 109
agrosector 212, 214
Akzo Nobel 16, 26
Alders, Arnold 220

alfawetenschappen 32, 119
allianties 32, 194
Altshuller, Genrich 222, 223
Amsterdam 205, 206
APK-keuring 229
arena 32-33
Arena Currency Analyse 33
arena van de
markt/bedrijfsleven 13, 15,
17, 19, 21, 22, 25, 32-33,
172, 179-181,183, 189, 191,
194, 218, 245
arena van de politiek/overheid
14, 15, 17, 21, 32-33, 179-
181, 191, 194, 217, 237,
242, 243, 245
arena van de wetenschap 13-
14, 15, 17, 19, 21, 32-33,
118, 179-181, 191, 194, 245
ASML 16, 26
Assistent in Opleiding (AIO) 96
Association of European
Science & Technology
Transfer Professionals
(ASTP) 33

Association of University
Technology Managers
(AUTM) 33
AT&T 149, 152, 159
atoombom 146

backcasting 34, 97
backing the loosers 178
backing the winners 138, 179
Bacon, Francis 141, 142, 143,
144
Bardeen, John 146
Bayesian Statistics 201, 202
bedrijf 34
bedrijfsleven, zie arena van de
markt/bedrijfsleven
bedrijfsproces 12
bedrijfsverzamelgebouw 34
bedrijvigheid 34
begrippenkader 52
belangentegenstellingen 188
beleidscyclus 34-35
België 164
Bell Labs 146, 152, 162
benchmark 35
beschermingscertificaten 75
best practices 35
bètawetenschappen 20, 35,
119, 175
bloembollencluster 215, 217
body of knowledge 14, 36
brainstorming 221, 223
bread-and-butter-project 238,
239, 240
brugfunctie 34, 125
brugmodel 55, 186
Bruneau, Angus 209, 210
Bruto Binnenlands Product

(BBP) 36, 63
Bruto Nationaal Product (BNP)
36
BSIK (Besluit Subsidie
Investering
Kennisinfrastructuur) 16,
36, 47, 242
Buchner 120
building block 41, 108, 109, 111
Bush, Vannevar 147, 150
business angels 37
business building 166
business stealing 37
businessmodel 37, 138, 154,
155, 157-158, 232, 234
businessplan 197, 218, 233,
234

Call for Interests/Call for Proposals
37
Campina 220
Canada 208-210
cascademodel 55, 186
cash flow 236, 237
Cavendish, Sir Henry 145
Center for Cold Ocean
Resource Engineering
(CCORE) 209, 210
Centraal Bureau voor de
Statistiek (CBS) 37-38, 93
Centraal Planbureau (CPB) 38,
241
Centre for Science and
Technology Studies (CSTS)
38, 73
champions 38
checks and balances 38-39, 98
Chemie-Biomassa-Energie

(CBE) cluster 211, 212
Chesbrough 150
Christensen, Clayton M. 127, 129, 132, 133, 138
Cisco 149
citatie-index 39
Civil Society 69
*clock speed* 19, 21, 23, 39
*closed innovation, zie* gesloten innovatie
*Closed World*-principe 226
cluster 39, 87, 205-218, 232
clusteranalyse 214
clusterbeleid 39-40, 68, 215, 218
clustervorming 29, 207, 216
co-innovatie 208
Cold Water Engineering 209
combinatie van kennis 28, 50, 60-61, 73, 87, 114, 118, 122-123, 155, 161, 199, 213, 232
combinatie van productiemiddelen 28, 116
commercialisatie 18, 24, 25, 40, 131-133, 153, 157, 163, 170, 171, 231, 232, 233
commercialisatiefase 57
Commissie van Overleg Sectorraden (cos) 40
Commissie van Wijzen 40
Commissie voor het Wetenschaps-, Technologie- en Informatiebeleid (cwti) 40, 241
competentie 40
competitief onderzoek 77
Complex Adaptief Systeem (cas) 40-41

*complex system* 241
complexiteit 241-244
computer 128, 130, 131, 136, 160
concurrentie 15, 19, 41, 139, 163, 183, 231, 232
concurrentievoordeel 15, 139, 207
concurrentievoorsprong 149, 151
Connekt 41
Conner Peripherals 130, 131
consortium 15, 16, 32, 41, 194, 195
consultant 42
*content* 42
continuïteit 149, 180
contractresearch 42, 48, 60
controlemechanisme 114, 180
Coolidge, William D. 146
cordis 42
*core business* 153
Creative Problem Solving 221
creativiteit 42, 57, 223-224, 233
creativiteitsmethode 221-223
criteria 195-198
ctit 206
cultuur 158, 221
cultuurverschil 178, 228
*currency* 13, 14, 18, 32, 33, 180, 182
cybernetica 114
cyclustijd 23, 191

Da Vinci, Leonardo 141, 142, 143
Darwin, Charles 145

De Bono 221
*decision analysis* 235-236
*decision maker* 180, 194, 195
deductieve methode 118, 142, 144
Delft 205, 206
Delft Hydraulics 49, 101
demonstratieproject 176-177
Denemarken 164
derdegeldstroomonderzoek 42
Descartes, René 142, 143
Desert Tours 228
diabetes 156
diensten, ontwikkeling/verbetering 11, 12, 18-20, 22, 29, 42, 208
differentiatie 204, 205
digitale fototechniek 135
discipline 43
Disk Operating System 93
*disruptive technology* 43
diversiteit 108, 109
doelsubsidie 47
dom kopiëren 168-170
doorstart 43
draagkracht 43-44
draagvlak 43-44
Drenthe 136, 206, 211
DSM 16, 26
DuPont 149
*Durchführung* 118, 123
Dushman, Saul 146
Dutch Polymer Institute (DPI) 44, 94
duurzame ontwikkeling 44, 55, 70, 187

dynamiek 29
dynamisering 29, 44

Eindhoven 205, 206
Eli Lilly 156, 235
*emerging technology* 44
*enabling technology* 44
energiebeleid 187
Energieonderzoek Centrum Nederland (ECN) 44-45, 49
Energy Valley 99, 206
Engeland 166, 170, 173
*engineered exit* 46
enthousiasme 196, 198
erkenning 13, 14, 182
ervaring 192, 193, 194
Europa 59, 150, 164, 166, 168
European Scoreboard on Innovation 87, 168
Europees Octrooibureau 74, 75
Europese leiders 164
evaluatiesysteem 172, 174, 175
evenwicht 238-241
evolutietheorie 145
evolutionair innoveren 22, 45
*exit* 45-46
*exit strategy* 176
experiment 11, 46, 101, 141
experimentele ontwikkeling 77

*facility sharing* 46
*fair price* 35
falsificatie 140
farmaceutische industrie 156, 157

Farnsworth, Philo T. 129
financiering 46-47, 163, 239
financieringsmechanisme 167, 168, 173
Fins innovatiemodel 164, 167-168
Flevoland 214
flow 41, 109, 109
focus en massa 47, 89
FOM (Stichting Fundamenteel Onderzoek der Materialen) 90
Fonds Economische Structuurversterking (FES) 36, 47
fondsmanagement 165-166
Food Valley 99, 205, 213
Frascati Manual 47, 76, 77, 83
Friesland 206, 211
function follows form 226
functional fixedness 227
functionaliteit 226, 227-228
fundamenteel onderzoek 20, 76, 149, 154, 159, 161, 162, 163
fundamentele kennis 181, 182

Galileï, Galileo 142
gamma 48
Gasperz, Jeff 220, 221
gaswinning 212, 213, 216, 217
gegevens (data) 53, 136
Gelderland 206
geldstroom 48
Genentech 149
General Electric 146, 149, 152
Genzyme 149
GeoDelft 48, 49

geprogrammeerd onderzoek 21-22
gesloten innovatie (closed innovation) 77-78, 149, 150-154, 161, 244, 245
Gezondheidsraad 48-49
gezondheidszorg 133-135, 136-137
globalisering 205-207
GPS 135
Groningen 205, 206, 211, 212
Grote Technologische Instituten (GTI's) 16, 34, 48, 49, 63, 184

haalbaarheid 193, 196, 197, 234, 236, 238, 239, 240
haalbaarheidsonderzoek 49, 170, 171
halfgeleiderrecht 58
Harvard Business School 213
Health Valley 99, 213
Heilmeier, George 128
hercombinaties van productiemiddelen 116-118, 211, 230
Hest, Jan van 121
heterogeen netwerk 50, 123-126, 199
Hewlett-Packard 149, 152
Hidden Order (Holland) 105
high risk/high pay-off 49
hightech 164
hoger beroepsonderwijs (hbo) 49-50
Holland, John 105, 107, 112
homogeen netwerk 50, 60, 123-124, 203

hotspot 50
Howard, Ronald 236
Human Resources in Science
& Technology (HRST) 51
Humuline 156

IBM 93, 149, 152, 159
ICES (Interdepartementale
Commissie Economische
Structuurversterking) 36
ICES/KIS 36, 189
ICT-sector 26, 210, 214, 232
*ideation* 225
ideeën 153, 158, 160, 170,
171, 220-230, 233, 234
ideeënbus 51
Ierland 173
IMEC-formule 164
implementatie 226
in vitro kweek 137
incubator 51, 55
indicator 51
inductieve methode 142
Industriebank LIOF 65
industriebeleid 178
industriële laboratoria 150
industriële revolutie 146, 147,
150
Industry University
Cooperative Research
Center (IUCRC) 51-52
inferioriteit 129-131
*informal investors* 37
Informatica Stimulerings Plan
173
informatie 52-53
Initial Public Offering (IPO) 46
initiatief 116, 202

innobarometer 53
Innovatieakkoord 53
innovatiebeleid 34, 53, 219
innovatiebrief 54
innovatiebudget 219
innovatiecurve 23, 24-25, 233,
240
innovatiecyclus 18-23, 54
innovatiediffusie 54
innovatiegericht
onderzoeksprogramma
(IOP) 54
innovatie-instrument 53, 54-
55, 168, 173-175
innovatieklimaat 55, 95, 218
innovatiekracht 54
innovatiemodel 53, 55
Innovatienetwerk Groene
Ruimte en Agrocluster 55
Innovatienota 56
innovatieparadigma 150-154,
161
innovatieparadox 56
Innovatieplatform 16, 53, 56,
79, 88, 89, 167, 168, 175,
176, 241
innovatiepraktijk 25-26
Innovatiesubsidie
Samenwerkingsprojecten 56
innovatiesysteem 10, 14-17,
27-29, 56, 63, 107-110, 167,
168, 173, 176, 204
innovatietraject 40, 56-57, 74,
80, 81
innovatieve clusters 204
innovatievoucher 57
Innovation Lecture 215
*Innovators Dilemma, The*

(Christensen) 127
*Innovators Solution, The*
(Christensen) 133
innoveren 57
inputfinanciering 46
Institute Para Limes 58
institutionele belegger 165
insuline 156, 235
Intel 149, 159, 160
intellectual property
(ip)/intellectueel eigendom
58, 151, 154, 188
intellectual property right
(ipr) 58
interdisciplinair 43
intermediair 17, 29, 58, 173,
174, 181, 184, 190, 191-203
intermediairtype 183, 190
*internal models* 40, 41, 108, 109
International Standards
Organisation (iso) 93
Interregprogramma (eu) 217
intrinsieke sterkte 213-215
investeren 18, 25, 58-59, 80,
154, 163, 165, 166, 171,
172, 180
inzicht 53
Israël 223
its 41
iucrc (Industry University
Cooperative Research
Center) 111, 172, 173, 174,
175

*joint venture* 59

kaderprogramma 59
Kamer van Koophandel 59

kapitaal 17
Kapro 225
Kealey, Terence 161, 244
kennis 11, 13, 14, 52, 60, 141,
150
kennisaanbod 111, 186, 187,
194, 198, 200, 201
kennisafnemer 191, 200
kennisbescherming 58
kennisboom 113, 118-120,
122, 144
kennisbron 158-160
kenniscluster 60, 87
kenniscombinatie 28, 50, 60-
61, 73, 87, 114, 118, 122-
123, 155, 161, 199, 213, 232
kennisdiffusie 61
kennisdomein 32, 48, 61, 113,
114, 119, 176, 200-203
kenniseconomie 12, 62
kennisgebieden 60, 61, 62
kennisgedreven innovatie 20-
22
kennishandel 58, 62
kennisinfrastructuur (kis) 36,
59, 63, 124, 175, 184
kennisinstellingen 26, 63, 118,
181-185, 200, 205, 208, 242
kennisinvesteringsquote (kiq)
63
kenniskaart 63-64, 122, 123
kenniskloof 147, 148
kennislacune 64, 97, 200
kennismanagement 64
kennisontwikkeling 16, 22,
150, 178, 181
kennisoverdracht 61, 72, 208,
218, 219

kennisparadox 64
kennisproductiviteit 64
kennissamenleving 64-65
kennis-spillover 65
kennisvoucher 65
kennisvraag 112, 186, 187,
  194, 198, 200, 201, 202
kenniswerker 65
kenniswijk 65
kennisziekte, Hollandse 65
Ketels, Christian 213, 214
keten 66, 161
keteninnovatie 66
KIS-type 184, 190
KIVI/NIRIA 66
Koninklijk Nederlands
  Meteorologisch Instituut
  (KNMI) 67
Koninklijke Nederlandse
  Academie van
  Wetenschappen (KNAW) 16,
  32, 48, 63, 66-67, 241, 242
kopiëren 29, 88-89, 164-177
kritische massa 67-68

laboratorium 68, 127, 133-
  134, 145, 159
Langmuir, Irving 146
LASER 68, 242
launching customer 68, 171
LCD (liquid crystal display) 23,
  128-130
learning by doing 220
Leiden 205, 206
leverage 68, 172
licenties 62, 68-69, 157, 232
life sciences 206, 210, 216
lineair innovatiemodel 55, 56,

69, 141-142, 161, 162, 186
Lissabon 59, 69, 164
LOFAR-project 136

Maastricht 205, 206
Maatschappelijk Verantwoord
  Ondernemen (MVO) 70
maatschappelijke organisaties
  69, 187
maatschappelijke
  vraagstukken 187, 203
maatschappelijke waarde 69-
  70, 186, 234
Machiavelli 17
macht 14, 17, 141, 182
Mammoetwet 169
Maritime Research Institute
  Netherlands (MARIN) 49, 70
market pull 95
marketing 26, 208
markt (zie ook: arena van de
  markt) 13, 70, 127, 149-151,
  157
marktaandeel 18, 237, 238
marktconform 70
marktfalen 70-71, 75, 78
marktimperfectie 71, 75
marktintroductie 232-235
marktmechanisme 172
matching 71
Max Planck Instituut 71, 206
meervoudige samenwerking
  175-177
MERIT (Maastricht Economic
  Research Institute on
  Innovation and
  Technology) 69, 73
merkenrecht 58

Mesa+ 206
Microsoft 149, 150
Midden- en Kleinbedrijf (MKB)
 15, 16, 26, 57, 72, 91, 181,
 183, 184, 188, 217, 219, 220
milieu 187
Mister Instrument 174
MIT (Massachusetts Institute
 of Technology) 114, 162
mobiliteit 72, 96, 152, 153
mondialisering 205, 214
monitoring 72
monodisciplinair 43
Motorola 149
MRAM (Magnetic Random
 Access Memory) 136
multi-arenasamenwerking
 179-181, 189
multidisciplinair 43
multinational 25, 26, 187,
 188, 189
multiplication 224, 225, 227,
 228
multisensorsysteem 136

nanocapsule 136-137
Nationaal Lucht- en
 Ruimtevaart Laboratorium
 (NLR) 49, 74
National Science Foundation
 52, 106, 147, 172, 173
Natlab 152
natuurverschijnselen 141,
 142
natuurwetenschap 146
natuurwetten 141, 143
Nederland 27, 164, 166-170,
 173, 175, 204-218, 219, 232,

241
Nederlands Observatorium
 voor Wetenschap en
 Technologie (NOWT) 73
Nederlandse Onderzoek
 Databank 77
Nederlandse Orde Van
 Uitvinders (NOVU) 73
netto contante waarde 236,
 237, 240
netwerken 29, 50, 118, 123-
 126, 178, 199, 202
netwerkprogrammering 29,
 73, 181-185, 189
Neue Kombinationen 28, 45, 57,
 61, 73, 116-118, 126, 230
New Foundland 208-210, 211,
 232
NEW Kenniskaart 123
Newton, Isaac 141, 143
NGO's (Non Governmental
 Organizations) 17, 69
nichegebieden 211
nieuwsgierigheid 141
nieuwsgierigheidgedreven
 onderzoek 20
Nijmegen 121, 122, 205, 206,
 213
NIMR (Netherlands Institute of
 Metals Research) 73, 94
Nobelprijs 10, 11, 152, 162,
 169
non-lineariteit 108, 109
Not Invented Here-syndroom
 169-170
Novo Nordisk 156
NWO (Nederlandse Organisatie
 voor Wetenschappelijk

Onderzoek) 48, 63, 74, 88, 90, 100
Nyenrode 206, 220

o&o steunkader 75
Océ 16, 26
octrooi 58, 62, 68-69, 74-75, 98, 146, 234
Octrooicentrum Nederland 74, 75
octrooirecht 58
OECD (Organisation for Economic Cooperation and Development) 47, 51, 78
OESO (Organisatie voor Economische Samenwerking en Ontwikkeling) 78, 187
oldtimers 229-230
olie 209, 210, 216, 217
ondernemerschap 45, 76
onderscheid 29, 76, 231-245
onderwijs 76, 164, 169
onderzoek (zie ook: research; R&D) 13, 14, 15, 20, 21, 76, 141, 149, 154, 159, 160, 163
Onderzoeker in Opleiding (OIO) 96
onderzoeksgroep 202
onderzoeksinformatie 77
onderzoeksinstelling 15, 127, 178
ontwikkelingsfase 24
ontwikkelingsmaatschappij 77
opbrengst 25, 171, 180, 235, 236, 238
open innovatie (open

innovation) 28, 77-78, 149, 154-163, 244
oplossingstrategie 110
Oracle 149
outputfinanciering 46
overheid (zie ook: arena van de politiek/overheid) 12, 14-17, 21, 81, 110, 163, 167, 169, 171, 172, 176, 178-185, 189, 205, 217-218, 237, 242, 243
overheidsfalen 78
Overijssel 206
overvloed aan kennis 154, 159
oyster-project 238-241

Paasakkoord 79, 89
Palo Alto Research Park 152
paradigmaverschuiving 148, 149-163
Parsons, William 195
pearl-project 238-240
peer review 79, 148, 234
Pentium 160
people, planet, profit 187
Philips 16, 26, 129, 146, 149, 152, 219
Philips, Gerard en Anton 146
picking the winners 178
PICNIC 175-177
Pieken in de delta (nota min. van EZ) 205, 206, 217
pioniersgeest 214
platform 79
point of use-meting 133-135
Popper, Karl 60, 140
Porter, Michael 207, 215
portfolio 18, 25, 79, 127, 138,

165, 235, 238-241
portfolioanalyse 235-238
postdocs 96
precompetitief onderzoek 15, 77, 127
precompetitieve kennisontwikkeling 172, 208, 218
precompetitieve samenwerkingsverbanden 111
preprogrammering 185
pre-seed investeringen 80
Princeton, universiteit van 162
private financiers 171, 172
private sector 80, 181, 183-185
proactief handelen 194
probleemdefinitie 196, 197
probleemoplossing 141, 222, 223, 228
procesinnovatie 80
Process on a Chip (PoaC) 120-122, 124, 173, 195
product, ontwikkeling/verbetering 11, 12, 15, 18-20, 22, 29, 149, 151-154, 159
product champion 80
productiecapaciteit 161
productieproces 19, 20
productinnovatie 80
productiemiddelen 28, 116, 211
professionele expertise 167
programma 197
programmatype 185
programmeren 21, 29, 178, 181

projectmanagement 235
projectplan 24, 197, 233, 234
promotie 80, 96
promovendus 159
proof of principle 80, 197
prototype 18, 24, 46, 57, 80-81, 233, 234
publicatie 13, 39, 119, 188
publieke sector 81
publiek-private samenwerking (PPS) 81

R&D (Research & Development; Onderzoek en Ontwikkeling) 15, 16, 18, 22, 82-83, 127, 149, 152, 153, 159, 219, 231, 234
R&D-management 189, 238
R&D-productiviteit 240
Raad voor Gezondheidsonderzoek (RGO) 81
Raad voor Ruimtelijk, Milieu- en Natuuronderzoek (RMNO) 81-82
Raad voor Wetenschappelijk Onderzoek in het kader van Ontwikkelingssamenwerking (RAWOO) 82
Raad voor Wetenschaps-, Technologie- en Informatiebeleid 40, 82
ranking 228
Rathenau Instituut 67, 82
red tape 175
regieorgaan 82

regio 204, 206, 207, 210-218,
regionale differentiatie 204-
205, 217
regionale economie 205-207
regionale innovatie 29, 138,
205, 217-218
regiotype 183
Reinitzer 129
Renaissance 17
rendement 17, 238-241
research, *zie* onderzoek; R&D
researchagenda 83
researchbudget 83
researchprogramma 15, 83-
84, 188
revolutionair innoveren 22-23,
45
risico 84, 170
roadmap 91, 93-94
Röntgen, Wilhelm 9-10, 12,
20, 21, 23
Rosenbluth, Arturo 114
Rotterdam 205, 206
royalty's 69
*Rules of Reasoning* (Newton)
141, 143
Rusland 223

samenwerking 15, 26, 29, 32,
32, 59, 81, 84-85, 175-177,
178-190, 192, 194-196, 202,
207, 234
samenwerkingsverband 32,
111, 175-177, 178-190, 192,
195
Santa Fe Institute 58, 85, 106,
107, 113
SBIC's (Small Business

Investment Companies) 85-
86, 165
SBIR (Small Business
Innovation Research) 49,
86, 170-172
SBSC's (Science Based Small
Companies) 86
scenariostudie 34, 86, 97
schaalgrootte 29
schade door innovatie 186
schoksgewijze economie 116
Schumpeter, Joseph Alois, 45,
61, 73, 115, 116, 117, 126,
139, 211, 230, 245
Schumpeter-cluster 87, 210-
211, 212
Science and Technology Policy
Council 167, 168
Science System Assessment
82
scoreboard, European 87
*screening & scouting* 87
Seagate 130, 138
*second mover advantage* 65
sectorraad 40, 41, 81, 82, 87
sectortype 181, 190
*seed capital* 88
*sense of urgency* 185
SenterNovem 16, 88, 242
Shell 16, 26, 186
Shockley, William 146, 162
Siemens 149
Silicon Valley 162, 210
sleutelgebied 47, 61, 62, 88
slim kopiëren 29, 88-89, 164-
177
Slovenië 216
*smart mix* 89

snelheid 29, 189, 193, 194, 231-245
snelle interne innovatiecyclus 18-19, 29
Sociaal Cultureel Planbureau (SCP) 89
Sociaal Economische Adviesraad voor Noord-Nederland (SEAN) 211
Sociaal Economische Raad (SER) 89
specialisatie 118, 119, 144, 216, 232
speerpuntonderzoek 89
spin-off 26, 34, 89-90, 205
Spinozapremie 88, 90
sprongsgewijs innoveren 22
stabiliteit 111
stakeholder 90, 98
Stanford University 236
starters 51, 80, 89, 90, 95
statische economie 115, 116, 126, 139
Stevin, Simon 88
Stichting Fundamenteel Onderzoek der Materialen (FOM) 90
Stichting Toekomstbeeld der Techniek (STT) 90-91
stimuleren 91
strategische vraag 185, 197, 200, 201, 203, 235
STW 88, 94, 242
subsidie 34, 36, 47, 56, 71, 88, 91, 95, 100
subsidieprocedure 195
Subsidieregeling KennisExploitatie (SKE) 95

Subsidieregeling Kennisoverdracht Brancheverenigingen (SKB) 91
Subsidieregeling Kennisoverdracht Ondernemers mkb (SKO) 91
succes 158
Sun 149
SWOT(-analyse) 91
synergie-effect 207
Syntens 16, 91-92, 242
systeemanalyse 108, 114
systeembenadering 92, 114
systeemdynamiek 27
systeeminnovatie 29, 92
Systematic Inventive Thinking (SIT) 92

taakorganisatie 92-93
taalverschil 178
tacit knowledge 65, 93
tagging 108, 109
tags 40, 111
TCP/IP 93
techniek 93
Technisch Wetenschappelijk Attachees (TWA's) 93
technische standaard 93
technologie 19-21, 28, 29, 52, 93, 94, 127, 157-158, 160
technologie roadmap 91, 93-94
technologieontwikkeling 21, 127, 145, 152-154, 161, 162
technologieverkenning 138
technologisch onderzoek 77
Technologisch Topinstituut

(TTI) 16, 63, 73, 94, 95, 101
Technology Assessment (TA)
82, 94-95
technology push 95
Technology Valley 213
technopartner 95
technostarters 90, 95
TEKES 168
tekort aan kennis 154, 160
Telematica Instituut 94, 95,
206
televisie 20, 128, 129
tenderprocedure 95-96
terms of reference 197
thinking tools 223-230
tijdelijk onderzoeker 96
time to market 96, 122, 153
TNO (Nederlandse Organisatie
voor Toegepast-
Natuurwetenschappelijk
Onderzoek) 15, 16, 34, 63,
96-97, 127, 206, 219
TNO/MEP 206
toegepast (toepassingsgericht)
onderzoek 20, 76-77, 113
toekomststudies 97
toeleverancier 153, 207
toepassing 138, 141
toepassingentabel 97, 198-202
toepassingsgebied 200, 201
toepassingsgerichte kennis
181, 183, 184, 187
transactiekosten 179
transdisciplinair 43
Transumo 41, 97
trekker 98, 196, 197-198
tripod-model 55, 187
TRIZ 223

Tweede Wereldoorlog 146,
147
Twente 121, 122, 205, 206,
213
Twente Analysis Systems 134

uitvinding 74, 98, 117
uitvoeringsorganisatie 98
unification 228
universiteiten 13, 15, 16, 17,
21, 26, 98, 118, 121, 122,
127, 145-147, 161, 163, 172,
179, 180, 184, 188, 205,
206, 242
urgentie 196, 197

vaccinatie 112
vakgroep 98
vakmensen 152, 153
valleys 99, 213
valorisatie 99
vastestoffysica 162
venture capital (VC) 37, 45, 46,
49, 50, 99-100, 112, 150,
152-154, 164-165, 166, 171,
235
verankering 100
Verenigde Staten 106, 146,
150, 164, 165, 166, 169,
170, 173, 216
Vereniging van
Samenwerkende
Nederlandse Universiteiten
(VSNU) 100
verificatie 142
verkenning 100
Verlichting 141, 142
Verloop, Jan 186, 187, 233

vermomming 129-131, 135, 136
vertraging 194, 197, 231-233, 235, 243
verversingssnelheid 18
Vidi-subsidie 100
Virtual Reality en Technology Valley 99
visie 116
visserij 209, 210
vitaliseren 100
VNO-NCW 101
vooruitgang 140, 142
vraagsturing 23, 101, 138
vrijplaats voor nieuwe wetenschap 113
*vulture capital* 166

waarde van kennis 154
waarde van technologie 157
waardeberekening 236, 237
waardecreatie 158
waardeketen 158, 159, 161
Wageningen 121, 122, 205, 206
Wageningen Centre for Food Sciences (WCFS) 94, 101
Waterloopkundig Laboratorium/Delft Hydraulics 49, 101
Watson Labs 152
welvaart 28, 142
welzijn 142
wereldeconomie 205-207

Wet bevordering speur- en ontwikkelingswerk (WBSO) 101
wetenschap (*zie ook:* arena van de wetenschap) 101, 140-148
wetenschappelijk onderzoek 16, 142, 149
wetenschappelijke kennis 10, 11, 19, 20, 21, 26, 28, 147, 186
wetenschappelijke methode 141
wetenschappelijke prestige 11
Wetenschappelijke Raad voor het Regeringsbeleid (WRR) 102
wetenschappelijke tijdschriften 119
wetenschapsbeleid 102, 217
wetenschapsbudget 102
Wetsus 206
*white elephant*-project 238-241, 243
Whitney, Willis R. 146
Wiener, Norbert 114
Williams, Richard 128
winst 13, 17, 18, 27
Witte, Eduard 220

Xerox 149, 152

ZonMw 102
Zweden 173